落脚城市

INTEGRATE INTO CITY
Acceptance, Migration and Integration

接纳、迁移与融入

聂 伟 著

社会科学文献出版社
SOCIAL SCIENCES ACADEMIC PRESS (CHINA)

国家社会科学基金青年项目"农民工家庭化迁移的负面后果及其社会支持研究"（20CSH041）的阶段性成果

序　言

在当今中国社会的各个城市中，活跃着成千上万农民工的身影。他们可能是工厂流水线上的产业工人、基础设施建设工地的建筑工人，也可能是大大小小的公司、单位中的普通保安员、保洁员，还可能是各种商业中心的服务员、流动的小摊贩，奔波于城市各个角落的快递员、网约配送员、网约车司机，等等。可以说，广大农民工已经成为支撑各地城市建设和城市生活的一种重要力量。

然而，如何让来自农村的广大农民工体面地落脚城市，确保农民工既进得来，同时还留得住和过得好，即能够全面地融入城市生活，始终是新型城镇化和农民工市民化研究的核心议题。正是在这种大的背景下，聂伟博士从在南京大学攻读博士期间开始，就将关注的焦点集中到农民工身上。其博士论文所探讨的就是农民工的城市融入问题。博士毕业后，他继续围绕这一主题开展了一系列新的研究，本书就是其长期研究这一问题的成果。

聂伟博士在这本著作中，充分利用多种全国范围的大型调查数据库，采用规范的定量研究方法，描述了农民工进入和融入城市社会的众多方面的状况，论证了各种具有理论色彩的研究命题，得出了一系列有独到见解的结论。本书从市民和农民工两个角度出发，探讨了农民工从农村迁移到城市过程中所面临的接纳、落户与融入等核心问题。

作者的研究发现，从市民接纳角度来看，城市居民对农民工的接纳程度呈现上升趋势，城市的经济发展水平和包容性政策影响城市居民的接纳，同时城市的社会结构开放性是提升城市居民对外来人口接纳程度的关键因素，本地居民向上的社会流动是增强其对外来人口包容性的重要催化剂。向上社会流动通过降低相对剥夺感、提升社会信任、增强社会公平感和生活幸福感、促进社会交往等途径提升本地居民对外来人口的包容水平。

从农民工的迁移（落户）来看，农民工的迁移落户受到个人、家庭和政策等多重因素的制约。就个体因素而言，农民工在城市中的可持续生计能力和体面就业，以及能否适应城市文化和提升获得体验，直接影响农民工城镇落户决策。就家庭因素而言，家庭非农人力资本禀赋、经济资本禀赋、家庭整体迁移是农民工落户城镇的重要拉力因素，但家庭自然禀赋则会对农民工城镇落户产生一定阻力。就政策因素而言，居住证对农民工城镇落户发挥积极过渡效应，而非替代效应。

从农民工的城市融入来看，就业质量对农民工获得感的提升具有物质触发效应，并通过强化农民工的生活控制感间接提升城市获得体验。农民工的经济融入、劳动保护融入、住房融入和社会融入对农民工精神健康发挥保护效应。随着城市融入的逐步深入，农民工的环保行为等生活方式逐步与城市居民趋同。

作者的上述主要研究结论对于推进"以人为核心的城镇化"建设具有以下几个方面的重要启发意义。

首先是促进城市居民对农民工的社会接纳。促进社会接纳不仅要在制度层面保持开放，让农民工共享城市发展成果；还要在社会阶层结构上保持开放，促进本地居民向上流动，减少外来人口利益威胁感知和提升政府信任。其次是多举措促进农民工定居和落户城市。从个体层面，要通过技能培训等方式提升农民工的专用性人力资本水平，全面促进农民工在城市中高质量就业，提高其在城市的可持续生计能力，增强与本地城市的文化黏性，提升获得体验。从家庭层面，则要增强家庭在城市中的经济发展能力，提升家庭在城市中的抗风险能力，促进家庭团聚。从制度层面，要扩大居住证的范围，提升常住人口公共服务"含金量"，完善居住证到户口转换的衔接机制。最后是有序推进农民工的城市融入。要注重发挥就业质量对农民工城市融入的基础支撑效用，着力提高农民工的就业质量和技能水平，维护农民工的劳动权益，促进就业市民化；要推动住房等基本公共服务均等化供给，深化社会权利市民化；扩大农民工的本地"朋友圈"和社会组织支持力度，促进社会融入；进而增强农民工的心理归属感，提升获得感、安全感和幸福感。

在聂伟博士的这本著作即将出版之际，我非常高兴地向广大读者推荐这本著作。相信它可以帮助笔者更好地了解改革开放大潮中千百万进城农民工的生活和工作，更好地认识和理解农民工在落脚城市的过程中所面临的接纳和融入问题。我也希望聂伟博士继续努力，在探索这一现象的过程中不断取得新的成果。

风笑天
2024 年 4 月 20 日于南京溧水

目 录

第一章 城镇居民社会流动与外来人口歧视 ········· 1
  一 文献回顾 ····································· 3
  二 研究假设 ····································· 12
  三 研究设计 ····································· 22
  四 结果与分析 ··································· 28
  五 结论与讨论 ··································· 41

第二章 人力资本、家庭禀赋与农民的城镇定居意愿 ··· 61
  一 背景与问题 ··································· 61
  二 文献与假设 ··································· 62
  三 数据与测量 ··································· 66
  四 结果与分析 ··································· 68
  五 结论与讨论 ··································· 75

第三章 居住证与农民工落户意愿 ················· 78
  一 文献与假设 ··································· 79
  二 数据、模型与变量 ····························· 83
  三 结果与分析 ··································· 86
  四 结论与启示 ··································· 95

第四章　文化适应与少数民族农民工落户意愿　　98
一　文献与假设　　98
二　数据、变量与模型　　101
三　结果与分析　　104
四　结论与建议　　108

第五章　举家迁移与农民工落户意愿　　110
一　文献综述　　111
二　研究假设　　112
三　数据、变量与模型　　115
四　结果与分析　　117
五　结论与启示　　128

第六章　方言技能与农民工落户意愿　　131
一　理论与假设　　132
二　数据、变量与分析策略　　135
三　结果与分析　　137
四　结论与讨论　　143

第七章　就业质量、获得感与农民工落户意愿　　145
一　文献与假设　　146
二　数据与变量　　150
三　分析与发现　　153
四　结论与启示　　161

第八章　就业质量、生活控制感与农民工的获得感　　165
一　问题的提出　　165
二　概念厘清与文献回顾　　166

三　数据、变量与模型……………………………………… 169
　四　结果与分析…………………………………………… 173
　五　结论与讨论…………………………………………… 181

第九章　互联网使用与农民工市民化……………………… 184
　一　问题的提出…………………………………………… 184
　二　文献综述……………………………………………… 185
　三　研究设计……………………………………………… 187
　四　研究发现……………………………………………… 191
　五　结论与讨论…………………………………………… 198

第十章　城市融入与农民工精神健康……………………… 201
　一　问题的提出…………………………………………… 201
　二　文献与假设…………………………………………… 202
　三　数据与变量…………………………………………… 205
　四　结果分析……………………………………………… 210
　五　结论与讨论…………………………………………… 217

第十一章　城市融入与农民工环保行为…………………… 219
　一　文献与假设…………………………………………… 219
　二　数据、变量与模型…………………………………… 223
　三　结果分析……………………………………………… 226
　四　结论与讨论…………………………………………… 230

参考文献……………………………………………………… 234

后　记………………………………………………………… 265

第一章　城镇居民社会流动与外来人口歧视

　　大量乡—城和城—城流动的外来人口迁移到城市，使得城市社会空间内逐渐形成本地城镇居民和外来人口两大特殊异质性群体。正因如此，本地城镇居民对外来流动人口持何种态度，是情感歧视还是心理接纳，对外来人口的城市融入和群际交往具有重要的意义，是影响社会和谐发展的关键指标，引起了学术界的广泛关注。陆益龙在经验总结和理论分析的基础上指出，本地城镇居民和外来人口的矛盾纠纷是快速转型时期城市十大易发矛盾纠纷之一（陆益龙，2013）。加之，近年来本地城镇居民与外来人口矛盾冲突造成的群体性事件有所增多，引发人们对本地城镇居民和外来流动人口两大异质性群体的社会交往关系的进一步关注。

　　对外来人口的城市融入以及本地城镇居民与外来人口交往的关注主要从两个角度展开：一是从外来人口自身角度展开，探讨外来人口的社会排斥（感）或歧视知觉效应，这是当前研究和政策的主要关注点与切入点。二是从本地城镇居民视角出发，考察本地城镇居民对外来人口的接纳或歧视态度，而这一视角被当前的研究和政策关注所忽略。从社会效应角度来看，本地城镇居民对外来人口持接纳还是歧视态度，不仅影响外来人口的城市融入主观心理期望以及对社会规范的遵守情况；更决定外来人口群体能否真正被城市社会包容和接纳、适应城镇生活、实现城市融合、维护社会稳定。从经济效应角度来看，本地城镇居民对外来人口的歧视态度将在较大程度上影响本地城镇居民与外来劳动力的协调合作效率，并提高交易成本、制约城镇的经济增长效率，不利于经济的健康发展（宋月萍、陶椰，2012；王桂新、武俊奎，2011）。因此，在大力推进新型城镇化建设的社会背景下，研究本地城镇居民对外来人口的态度对促进社会和经济发展、推进城市良性运行与和谐城市建设具有非常积极的现实意义。

在外群体歧视研究中，学术界长期讨论的焦点问题是：何种因素影响外群体歧视？其内在生成机制是什么？如何减少外群体歧视？围绕上述问题，国内外学者展开了大量丰富的研究，并从不同理论分析视角加以阐释，形成了一系列解释模型，如群际威胁模型（Stephan & Stephan，2000）、社会资本模型（Pettigrew & Meertens，1995）、社会认同模型（豪格、阿布拉姆斯，2011）、利益冲突模型（Kunovich，2002）等，这些模型为我们理解外群体歧视提供了丰富的理论解释。但是这些理论解释均是基于社会制度对社会流动影响较小、社会结构较为开放的西方背景提出来的，并且都是从静态视角出发，将内群体成员看作特定区域和文化背景下相对稳定或固定不变的主体，忽略了生命历程中的社会流动以及因流动带来的主观体验、社会资本、社会认知等动态变化因素。事实上，个体的社会位置并不总是一成不变的，而出于一些制度或个人等原因，个体或多或少都会经历一些社会位置的流动与变化，人们的社会态度和行为模式也会相应发生变化；地位相悖及随之而来的心理适应是当下值得关注的问题。因此，在当前急剧转型带来频繁社会流动的中国，从动态的社会流动视角分析城镇居民的外群体歧视态度，具有重要的价值和意义。

本章考察的对象不仅包括城镇居民的社会流动对外来人口歧视态度的直接影响机制；而且考察社会流动带来心理感受（相对剥夺感）、社会信任、社会认知（社会公平感）、生活幸福感、社会交往等的变化，进而导致外来人口歧视态度改变的间接影响机制。通过全面分析社会流动影响外群体歧视的内在机制，不仅可以丰富社会流动后果研究分支成果和拓展外群体歧视研究视角，而且可以为减少外群体歧视与促进外群体融入提供实证启示。

一 文献回顾

社会流动是指社会成员在一定的社会结构中从一个社会地位向另一个社会地位的移动，社会地位主要包含职业、教育等（Sorokin，1927），在中国城乡二元制度背景下，还包括户籍地位。从内容上分为职业流动、教育流动、户籍流动等，从方向上分为向上流动（较低地位向较高地位移动）、向下流动（较高地位向较低地位移动）和横向流动（地位水平没变化），从参照对象上分为代际流动（以父母社会地位为起点）和代内流动（以进入社会的初始地位为起点）。无论是向上流动还是向下流动，无论是代际流动还是代内流动，不同层面的社会流动本身都能够给流动者带来全新的体验和感受，影响流动者的社会政治态度、人际交往等；同样，社会流动会对人们与外群体的交往态度产生重要影响，不同类型流动者、未流动者的外群体歧视可能会存在显著差异。而外群体歧视是一个多维度概念，包含认知性歧视和行为性歧视，认知性歧视是内群体成员基于错误或僵化的概括对外群体产生的消极情感或否定（如疏离或排斥）态度；行为性歧视是内群体基于上述情感或看法而形成对外群体的区别对待行为（Allport，1954；Taylor & Pettigrew，2000）。在社会流动与外群体歧视的关系研究中，主要侧重分析认知性歧视，即主观的歧视性态度。

自开展社会流动与外群体歧视关系研究以来，围绕社会流动是否会对外群体歧视产生影响以及如何影响的问题一直存在争议。在流动研究的早期阶段，理论上认为社会流动导致相对剥夺感、不安全感、不稳定感等，进而导致外群体歧视。随着时间的推移，统计技术不断向前发展，学者围绕上述理论假设展开激烈的争论，部分学者发现这一命题对于成就动机者、获取社会支持较多的流动者等而言是难以成立的，即社会流动对外群体歧视的影响是虚假的。在后期的研究中，由于分析方法的改进，该主题的经验研究快速增加，经验研究中既有对社会流动通过相对剥夺感影响外群体歧视等传统话题的审视与深化，也从社会流动与社会化、资源竞争、文化适应、社会认知等角度解释外群体歧视，相当多经验研究认为，社会流动会对外群体歧视产生显著的影响。归纳起来，国外的理论和实证研究中存在两种迥异的观点——流动相关论和流动无关论。

（一）流动相关论——社会流动对外群体歧视会产生显著影响

在较早期的研究中，迪尔凯姆所著《自杀论》一书中对社会流动与外群体歧视态度就有相关论述。传统的理论假设认为，无论是向上社会流动还是向下社会流动均会导致社会不稳定性、身份焦虑和相对剥夺感，并且造成个体紧张和异常压力。如果个体将精神压力归因于自己，在极端情况下将可能导致自杀；若个体将这种生活不满归咎于外因，将会对其他个体或群体产生严重的敌视感，甚至可能杀害他人（迪尔凯姆，1996）。后来贝特尔海姆和贾诺维茨（Bettelheim & Janowitz，1950）、格林布纳姆和皮尔林（Greenblum & Pearlin，1953）等学者延续这一逻辑，他们强调向下社会流动会导致个体产生强烈的挫败感，而向上社会流动易引发个体的社会不安全感。特别是向下社会流动使个体产生更强烈的相对剥夺感和不安全感，外来族群或少数族裔就有可能成为他们发泄不满的替罪羊，向下流动者更容易对外来群体产生更强烈的歧视（Bettelheim & Janowitz，1964）。向上社会流动虽然会导致不安全感，但是向上流动者会遵守其流入阶层的社会规范，而不会增加对外群体的歧视（Bettelheim & Janowitz，1950；Seeman et al.，1966）。尽管经典理论预测如此，但很少有经验研究精准检验社会流动是否通过相对剥夺感、不安全感等机制间接影响外群体歧视。随着研究的不断深入，学者们还从社会化、资源竞争、文化适应、社会认知等四个角度探讨社会流动与外群体歧视的关系。

1. 社会化

在特定的社会制度背景下，不同的社会结构位置会形塑不同的行为模式和社会态度；进一步说，在社会流动的轨迹中，出身阶层和现处阶层对个体的行为态度会产生不同的影响。社会流动者的初始位置（出身阶层）是个体儿童和青少年成长时期的重要社会化场所，而到达位置（现处阶层）是个体成年完成正式教育之后的再社会化场所；这两个阶段的社会化均会对社会流动者产生一定的影响，但在孰强孰弱上，不同学者仍然产生较大的分歧与争论，主要分为早期社会化决定论、再社会化决定论、折中论。早期社会化决定论强调出身阶层对社会态度的形塑具有决定性作用。社会流动者早期的家庭和学校教育对于个体的基本价值观念影响更深远，社会流动经历本身很难完全改变个体的社会政治态度和基本价值取向（Glenn，1980；Kelley，1992；Dalhouse & Frideres，1996）。再社会化决定论认为到达位置（现处阶层）对个体社会政治态度的形塑作用更具有影响力。无论出身阶层如何，现处阶层的文化环境，都会给流入者带来一定的影响（Weakliem，1992）。但在这一问题上更多学者持有折中论，认为个体出身阶层（家庭背景）、现处阶层、社会流动经历均会对个体的社会价值观念和行为模式产生一定的影响。霍奇和特莱曼（Hodge & Treinman，1966）分析1963年美国民意调查数据发现，社会流动者的外群体歧视态度受到家庭出身阶层和自己现处阶层的共同影响，呈现联合效应。在代际职业流动中，与出身阶层相比，内群体成员的现处阶层对外群体歧视态度产生更大的影响；且控制社会流动者的出身阶层和现处阶层之后，社会流动经历变量仍然对外群体歧视态度产生显著影响（Tolsma et al.，2009）。

2. 资源竞争

从表象上看，社会流动是社会位置变动的过程，但其本质是在特定的社会制度环境下社会有价值资源的重新分配过程；该过程可能会改变流动者对于群体竞争威胁的认知，影响内群体成员对外群体的歧视态度。本地城镇居民经历代际职业向上流动者［如从蓝领（父辈）晋升为管理精英、技术精英（子代）］占据较多、较好的社会资源，外群体难以对他们的工作和经济收入造成很大威胁；而代际职业向下流动者占据较少的社会资源，外群体的加入将争夺工作、住房等稀缺资源，在工作和经济收入等物质利益方面形成直接的竞争和威胁感（Hodge & Treinman，1966；Greenblum & Pearlin，1953）。根据群际威胁理论，外群体所拥有的物质文化资源以及群体成员的日常社会行为、文化价值观、信念等都有可能会对内群体的成长与发展造成较大威胁；这种竞争和威胁感将可能导致内群体成员对外群体产生消极的敌对行为和不友好态度，尤其表现在对少数族裔和外来劳动力移民的歧视态度上（Quillian，1995；Esses et al.，2001）。

3. 文化适应

同群效应是影响两个群体交往意愿和态度的重要因素，个体的社会态度和行为模式受到同群体其他成员文化价值观的影响（Blau，1960）。社会流动是社会结构位置的变化，处于不同社会位置的个体所面临的阶层文化（同群效应）也会相应地发生变化；个体对于不同阶层的文化适应度也可能在一定程度上影响群体间的交往行为和社会态度。布劳（Blau，1956）运用社会流动解释个体人际关系变化时，提出了"文化适应理论"（acculturation theory），社会流动会给个体的交往带来社会不安全等特殊困境，无论是向上流动还是向下流动，社会流动者只有与流入阶层的成员开展广泛且深入的社会交往，才能获得适应流入阶层新的文化价值观念和日常生活方式的充分机会，完成新阶层融入过程，日常行为方式和社会态度保持与流入阶层一致。在大多数情况下，社会流动者既不能完全融入流入阶层，也不能完全脱离流出阶层，他们的行为方式和社会态度往往介于家庭出身阶层和现处阶层之间。阶层文化适应程度较低的流动者，其社会不安全感往往比不流动者更强烈，进而呈现对少数族群更强烈的歧视。在阶层适应进程上，向上社会流动者融入流入阶层的速度比向下社会流动者要快（Lipset & Bendix，1959）。在流动过程中，不仅流动者的态度会发生变化，广泛的社会流动会促进流动者和未流动者的社会交往，而未流动者的行为和社会态度也会受到新流入者的影响（Schwartz，1984；De Graaf et al.，1995）。遗憾的是，布劳并未对自己所提出的理论预设进行严格的实证数据检验。后来有学者将他的文化适应理论具体操作化为时间维度和结构性维度，应用到群体交往歧视态度分析中，检验该理论假设发现，社会流动中的出身阶层和现处阶层对外群体歧视的影响，依赖于社会流动者的阶层文化适应程度；从对外群体总体歧视氛围较高阶层流入总体歧视氛围较低阶层的社会流动者，对外群体的歧视程度逐步降低；而流入阶层的歧视氛围比流出阶层更高时，对外群体的歧视程度逐步增加。人们对包容态度的文化适应要比歧视态度更容易，随着年龄的增长，社会流动者对现处阶层的文化融入程度越高，现处阶层地位对外群体歧视的影响程度逐渐增强，而出身阶层的影响程度逐渐减弱（Tolsma et al.，2009；秦广强，2011）。

4. 社会认知

与职业地位一样，教育也是重要的社会结构位置之一，教育流动亦是社会流动的一个重要类型。父母的受教育水平和自身的文化程度都会对自己的社会态度产生一定影响，即使父母的受教育程度对外群体歧视的影响力要小于自己本身的受教育程度。在子女的成长阶段，受教育程度较高的父母更可能将他们对外群体的态度传递给自己的子女（Tolsma et al.，2008）。学校是个体早期社会化的重要机构之一，学校在教育中更可能宣传平等、自由、理性等社会主流价值观；教育向上流动者经历学校社会化之后更可能习得开放、平等、包容等社会价值理念，对外群体的歧视程度更低。教育不仅影响个体的社会文化认知，而且会对个体的职业、经济收入、住房等社会经济地位获得产生深刻影响，进一步影响个体对外群体竞争威胁的感知，这种感知在较大程度上决定了内群体成员对外群体的亲近度或接受度。哈罗等（Hello et al.，2006）的实证研究表明，教育影响内群体对外群体的歧视主要是通过群体威胁感知机制而形成的。

针对上文的一些论述，相关学者利用某个地区的实验数据或调查数据进行不同程度的检验。西尔弗（Silver）利用1969年在美国采用仿真实验法获取的数据，研究发现向下流动的白人感知到外来群体（黑人、犹太人、加拿大人）的竞争威胁越大，对外群体的歧视越强烈，尤其是对黑人的歧视最强烈（前测的博格达斯社会距离量表[①]得分为95.9分，后测为105.9分）；向上社会流动受阻的白人对外群体（黑人、犹太人、加拿大人）的歧视程度较高（前测得分为95.6分，后测为98.9分）。由此他认为实验结果

[①] 在具体的量表赋值中，社会距离量表得分越高，表明当地居民对外群体的亲近度越低，或者说歧视态度越强烈。

在一定程度上验证了内群体成员的群体竞争威胁感知对外群体歧视的影响力要远远大于向上社会流动受阻变量，群体威胁感知较强烈者（向下社会流动者）更可能将外来族群或少数族裔看作他们发泄不满的替罪羊，保持对外群体较强烈的歧视（Silver，1973）。

托斯玛等运用1995年、2000年、2005年荷兰社会文化发展调查项目（Social and Cultural Developments in the Netherland Surveys）和2002年荷兰亲密关系追踪调查项目（The Netherlands Kinship and Panel Study）数据分析代际职业流动对少数族裔通婚态度的影响发现，代际职业向下流动使得个体产生更多挫败感，进而导致个体更加不愿意与少数族裔通婚，保持较远的社会距离，产生较强烈的歧视态度（Tolsma et al.，2009）。秦广强利用我国的数据对社会流动经历与外群体歧视态度的关系也进行了验证分析，研究发现，与代际职业向下流动者相比，代际职业向上流动者对外群体持更加包容和友好的社会态度，与外群体保持较近的主观社会距离（秦广强，2011）。

（二）流动无关论——社会流动对外群体歧视不会产生显著影响

以上所论述的观点均认为社会流动会显著影响外群体歧视，并通过相关数据进行不同程度的验证；但在不同的条件和社会背景之下社会流动是否还能发挥同样的作用？观点的普遍性与一般性尚待进一步的数据验证。李普塞特和本迪克斯（Lipset & Bendix，1959）很早就认为向下社会流动导致对外群体产生更强烈的歧视仍然具有不确定性。事实上，已有部分研究利用不同国家或地区的数据和不同条件检验了"社会流动影响外群体歧视"假设，得到了与上述不同的研究结果，在一定程度上引发人们对于该理论假设的质疑。

1. 流动动机

西尔伯斯坦和西蒙（Silberstein & Seeman）质疑向下社会流动带来挫败感和向上社会流动带来不安全感进而导致对外群体成员产生强烈歧视的假设，认为其在假设中把社会流动中的地位追求当作理所当然，忽略对社会流动者的流动动机进行考察；向上社会流动或向下社会流动本身并不是对外群体产生歧视的预测指标，社会流动者的外群体歧视主要取决于流动者对待社会流动的具体态度。他们使用美国摩根敦和西弗吉尼亚州城市调查数据证实了上述两个假设，社会流动本身与对外群体的歧视态度并没有显著的相关关系。无论流动轨迹如何，追求社会地位取向（mobility-oriented）的社会流动者对黑人的歧视程度都更高，尤其是追求成功地位但经历向下社会流动者。意外的是，强调成就取向（achievement-oriented）（与追求地位取向者相比，他们更在乎友谊、政治自由、社团生活、内在兴趣、家庭生活等）的向下社会流动者对黑人的歧视保持在较低水平。追求社会地位取向的向下流动者过多地看重职业地位和职业声望，容易产生强烈的相对剥夺感；通过对外群体的歧视发泄对于职业地位下降的不满。强调成就取向的向下流动者对于职业地位相对不那么重视，也不会使流动者产生严重的挫败或失落感，表现出对外群体理性和友好的社会态度（Silberstein & Seeman，1959）。

2. 社会支持

关于社会流动与外群体歧视关系的多数研究主要集中于美国，而西蒙和罗翰等（Seeman & Rohan）将上述部分理论应用到瑞典样本数据分析中，却呈现截然不同的研究结果。他们使用瑞典马尔默市558名居民调查数据分析发现，向下社会流动和向上社会流动本身并不会导致对外群体形成更严重的歧视，即使像西尔伯斯坦和西蒙那样控制社会流动动机之后，向下社会流动仍然不具有显著性。基于此，他们认为向下社会流动导致强烈相对剥夺感这一命题并不是在任何社会现实背景下都能成立的，这一命题在较差的社会经济发展环境中可能成立；但在一个较长时间内经济稳步发展、社会保障健全、社会政治体制稳定的社会环境中，健全的社会支持和社会福利系统能够减弱代际职业向下流动者的社会不安全感和相对剥夺感，向下社会流动并不会使得人们表达对外族群更强烈的歧视态度（Seeman et al.，1966）。后来西蒙（Seeman，1977）又利用法国和美国的数据比较分析社会流动是否会影响对外群体的亲近态度，再次证实在两个国家中客观社会流动本身对外群体歧视态度的影响几乎不具有显著性。

3.社会环境

社会流动是否对外群体歧视产生显著影响,还取决于整体的社会环境。托斯玛等分析代际教育流动对少数族裔通婚态度的影响发现,代际教育向上流动并没有像研究预设的那样,形成更多平等、包容、自由的理念,减少对少数族裔的敌视或排斥态度(Tolsma et al.,2009)。他认为可能的原因与宏观社会发展环境有关,大部分教育阶层将一些公共事件的发生与少数族裔的犯罪率、移民规模等联系起来。

以往研究中较多单纯使用交互分类表对社会流动与外群体歧视关系进行实证检验,随着统计技术的发展,开始有学者将多元线性回归引入社会流动与外群体歧视关系的研究中,得到了与以往不同的结论。霍奇和特莱曼采用多元线性回归分析方法对格林布纳姆、皮尔林和西尔伯斯坦、西蒙的二手数据进行再次分析发现,与未流动者相比,向上社会流动者和向下社会流动者并没有因与黑人保持较远的主观心理距离而产生强烈的歧视态度。他们对1963年美国白人调查数据分析发现,向下社会流动和向上社会流动带来异常压力导致对黑人形成更强烈的歧视,这种交互效应模型并不具有统计显著性(Hodge & Treinman,1966)。

(三)文献述评

社会流动过程既包括与旧环境的割裂,也包含在新环境中的适应与融合,故而它能给予流动者独特的心理体验和主观感受(秦广强,2011)。就具体的社会流动与外群体歧视态度而言,向上社会流动者对外群体歧视态度受到出身阶层和流入阶层的联合影响,与外群体的资源与利益竞争压力更小,更容易适应流入阶层的包容文化氛围,习得更多包容价值理念,进而增强对外群体的包容。向下社会流动者更可能进入外群体歧视氛围更强烈的阶层,感知到强烈的资源竞争威胁,产生强烈的相对剥夺感,导致对外群体产生强烈的歧视。当然这种社会流动的影响也并不是绝对的,而是与社会流动者的流动动机、所处的社会环境和获得的社会支持等有关。不同国家或地区的社会流动与外群体歧视关系不是完全一致的,这也意味着分析社会流动与外群体歧视关系时需要紧密结合当地的社会流动现实背景。

尽管国外关于社会流动与外群体歧视的关系研究积累了丰富的成果，但是该领域的相关研究依然存在局限和可拓展之处。

第一，局限于探讨直接作用机制，而忽略了间接影响内在机制分析。社会流动过程中带来的结构位置变动，在变动之后通过继续社会化、文化适应等过程，形成了与新的社会结构位置相一致的社会价值观念，而这些价值观念与外群体歧视态度直接相关，这在本质上是社会地位效应，而不是社会流动效应（王甫勤，2010）。而间接作用在于人们在社会流动过程中，发生了某些价值观念与行为模式等的变化，如相对剥夺感、社会交往网络、生活满意度、社会信任、社会公平认知等，这些变化又对外群体歧视态度产生影响；但国外学者极少对间接作用机制进行深入理论分析，并通过结构方程模型、路径分析、中介分析等方法进行实证检验，这就限制了社会流动对外群体歧视影响的解释力。

第二，局限于代际职业流动，忽视其他社会流动类型分析。半个多世纪以来，几乎所有的研究成果均聚焦于代际职业流动，但很少见到代内职业流动、代际教育流动、代际户籍流动、主观社会流动等其他社会流动类型的研究成果，这就限制了社会流动与外群体歧视关系的全面性与系统性。

第三，局限于结构性社会流动较小的欧美现实背景，忽视了对发展中国家的考察。国外的现有研究都是在社会政治、经济制度稳定和社会结构较为稳定与开放的背景下，以欧美发达国家的城市为舞台进行的；而没有以急剧社会转型期的发展中国家为现实背景和实证分析素材，这就限制了社会流动与外群体歧视关系的普遍性和一般性。

尽管国外的研究还存在一定的局限，但仍然给国内的研究提供了有益的借鉴和启示。首先，从社会流动角度探讨本地城镇居民对外群体（农民工）歧视是一种较新的、有益的探索和尝试。目前国内关于外群体（农民工）歧视研究主要从静态的相关利益、制度结构、群际威胁、社会交往等角度进行分析，而缺乏从动态社会流动角度进行分析，忽略对个体生活际遇、主观体验等的过程性、动态性考察。借鉴西方成熟的理论分析框架、分析方法，分析中国社会流动与外群体（农民工）歧视，将有助于丰富国内外群体歧视的研究视角和社会流动影响与后果分支研究成果。

其次，社会流动与外群体歧视的关系研究在国内具有广阔的发展前景。国外的研究主要关注代际职业流动，事实上，教育和户籍等地位代际流动、代内职业流动与外群体歧视关系同样值得关注，这些流动类型在中国有着丰富的经验素材。如中国大规模企业职工所经历的"下岗失业"等可以看作代内职业流动的研究对象；教育事业不断向前推进，子代的受教育水平全面提高可以看作代际教育流动的研究对象；随着户籍制度的松动和相关政策的陆续出台，大量农村居民实现了从农村向城镇的转移、从农民向市民身份的转变，这可以看作代际户籍流动的研究对象。因此，国内研究可以从代际流动、代内流动等不同流动形式以及不同流动类型（职业、教育、户籍等）出发，展开深入的理论探讨和实证分析，这是未来该主题重要的研究方向。

最后，社会流动直接影响外群体歧视的理论观点、命题假设、分析模型在国外已经得到充分阐述和发展，这为笔者验证国内社会流动与外群体歧视的直接作用机制提供了完善的分析框架，但目前国外间接作用机制欠缺。这启示未来国内相关研究在验证直接作用机制的基础上，还可以继续挖掘社会流动与外群体歧视的间接作用机制；这不仅可以验证国外社会流动与外群体歧视关系理论的本土适用性，而且可以从间接作用机制视角拓展该理论。

二 研究假设

（一）直接影响假设

歧视是个体对其他群体或成员的恐惧、焦虑、害怕等不确定性心理情感的置换物（Hoffman & Hurst，1990；斯达纽斯、普拉图，2011），而社会位置与这种不确定性心理情感密切相关，社会位置的升降会导致人们不确定性心理情感相应发生变化，因此，社会地位升降过程可能会对人们的歧视态度产生影响。当人们从社会中下阶层向社会中上阶层流动时，其在利益分配体系中占据优势地位，获得更多的客观物质资源（如收入增加、社会福利水平提升）和社会权力，这在一定程度上有助于降低他们对于外来人口进入带来的职业竞争威胁感知；减少他们与外来人口交往带来的不确定性风险，因而可能会产生较低的歧视或排斥。相反，当人们从社会中上层向社会中下层流动时，其丧失了原有利益分配体系中的社会优势地位，面临职业地位下降、收入减少、社会福利缩减等威胁，增加他们与外来人口交往的相对易损风险；且外来人口的进入对向下流动者的职业造成较大威胁，外来人口分享城市紧缺的福利资源，带来更多的竞争紧张感和焦虑感；这些不确定性心理情感导致向下流动者对外来人口产生较强的歧视或排斥。如果上述论述是成立的话，那么从文化适应和同群效应的角度来说，人们的社会态度和行为模式受到同阶层群体其他成员文化价值观的影响（Blau，1960；王桂新、武俊奎，2011）。当人们从社会中下层向社会中上层流动时，更可能进入不确定性心理情感较低的阶层，总体阶层歧视文化氛围比流出阶层低，适应与融入该阶层则可能表现出对外群体更加包容和友好的态度。反之，若从社会中上层流入中下层，更可能流入对与他人交往产生更多不确定性和风险性的阶层，那么，总体阶层歧视文化氛围比出身阶层更浓烈，向下社会流动者融入该阶层且受到群体效应的影响，更容易表现出对外群体强烈的歧视或排斥。文化适应和同群效应的假设在代际职业流动中已得到相关学者的证实（Tolsma et al.，2009；秦广强，2011）。根据上文的论述，笔者认为在我国的社会流动背景下，代内职业流动、代际教育流动、代际户籍流动会与代际职业流动表现出同样的效应。基于以上两方面的讨论和分析，笔者设立如下研究假设。

假设1：在控制其他因素之后，社会流动仍然会对外来人口歧视产生直接影响。具体来说，与未流动者相比，向上社会流动者对外来人口的歧视更弱；向下社会流动者[1]对外来人口的歧视更强烈。

---

[1] 本研究分析对象为本地城镇居民，即拥有本地城镇户口者；因此，向下社会流动不包含代际户籍向下流动（从城镇户口向农村户口转变者），只包含代际职业向下流动、代内职业向下流动、代际教育向下流动（下同）。

（二）间接影响假设

1. 社会流动与相对剥夺感

人们的社会政治态度会受到相对剥夺感影响，主观社会流动、相对剥夺感等比社会阶层客观位置对社会政治态度（包含外群体歧视态度）的影响更大（Lipset，1981；Turner，1992）。与主观未流动者相比，主观向上流动者的相对剥夺感较低，其政治信任水平（盛智明，2013）、生活幸福感（王嘉顺，2012）、分配公平感（马磊、刘欣，2010）等相对较高。相对剥夺感不仅会对人们的社会政治态度产生直接影响，也是社会流动影响社会态度和行为的中介变量之一。相关学者也对这一机制进行了证实研究，如王甫勤分析社会流动与分配公平感的关系发现，与代际职业未流动者相比，代际职业向上流动能够强化流动者的横向优势地位评估和带来主观向上流动，形成较低的横向相对剥夺感和纵向相对剥夺感，向上流动者更加认可当前的收入分配公平（王甫勤，2010）。

具体到外群体歧视态度上，实际客观的社会流动状况并不一定会带来相对剥夺感（Silberstein & Seeman，1959），而人们对于社会流动的态度是影响外群体歧视的重要变量。只有那些主观感知到地位下降并带来相对剥夺感的群体才会对外群体产生强烈的歧视，这说明客观社会流动是通过主观的相对剥夺感间接影响外群体歧视的。当然这一中介机制不是在所有国家和地区均能成立，在社会经济发展绩效优良和社会福利待遇较好的国家或地区，社会阶层客观位置的变化不一定会带来主观社会地位的改变，而产生强烈的相对剥夺感，导致更强烈的歧视或排斥（Seeman et al.，1966）。虽然我国经济社会发展正处于快步上升阶段，但是社会福利支持系统并没有实现全面普惠共享式福利。因此，笔者认为在急剧社会转型的中国社会背景下，从社会中下层流向社会中上层带来客观社会地位上升和客观物质资源收益增加，提升自身的收益感并强化其自我主观优势地位认同，因而相对剥夺感（横向剥夺感和纵向剥夺感）较弱，从而对外来人口保持积极友好的态度。若从社会中上层向中下层流动，将带来客观社会地位的下降和客观物质利益的损失，与纵向的过去和横向的同龄群体相比会产生较大的失落感，可能产生较强烈的相对剥夺感；他们容易将这种地位下降带来的相对剥夺感归因于外部社会环境和外群体成员（Whitley & Kite，2006），与他们形成社会竞争的外来人口可能成为其发泄这种相对剥夺不满情绪的替罪羊，进而对外来人口产生强烈的歧视或排斥。基于以上分析，笔者提出以下假设。

假设2：社会流动会通过相对剥夺感（横向剥夺感和纵向剥夺感）间接影响外来人口歧视。具体来说，向上社会流动会降低人们的相对剥夺感，进而形成对外来人口较低的歧视或排斥；向下社会流动增强人们的相对剥夺感，进而产生对外来人口较高的歧视或排斥。

2. 社会流动与社会信任

信任（人际信任和政府信任）在人们的社会交往中起着非常重要的作用。社会流动会改变人们的人际信任和政府信任水平，人际信任（尤其是生人信任）和制度信任在很大程度上影响人们对外来人口的社会包容。国内外诸多研究表明，社会流动能够在一定程度上影响人们的人际信任，如福特（Fought，2007）的研究表明，与阶层向上流动者相比（非体力劳动阶层流向更高非体力劳动阶层），未流动者和向下社会流动者（体力劳动阶层流向更低体力劳动阶层）的人际信任水平更低。国内的研究结果也发现，代际职业向上流动、代际教育向上流动能够显著提升人们的人际信任水平（高学德，2014）。人际信任是人们社会交往的重要基础，如果交往双方不信任，意味着人们对社会交往对象缺乏积极的评价，这种消极的评价会导致个体对外界持消极的态度，降低交往意愿，形成更多的歧视或排斥（Stouffer，1955）。但是值得注意的是，我国的社会信任呈现"差序格局"特征（胡荣、李静雅，2006；胡荣、胡康、温莹莹，2011），中国的人际信任建立在一种先天赋予的血缘（家族亲戚或准亲戚）关系基础之上，难以扩展和延伸到与没有血缘关系的其他人际交往关系中，因而在人际信任上往往表现出内外有别、亲疏不同的特征，对血缘关系以外的人信任度较低（韦伯，1995；福山，1998）。也就是说，城镇居民对内部的熟人关系越信任，那么他们越难以将信任延伸和拓展到普遍的大多数人（包括外来人口）身上，越可能增大对外来人口的主观交往距离，产生强烈的歧视或排斥；而对陌生人（包含外来人口）越信任者，越能缩小城镇居民与外来人口的主观交往距离，减少对外来人口的歧视或排斥。国内外诸多实证研究表明，熟人信任越高者与外来人口保持越远的主观社会距离（许涛，2012）；普遍信任或生人信任水平越高，对外来人口（外来移民或少数族裔）的歧视或排斥程度越低（Sides & Citrin，2007；Herreros & Criado，2009；Vala & Costa-Lopes，2010；Fitzgerald，2012）。基于上述论述，笔者提出以下假设。

假设 3a：社会流动会通过改变人们的人际信任水平而间接影响外来人口歧视。具体来说，向上社会流动能够显著提升人们的陌生人信任水平，进而有助于降低对外来人口的歧视或排斥；向下社会流动会显著降低人们的陌生人信任水平，进而保持对外来人口较高的歧视或排斥。

国内外诸多研究结果表明，社会流动能够在一定程度上影响人们的政府信任。个体的成败是影响政治系统信任的重要因素，向下社会流动导致对社会不满，政府信任水平较低；而向上社会流动将带来更多社会满足，对社会充满更多感激之情，表达对当前政治系统更高的满意度，政府信任水平更高（Tumin，1957；Lopreato，1967）。政府信任同样是人们社会交往的重要基础，制度信任（包含政府）以外在的、类似于法律的制度机制（惩罚或预防）为基础而建立，有助于降低社会交往的复杂性、抑制心理恐慌、保持理性，进而减少社会歧视（赵延东，2003）；向上社会流动者的政府信任度越高，也意味着当他们与外来人口交往遭遇风险时，越可能相信政府会采取多样化的措施与制度帮助和支持他们，相应地对外来人口保持理性和友好态度。政府信任越高者，越可能扩大公共参与，更倾向于将更多的社会成员纳入现有的制度和体系中，对外来移民群体的接纳意愿更高（Sides & Citrin，2007）。大量实证研究表明，政府信任与外来移民或少数族裔歧视呈显著负相关关系（Husfeldt，2006；Rothstein & Stolle，2008；Freitag & Buhlmann，2009；Halapuu et al.，2013）。基于此，笔者设立以下假设。

假设 3b：社会流动会通过改变人们的政府信任水平而间接影响外来人

口歧视。具体来说，向上社会流动能够显著提升人们的政府信任水平，进而有助于降低对外来人口的歧视或排斥；向下社会流动会显著降低人们的政府信任水平，进而保持对外来人口较高的歧视或排斥。

3. 社会流动与社会公平感

社会流动会改变流动者的社会公平认知，而社会公平认知会影响人们对外群体的歧视或排斥态度。社会支配理论认为，社会公平认知将影响群际关系，若个体强调群体或个体之间的平等，则社会支配水平较低，将会对外群体或成员产生较少的歧视；若个体强调群体或个体之间的不平等，注重不平等的等级结构化群际关系维持，将可能对外群体形成强烈的歧视态度（斯达纽斯、普拉图，2011）。针对什么是公平，不同国家和文化背景对于公平的理解呈现较大的差异，根据以往的研究结果，现代社会的公平基本上包括机会公平、程序公平和结果公平（分配公平）三种维度。这三种公平对于目前中国的社会转型具有重要的现实意义（孟天广，2012）。囿于数据的可得性，本章只探讨机会公平和分配公平。机会公平强调发展机会在不同群体中的公平分配，每个个体均拥有获取成功和发展的平等权利与机会。若个体从社会中下层实现向社会中上层流动，意味着整个社会制度为社会中下层有能力抱负的社会成员提供了向上流动机会，使得他们更加坚信社会底层成员（包含外来人口）只要通过自身努力同样有机会实现较高的收入、职业、教育等社会地位，对整个社会的机会公平认可度较高。向下社会流动者则认为自我发展机会受到阻碍，对机会公平的认可度较低。事实上，部分实证研究结果表明，向上社会流动者主观感知的社会经济地位越高，社会公平感越高，反之则越低（谢颖，2010；鲁元平、张克中，2014）；主观社会经济地位向上流动者对当前社会机会公平的认同感更高；这种向上流动对较低社会阶层而言更为显著（谢颖，2010；王甫勤，2010）。而从社会公平感与外群体歧视的关系来看，强调社会公平者很容易接受那些让自己以减少群体不平等方式进行包容的意识形态和行为（斯达纽斯、普拉图，2011）。已有实证研究发现社会公平感与外群体歧视具有很强的相关关系，社会公平感与美国的反黑人种族主义呈显著负相关，在其他地区也呈现同样的负向效应；越是强调不平等，他们越可能反对种族间通婚倾向，保持对少数族裔的居住歧视、工作歧视和子女教育歧视等（斯达纽斯、普拉图，2011）。基于以上论述，笔者设立如下研究假设。

假设4a：社会流动会通过改变人们的机会公平感而间接影响外来人口歧视。具体来说，向上社会流动会增强人们的机会公平感，进而降低对外来人口的歧视或排斥。向下社会流动会弱化人们的机会公平感，进而产生对外来人口更加强烈的歧视或排斥。

社会流动不仅会影响人们对于机会公平的认知，还会影响人们对于结果公平（分配公平）的认知，这种分配公平认知在很大程度上会影响人们对外群体的歧视态度。分配公平感强调个体对重要社会资源（如收入、资产、财富等）公平分配程度的认知。个体往往会对自己的投入和所得进行权衡与比较，当所得大于或等于投入时，人们会认为收入分配公平；当所得小于投入时，则可能会认为收入分配不公平。根据社会分层自利主义理论，向上社会流动者在社会资源分配过程中占据较大的优势，从而产生较强烈的分配公平感；而向下社会流动者在资源分配中处于劣势，形成相对剥夺感，这种相对剥夺感将降低分配公平认知（Turner，1992；Wegener & Liebig，1995）。国外实证研究表明，与未流动者相比，向上社会流动者的收入分配公平感较高，而向下社会流动者的收入分配公平感较低（Andersen & Yashi，2012）。就分配公平感和外群体歧视关系而言，既有研究结果显示，在分配公平的国家和地区，群体之间的敌视或排斥行为相对较少（Morenoff et al.，2001；Andersen & Fetner，2008）。主观收入信念更公平者对外来人口的歧视程度更低（周亚平、陈文江，2012）。人们对于自己的收入分配公平认可度越高，越可能产生较低的相对剥夺感，对未来保持积极乐观的预期，增加对于多样性的容忍，从而减少对外来人口的歧视或排斥。而对于自己的收入分配公平认可度越低者，当他们难以找到解决这种不公平的办法时，可能产生较强烈的相对剥夺感，可能将外来人口作为宣泄不公平愤怒情绪的对象，强化对外来人口的歧视或排斥。据此，笔者提出如下研究假设。

假设 4b：社会流动会通过改变人们的分配公平认知而间接影响外来人口歧视。具体来说，向上社会流动会强化人们的分配公平感，进而降低对外来人口的歧视或排斥；向下社会流动会弱化人们的分配公平感，进而增强对外来人口的歧视或排斥。

4. 社会流动与生活满意度

在当代中国社会转型过程中，频繁的社会流动不仅使得流动者的各种客观物质资源重新分配，而且使主观心理资源等重新分配，诸如工作满意度、幸福感、积极情绪、消极情绪等。这些主观心理资源同样是影响人们对外群体歧视的重要因素（Stroessner et al., 2005; Dovidio et al., 1995）。从社会中下层流向社会中上层的向上流动，赋予社会流动者更多的物质资源和社会权力，获得优势身份认同，增强个体自尊感和福祉感，进而提升人们的生活满意度和愉悦感；相反，从社会中上层向社会中下层的向下流动，使得个体丧失了原有的社会优势地位，带来更多的挫败和失落感，降低自我优势地位认同，引发他们对于工作、生活的不满，形成更多的消极情绪。大量实证研究对社会流动与生活满意度（生活幸福感）的关系进行了探讨，国外定性和定量研究结果均表明，向上社会流动能够显著提升流动者对收入、消费、社会保障、工作、家庭生活等的满意度（Goldthorpe, 1980; Fasang et al., 2012; Bjørnskov et al., 2013）。我国学者也发现代际职业向上流动有助于提升个体的主观幸福感，向下流动会显著降低个体的主观幸福感，同时向下社会流动与机会不均等感知的交互作用显著，即向下社会流动会强化个体的机会不平等感知，进一步降低个体的主观幸福感（鲁元平、张克中，2014）。向上社会流动提升流动者的生活满意度，赋予更多心理权利，保持积极乐观的生活态度，乐观积极的心态对人们对待周围的任何事物总是具有积极的意义，增强他们对于生活的信心和信任他人（包含外来人口）的能力，因而降低对外来人口的歧视或排斥。而向下社会流动给流动者带来消极的生活体验，产生严重的受挫心理；根据挫折—侵犯理论，生活受挫的个体很容易将自己的受挫情绪投向外群体，进而产生强烈的歧视或排斥。事实上，生活满意度（生活幸福感）与外群体歧视的关系在欧洲的相关数据分析中均得到有效验证，生活满意度与反移民倾向呈显著的负相关，即目前生活满意度越高者，对外来移民群体持更加包容的态度；目前生活满意度越低者，对外来移民群体持更强烈的歧视态度（Sides & Citrin, 2007; Quillian, 1995）。基于以上分析，笔者提出如下研究假设。

假设5：社会流动会改变人们的生活幸福感而间接影响外来人口歧视。具体来说，向上社会流动会显著提升人们的总体幸福感，进而降低对外来人口的歧视或排斥；向下社会流动会降低人们的总体幸福感，进而增加对外来人口的歧视或排斥。

5. 社会流动与社会交往

在封闭的社会中，人们的社会交往对象主要局限在狭小且封闭的空间内，更多停留在熟人圈内。但在急剧的社会转型背景下，社会流动改变着人们传统的交往方式，重构人们的社会交往网络；这些因社会流动带来的正式社会网络和非正式社会网络变化较大程度上影响人们对外来人口的歧视或排斥。以往测量正式社会交往网络主要采用社团参与指标（胡荣、胡康，2007）。社会流动会显著改变人们的社团参与水平。比如跨地区的社会流动者由于脱离原来的生活群体，难以在短时间内建立血缘、地缘等情感网络，因而会通过参加各种各样的社会团体，扩充自己的社会资本，以摆脱因流动而带来的孤立感和疏离感（Sorokin, 1959）。向上社会流动（阶层流动）赋予个体更多参与社团的能力和机会，提升他们的社团参与水平。国外研究表明，与未流动的工人阶层相比，从工人阶层向上流入服务阶层者，他们所参加的社会团体数均值从0.78个增加到1.17个；而与未流动的服务阶层相比，从服务阶层流入工人阶层的向下流动者，参加的社团数量均值从1.80个减少到1.01个，意味着向下社会流动抑制人们的社团参与（Li et al., 2008）。参加社团组织是人们形成对外群体包容态度的重要影响变量（Uslaner & Conley, 2003; Pickering, 2006; Paxton, 2007）。从理论上来说，社团组织参与主要通过三种机制影响外群体歧视态度：社会化机制、自我选择机制、选择—适应机制。社会化机制强调社团参与为社团组织成员提供一个遇到不同生活方式、身份、利益和政治观点的群体的机会，这种社团组织的多样性交往是提高包容认知和增加情感因素的重要来源（Putnam，1993，2000；Mutz，2002；Kuklinski et al.，1991）。社团组织被认为是"民主学校"（schools of democracy），因为它强调包容和民主协商等公民素质，与社团成员的交往，会在一定程度上提高自己的公民意识。自我选择机制则认为社团参与有助于增进社会包容与自身的价值观有关，对人不信任者和持有不愿与人来往的生活价值观者，更倾向于不愿与人交流，所以更加不愿意参加社团组织；而持有较高社会包容态度的个体往往社团参与水平较高（Sønderskov，2011）。选择—适应机制则代表前面两种观点的综合，自我选择机制强调自我价值观的影响，而自我价值观还会受到社团组织所发展出来的亚文化影响，两种过程共同影响对外群体的包容态度（Hooghe，2003；Calhoun，1993）。基于此，笔者设立如下研究假设。

假设6a：社会流动会改变人们的社团参与而间接影响外来人口歧视。具体来说，向上社会流动会显著提升人们的社团参与水平，进而降低对外来人口的歧视或排斥；向下社会流动会降低人们的社团参与水平，进而对外来人口产生更强烈的歧视或排斥。

除了正式社会交往之外，社会流动还会改变人们的非正式社会交往网络，非正式社会交往网络一般通过拜年网、讨论网进行测量；为结合研究主题，使研究更具针对性，本研究主要通过是否曾邀请过外来人口到家里做客这一实际交往指标进行测量。从社会中下层向社会中上层流动，社会地位得到提升，流动者占据着优势结构位置，社会地位较高，社会交往中的限制相对较少，关系网络的选择面较广，交往的职业种类和地域范围更具有广泛性，因而拥有较大的网络规模和多元化的关系网络（Li et al.，2008；张文宏，2005；胡荣，2003；边燕杰，2004；胡荣、阳杨，2011；张云武，2009）。在主观倾向上，体力阶层流向服务阶层表现出对生活境况不好群体的交往歧视程度最低；而与未流动者相比，体力阶层内部的向上或向下社会流动者表现出对生活境况不好群体的交往歧视程度较高（秦广强，2011）。虽然这些研究并没有直接涉及是否会增加与外来人口的实际交往，但根据上文的论述，笔者认为，与未流动者相比，从较低（职业、教育、户籍）阶层流向较高阶层的向上流动者，在学校、工作单位和日常的社会交往场合中拥有众多机会接触各式各样的群体，扩大社会交往面，社会网络异质性增强，有可能将社会网络延伸到外来人口中，且由于两者之间不存在较大的利益冲突，更可能与外来人口成为好朋友，邀请外来人口到家里做客，实际交往概率更高。从较高（职业、教育）地位流向较低地位的向下流动者，与外来人口形成直接的竞争关系，因而他们的社会网络可能更具有封闭性，难以与外来人口建立长久亲密的友谊关系。与外群体亲密的社会交往能够有效降低外群体歧视，这主要通过获得外群体新信息、改变对外群体刻板印象认知，缓解焦虑情绪、产生共情等路径来实现（Pettigrew & Tropp，2006；Dovidio et al.，1995）。基于以上分析，笔者提出如下研究假设。

假设6b：社会流动会通过改变人们与外群体的实际社会交往而间接影响外来人口歧视。具体来说，向上社会流动显著提升人们与外来人口的实际交往水平，进而降低对外来人口的歧视或排斥；向下社会流动会降低与外来人口的实际交往水平，进而增强对外来人口的歧视或排斥。

三　研究设计

（一）数据来源

本章数据源自中国人民大学和香港科技大学联合开展的中国综合社会调查（CGSS2005）。该调查采用多阶分层抽样方法，在全国28个省、自治区、直辖市125个县（市、区）抽取调查样本，最终完成10372份有效问卷调查，其中城镇6098份，农村4274份。删除"从未工作过或正在上学"的样本，选取18~65岁户籍为城镇户口且常住户口所在地为本居住地或本县（市、区）的居民，最终样本为4234个（见表1-1）。

表 1-1　样本基本特征

单位：人，%

变量	取值	样本	比例
性别	男	2027	47.9
	女	2207	52.1
年龄	[18,65]	均值 42.4 岁	标准差 11.4
婚姻状况	未婚	395	9.3
	已婚	3619	85.5
	丧偶或离异	220	5.2
年收入	[0,400000]	均值 13013.6 元	标准差 15239.4
受教育程度	小学及以下	542	12.8
	初中	1342	31.7
	高中/技校/中专	1546	36.5
	大专及以上	803	19.0
地域类型	东部	1911	45.1
	中部	1623	38.3
	西部	700	16.5
政治面貌	中共党员	592	14.0
	非中共党员	3642	86.0

注：样本中不包含缺失值。

（二）变量测量

1.因变量

本章的因变量为城镇居民对外来人口的歧视程度。CGSS2005 城市卷包含一个城市居民对外来人口歧视的博格达斯社会距离量表，询问被调查者是否愿意与外来人口一起工作、有外来人口租住在自己所居住的社区、与外来人口做邻居、邀请外来人口到您家做客、子女/亲属与外来人口谈恋爱等。对答案选项"愿意"赋值为 0，表示没有歧视；将"不愿意"赋值为 1，表示存在歧视。为了不造成模型中存在大量缺失值，对"不回答"采用均值替代法进行替代。该量表 Cronbach's Alpha 系数为 0.842，具有较好的内部一致性，可对量表进行累加，累加得分范围为 0~5，得分越高，表示总体歧视越严重。统计分析时将累加得分视为连续型变量，纳入线性回归模型。

2. 自变量

本章的自变量为社会流动。社会流动是个体社会结构位置的转换，这里所说的结构位置不仅包含职业和教育，在中国特殊的城乡二元制度背景下，还应包括户籍位置。因此，本章主要从职业流动、教育流动和户籍流动三个方面考察社会流动。

（1）代际职业流动

结合国内外的惯例，通常通过比较父代的职业地位[①]和子代的职业地位来测量。为了便于比较，首先根据戈德索普的10类职业编码和埃里克森的6类职业编码（Erikson et al., 1979），结合吴晓刚等中国学者使用EGP分类框架的经验（吴晓刚，2007），从高到低将职业地位分为五类：专业技术人员和管理人员、一般办事人员和小业主、技术工人和领班、非技术工人、农业劳动者，分别编码为5、4、3、2、1。然后将被调查对象当前的职业地位值与14岁时父亲的职业地位值相减，得到"代际职业流动值"，若大于0，则表明被调查者经历了代际职业向上流动；若小于0，则表明被调查者经历了代际职业向下流动；若等于0，则表明代际职业未流动。

（2）代内职业流动

代内职业流动与代际职业流动的计算方式是一致的，唯一不同的是代内职业流动的参照起点为自己第一份职业的EGP值；将自己现在职业的EGP值减去第一份职业的EGP值，若两者之差小于0，则表明经历了代内职业向下流动；若两者之差等于0，则表明未发生代内职业流动；若大于0，则表明经历了代内职业向上流动；分别将代内职业未流动、代内职业向下流动、代内职业向上流动编码为0、1、2，其中代内职业未流动为参照对象。

（3）代际教育流动

通过比较父亲的教育地位和子代的教育地位来测量，为全面考察教育的劳动力市场分割效应和价值观形塑效应，将受教育程度分为两类：高中及以

[①] 14岁时父亲的职业地位。

下和大专及以上，分别赋值为 1 和 2。与职业地位测量一样，如果被调查对象的学历比父亲要高，则表明经历代际教育向上流动，否则为代际教育向下流动或未流动。

（4）代际户籍流动

根据父亲的户籍和被调查者的户籍比较获得。农村户口转为城镇户口，为代际户籍流动；父亲和子代均为城镇户口，为代际户籍未流动；城镇户口转为农村户口，为代际户籍向下流动。[①]

3. 中介变量

（1）纵向剥夺感

相对剥夺感是基于利益比较得失而产生的心理感受，作为比较基准的参照对象是重要基础。纵向剥夺感从纵向比较进行测量，询问被调查者"与三年前相比，您目前的社会地位：上升了、差不多、下降了"，分别赋值为 1、2、3，得分越高，表示纵向剥夺感越强。

（2）横向剥夺感

横向剥夺感从横向比较进行测量，询问被调查者"与同龄人相比，您认为您本人社会地位：较高、差不多、较低"，分别赋值为 1、2、3，得分越高，表示横向剥夺感越强。

（3）生人信任

询问被调查者对邻居、街坊、亲戚、同事、交情不深的朋友/相识者、同乡、陌生人等的信任程度，对量表进行因子分析，最终拟合成熟人信任和生人信任（交情不深的朋友/相识者、同乡、陌生人）两个因子，方差贡献率分别达到 34.1% 和 26.5%，分量表信度系数为 0.765 和 0.658。基于研究目的，本研究不分析熟人信任，只将生人信任因子纳入回归模型进行分析。

（4）政府信任

询问被调查者对于"为患者提供医疗服务、为老人提供适当的生活保

[①] 由于本研究是考察本地城镇居民对外来人口的歧视，农村户口居民不纳入分析范围，所以本研究不分析代际户籍向下流动。

障、提供优质的基础教育、捍卫国家安全、打击犯罪、公平执法、政府部门秉公办事、环境保护、帮助穷人，维护社会公平"等九个领域的满意度，被调查者通过非常满意、满意、一般、不满意、非常不满意五个选项进行回答，对其重新赋值为 5、4、3、2、1。对上述九个项目进行因子分析，KMO 为 0.885，且通过显著性检验，方差贡献率达到 51.8%，适合做因子分析；Alpha 信度系数达到 0.881，内部一致性较好。将九个项目进行累加，得到政府信任总分，得分越高，表示政府信任水平越高；得分越低，表示政府信任水平越低。

（5）机会公平感

机会公平感主要测量公众对于收入机会、教育机会、社会地位机会等的公平认知。询问被调查者①"现在有的人挣得多，有的人挣得少，但这是公平的"，②"只要孩子够努力、够聪明，都能有同样的升学机会"，③"在我们这个社会，工人和农民的后代与其他人的后代一样，有同样多的机会成为有钱和有地位的人"；对选项非常同意、同意、无所谓、不同意、非常不同意分别赋值为 5~1，经 Alpha 检验，信度系数为 0.583，勉强可以接受，对三个项目进行累加，累加得分范围为 3~15，得分越高，机会公平感越强。

（6）分配公平感

分配公平感指个体根据自己的实际付出，对自己的收入等报酬状况是否合理进行综合评价，询问被调查者"考虑到您的能力和工作状况，您认为您目前的收入是否合理"，被调查者通过非常合理、合理、不合理、非常不合理四个选项进行回答，分别赋值为 4、3、2、1，得分越高，分配公平感越强。

（7）生活幸福感

采用综合测量方法，使用总幸福感、工作满意度、积极情绪、消极情绪四个指标进行测量，其中总幸福感操作化为"您觉得您最近的生活过得怎么样"，被访者通过非常不幸福、比较不幸福、一般、比较幸福、非常幸福五个选项进行回答。工作满意度问题为"总的来说，您对自己目前（或最后一次）工作的满意程度是怎样的"，被访者通过非常不满意、不满意、一般、满意、非常满意四个选项进行回答。积极情绪采用"总的来说，您认为您现在生活中开心的部分会占到您生活的几成"来测量，被访者从 1 成到 10 成进行回答，对其重新赋值，"1~2 成"为非常不开心，"3~4 成"为比较不开心，"5~6 成"为一般，"7~8 成"为比较开心，"9~10 成"为非常开心。消极情绪采用"在上个月内，您是否因为一些情绪问题（例如焦虑、抑郁或易怒的感受）而感到困扰"进行测量，被访者通过"完全没有感到困扰、很少感到困扰、有些感到困扰、很感到困扰、非常感到困扰"五个选项进行回答，对其进行逆向赋值，分别赋值为 5、4、3、2、1。对于上述变量进行处理之后，开展因子分析，KMO 为 0.688，且通过显著性检验，方差贡献率达到 48.9%，表明适合做因子分析。四个变量拟合成一个因子，信度系数为 0.635。用因子值代表生活幸福感，因子值越大，表示生活幸福感越高，反之则越低。

（8）社团参与

询问被调查者"在业余时间里，有没有在以下方面参加由您工作单位以外的社团组织安排/进行的活动"，如"健身/体育活动、娱乐/文艺活动、同学/同乡/同行联谊活动、宗教信仰活动、有助于增进培养/教育子女能力的活动、有助于提高个人技能/技术的活动、公益/义务活动等"，被调查者通过"一周几次、一周一次、一月一次、一年几次、从不"五个选项进行回答，对其分别赋值为 5、4、3、2、1。因子分析结果表明，KMO 为 0.849，且通过显著性检验，方差贡献率为 41.5%；Alpha 的信度系数为 0.733，表明适合做因子分析；根据因子载荷，最终拟合成一个因子。根据因子分析和信度检验结果可知，社团参与量表具备较好的效度和信度，可以对量表进行累加；累加得到社团参与总分，得分越高，表示社团参与越多；得分越低，表示社团参与越少。

（9）实际交往

询问被调查者"您是否邀请过外来人口到您家做客"，被调查者通过"有""没有""不回答"三个选项进行回答，分别对"有""没有"赋值为 1 和 0。

（三）分析策略

本章首先采用多元线性回归模型（OLS）分析社会流动对外来人口歧视的

直接影响，若社会流动对外来人口歧视存在显著影响，在此基础上使用 OLS 模型和 Logit 模型确定社会流动与相对剥夺感（纵向剥夺感和横向剥夺感）[①]、社会信任（生人信任和政府信任）、社会公平感（机会公平感和分配公平感）、生活幸福感、社会交往（社团参与和实际交往）[②] 的关系；若存在显著影响，再在直接模型基础上引入中介变量，建立联合模型，确立最终的中介作用。

四　结果与分析

（一）外来人口歧视的总体现状及变化趋势

首先，从歧视内容来看，城镇居民对外来人口的具体歧视内容存在显著差异，对日常工作歧视程度较低，社区居住歧视、邻里居住歧视、日常交往歧视排在中间，子女婚恋歧视最为严重。由表 1-2 结果可知，2005 年城镇居民对外来人口的工作歧视程度为 20.2%，子女婚恋歧视程度为 60.5%，两者相差约 40 个百分点。与全国大城市的调查结果比较显示，全国城镇居民的总体歧视程度比大城市要低，如王桂新和武俊奎分析 2006 年上海调查数据发现，本地城镇居民不愿意与外来人口交朋友的比例达到 69.8%（王桂新、武俊奎，2011）。王毅杰、王开庆（2008）分析 2007 年南京调查数据发现市民不愿意[③]与农民工做邻居、亲密朋友、亲戚或通婚的比例分别达到 59.1%、68.1%、74.6%。2009 年城镇居民对外来人口的工作歧视程度为 41.6%，子女婚恋歧视程度为 64.3%，两者相差近 23 个百分点。2014 年全国农民工社会融合调查结果显示，城镇居民对外来人口（外来农民工）的工

[①] 需要说明的是，按照多元回归统计的要求，相对剥夺感为定序变量，应采用定序回归；同时采用定序回归和线性回归分析后发现，两者结果基本没有差异；为了解释的方便，这里选择多元线性回归。

[②] 除实际交往采用 Logit 模型外，其他均采用 OLS 模型。

[③] 对于"无所谓"选项的处理，参照王桂新等（2011）的处理方式，将"无所谓"归为"不愿意"一类。尽管可能夸大了"不愿意"人群比例，但是根据现实生活经验，认为自己"无所谓"的本地城镇居民在现实中如受到外来因素影响，往往会倾向于不愿意与外来人口一起工作、居住、交往、结亲等。

作歧视程度为32.2%，而子女婚恋歧视程度则为54.2%，两者相差22个百分点。数据结果表明，2005年和2009年各个项目的歧视程度是逐步增强的，但2014年则表现出不一致性；这可能与问卷量表设计有关，日常工作、社区居住、邻里居住都是随着外来人口的增加，城镇居民难以主观阻挡的，但仍然有一定比例的城镇居民内心表示不愿意；日常交往和子女婚恋是居民内心的真实表达，能够真实反映城镇居民对外来人口的包容度和接纳度，从这一数据来看，仍然有较大比例的城镇居民对外来人口的接纳和包容程度较低。2014年日常交往歧视程度显著较低，可能原因在于2014年的日常交往测量只是询问被调查者是否愿意与农民工成为朋友，并没有像CGSS2005和JSNET2009问卷那样强调亲密朋友。

表1-2 城镇居民对外来人口歧视的现状分析（2005～2014年）

单位：%

项目	选项	日常工作	社区居住	邻里居住	日常交往	子女婚恋
CGSS2005	愿意	79.8	71.4	62.0	56.8	39.5
	不愿意	20.2	29.6	38.0	43.2	60.5
	合计	100.0 (4234)	100.0 (4234)	100.0 (4234)	100.0 (4234)	100.0 (4234)
JSNET2009[①]	愿意	58.4	—	53.6	50.1	35.7
	不愿意	41.6	—	46.4	49.9	64.3
	合计	100.0 (2563)	—	100.0 (2563)	100.0 (2558)	100.0 (2556)
全国农民工社会融合调查2014[②]	愿意	67.8	—	66.0	70.5	44.8
	不愿意	32.2	—	34.0	29.5	54.2
	合计	100.0 (1285)	—	100.0 (1308)	100.0 (1307)	100.0 (1302)

注：①该数据来源于胡荣、王晓《社会资本与城市居民对外来农民工的社会距离》，《社会科学研究》2012年第3期。对于"无所谓"选项的处理，和上文保持一致，笔者同样参照王桂新、武俊奎（2011）、汪汇等（2009）的处理方式，将"无所谓"归为不愿意一类。另外，根据风笑天（2013）的研究，在态度问题的答案设置上，中间答案所"吸引"的主要是反向（即不赞成）的回答者，中间答案的设置为一部分原本持有不赞成态度的被访者提供相对模糊且"相对安全"的回答方式。

②该数据来源于南京大学刘林平教授主持的"户籍限制开放背景下促进农民工中小城市社会融合的社会管理和服务研究"课题，基于全国13个城市调查的（市民部分）数据描述报告，被访者从非常愿意、比较愿意、说不清、比较不愿意、非常不愿意选项中进行回答，与上文一样，将"说不清"归为不愿意一类。

其次，从歧视变化趋势来看（见图1-1），2005~2014年变化趋势并不是直线上升或下降，而是先上升后下降的"倒U形"曲线变化。具体表现为2005年各项歧视占比为20%~61%，2009年各项歧视占比在40%~65%，每一项歧视占比均高于2005年和2014年；而2014年大部分项目的歧视程度有所下降，各项歧视占比保持在29%~55%。虽然2014年各个项目歧视比例有所下降，但仍保持在较高水平，意味着在未来一段时间内，尤其在全国更大范围推进新型城镇化建设过程中，我们仍然不能忽视本地城镇居民对外来人口的歧视或排斥问题。

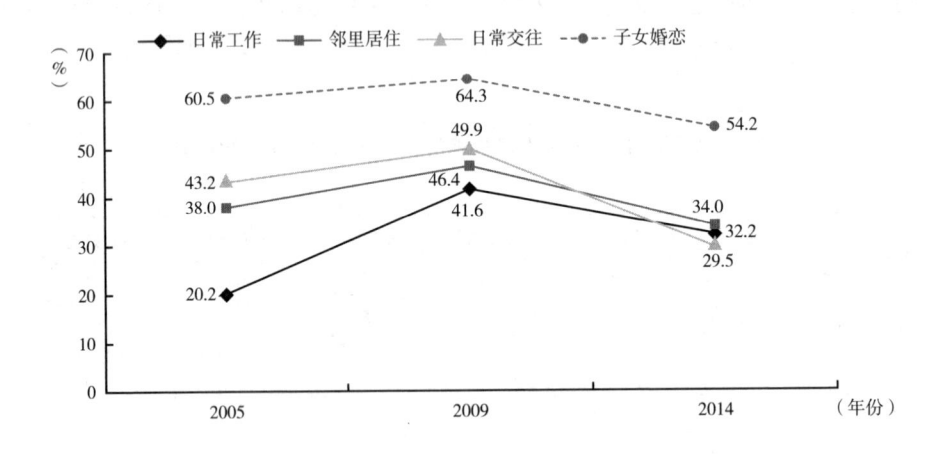

图1-1 各歧视项目的变化趋势（2005~2014年）

在这些倒U形曲线中，与2005年各项歧视水平相比，2014年邻里居住、日常交往、子女婚恋歧视比例显著下降；但2014年日常工作歧视比例显著高于2005年，可能原因在于问卷测量的差异性。CGSS2005的测量问题为"您对外来人口的态度"，JSNET2009的测量问题为"本地居民对外地人的态度"，2014年的测量问题为"您对农民工的态度"，这三个测量在概念上存在一定区别，其中CGSS2005和JSNET2009的测量具有一致性，外来人口和外地人主要是针对农村居民到城里打工的农民工，当然还包括小部分外来城镇人口。农民工的概念比外来人口更狭窄，目前整个社会对农民工群体存在"污名化"现象，因而导致对农民工的工作歧视程度相对较高。

（二）社会流动对外来人口歧视的直接影响

表1-3的结果显示，无论是代际职业流动、代内职业流动、代际教育流动还是代际户籍流动均对外来人口歧视产生显著的影响。具体来看，与未流动者相比，代际职业向上流动者的外来人口歧视得分显著低0.166分，代内职业向上流动者的外来人口歧视得分显著低0.171分，代际教育向上流动者的外来人口歧视得分显著低0.203分，代际户籍向上流动者的外来人口歧视得分显著低0.432分；但是代际职业向下流动者、代内职业向下流动者、代际教育向下流动者与未流动者的外来人口歧视不存在显著差异。也就是说，城镇居民的向上社会流动有助于增强对外来人口的包容，向下社会流动不一定导致更强烈的歧视，数据结果部分支持假设1。

（三）社会流动对外来人口歧视的间接影响

1. 相对剥夺感机制

（1）纵向剥夺感机制

由表1-4的纵向剥夺感模型可知，无论是代际职业流动、代际教育流动还是代际户籍流动，与未流动者相比，向上社会流动者的纵向剥夺感显著较低；但向下社会流动者的纵向剥夺感并不具有显著差异。也就是说，向上社会流动提升个体的社会经济地位，降低纵向剥夺感。进一步分析间接效应，联合模型（模型9~11）结果显示，加入中介变量之后，纵向剥夺感和向上社会流动仍然显著，表明城镇居民的向上社会流动会通过纵向剥夺感间接影响对外来人口的歧视；向上社会流动会显著降低流动者的纵向剥夺感，进而提升个体对外来人口的包容度。代内职业流动对纵向剥夺感影响不显著，中介机制不成立，假设2部分得到支持和验证。

表 1-3 社会流动对外来人口歧视的直接影响模型（OLS）

指标	模型 1	模型 2	模型 3	模型 4
代际职业流动				
向下流动	-0.014			
向上流动	-0.166**			
代内职业流动				
向下流动		-0.020		
向上流动		-0.171**		
代际教育流动				
向下流动			-0.161	
向上流动			-0.203**	
代际户籍流动				
向上流动				-0.432***
控制变量	yes	yes	yes	yes
常数	0.95	0.732	0.71	1.32**
N	3758	3946	3889	2923
R^2	0.063	0.062	0.057	0.061
F	12.00***	12.28***	12.37***	9.50***

注：* $p<0.1$，** $p<0.05$，*** $p<0.01$。所有参照组均为未流动，下同。结合以往研究，控制性别、年龄、年龄平方、婚姻状况、地域类型、城市等级、职业地位、受教育程度、收入、所在省外来人口比例、人均 GDP 对数等变量。

表 1-4 社会流动对外来人口歧视的间接影响模型（OLS）：纵向剥夺感机制

指标	纵向剥夺感模型				联合模型		
	模型 5	模型 6	模型 7	模型 8	模型 9	模型 10	模型 11
代际职业流动							
向下流动	0.049				-0.029		
向上流动	-0.048*				-0.174**		
代内职业流动							
向下流动		-0.027					
向上流动		-0.007					
代际教育流动							
向下流动			0.130*			-0.172	
向上流动			-0.107***			-0.201*	

续表

指标	纵向剥夺感模型				联合模型		
	模型5	模型6	模型7	模型8	模型9	模型10	模型11
代际户籍流动							
向上流动				-0.105***			-0.425***
纵向剥夺感					0.073*	0.080**	0.078*
控制变量	yes	yes	yes	yes	yes	yes	yes
常数	2.93***	2.871***	2.17***	3.79**	1.644***	0.554	1.305*
N	3717	3900	3889	2923	3717	3846	2817
R^2	0.099	0.094	0.057	0.061	0.065	0.060	0.063
F	20.28***	20.05***	12.37***	9.5***	12.15***	12.27***	8.90***

注：代内职业流动对纵向剥夺感影响不显著，故未呈现联合模型。

（2）横向剥夺感机制

表1-5结果表明，代内职业向上流动、代际教育向上流动会显著降低城镇居民的横向剥夺感，代际职业流动、代际户籍流动对横向剥夺感影响不显著。加入中介变量后，横向剥夺感显著增强外来人口歧视，而代内职业向上流动、代际教育向上流动仍然显著，表明代内职业向上流动、代际教育向上流动通过横向剥夺感间接影响外来人口歧视，向上流动有助于降低横向剥夺感，进而降低对外来人口的歧视。假设2部分得到支持和验证。

2. 社会信任机制

（1）生人信任机制

表1-6结果显示，社会流动（代内职业流动除外）显著提升流动者的生人信任水平。与未流动者相比，代际职业向上流动者、代际教育向上流动者和代际户籍向上流动者的生人信任得分显著较高，但其与向下流动者的生人信任水平不存在显著差异。进一步分析联合模型可知，加入中介变量后，向上社会流动与生人信任仍然显著，意味着数据支持城镇居民的社会流动通过生人信任间接影响外来人口歧视，向上社会流动显著提升生人信任水平，生人信任水平的提升有助于个体将信任对象拓展到外来人口，降低对外来人口的歧视。代内职业流动对生人信任影响不显著，中介机制不成立，数据结果部分验证了假设3a。

表 1-5　社会流动对外来人口歧视的间接影响模型（OLS）：横向剥夺感机制

指标	横向剥夺感模型				联合模型	
	模型 12	模型 13	模型 14	模型 15	模型 16	模型 17
代际职业流动						
向下流动	0.026					
向上流动	-0.019					
代内职业流动						
向下流动		0.003			-0.006	
向上流动		-0.060***			-0.158**	
代际教育流动						
向下流动			0.050			-0.168
向上流动			-0.112***			-0.187**
代际户籍流动						
向上流动				-0.021		
横向剥夺感					0.115**	0.110**
控制变量	yes	yes	yes	yes	yes	yes
常数	3.27***	3.359***	2.823***	2.637**	1.730***	0.538
N	3668	3851	3799	2817	3,851	3799
R^2	0.112	0.111	0.121	0.111	0.059	0.060
F	23.04***	23.99***	27.30***	17.41***	11.51***	12.09***

注：代际职业流动、代际户籍流动对横向剥夺感影响不显著，故未呈现联合模型。

表 1-6　社会流动对外来人口歧视的间接影响模型（OLS）：生人信任机制

指标	生人信任模型				联合模型		
	模型 18	模型 19	模型 20	模型 21	模型 22	模型 23	模型 24
代际职业流动							
向下流动	-0.049				-0.042		
向上流动	0.114***				-0.164**		
代内职业流动							
向下流动		0.025					
向上流动		-0.037					
代际教育流动							
向下流动			0.016			-0.171	
向上流动			0.098*			-0.158*	

续表

指标	生人信任模型				联合模型		
	模型18	模型19	模型20	模型21	模型22	模型23	模型24
代际户籍流动							
向上流动			0.093**				-0.417***
生人信任					-0.103***	-0.100***	-0.095***
控制变量	yes	yes	yes	yes	yes	yes	yes
常数	-1.217***	0.0267	-1.688***	-1.598***	1.07	1.786***	1.584**
N	3523	3693	3647	2745	3523	3647	2745
R^2	0.024	0.024	0.026	0.037	0.067	0.059	0.063
F	4.03***	4.21***	5.46***	5.30***	11.36***	11.93***	8.65***

注：代内职业流动对生人信任影响不显著，故未呈现联合模型。

（2）政府信任机制

表1-7结果表明，代际职业流动、代内职业流动、代际户籍流动均有助于提升政府信任水平，与未流动者相比，代际职业和代内职业向上流动、代际户籍流动者的政府信任得分显著提升。进一步分析联合模型可知，加入中介变量后，代际职业向上流动、代内职业向上流动、代际户籍向上流动和政府信任仍然显著，表明中介机制成立，职业向上流动和户籍向上流动有助于提升政府信任水平，进而降低对外来人口的歧视。代际教育流动的中介机制不成立，数据结果部分验证假设3b。

表1-7　社会流动对外来人口歧视的间接影响模型（OLS）：政府信任机制

指标	政府信任模型				联合模型		
	模型25	模型26	模型27	模型28	模型29	模型30	模型31
代际职业流动							
向下流动	-0.447				-0.011		
向上流动	0.403*				-0.132*		
代内职业流动							
向下流动		-0.641*				-0.033	
向上流动		0.719***				-0.175***	

续表

指标	政府信任模型				联合模型		
	模型25	模型26	模型27	模型28	模型29	模型30	模型31
代际教育流动							
向下流动			−1.149*				
向上流动			−0.128				
代际户籍流动							
向上流动				0.483*			−0.379***
政府信任					−0.030***	−0.032***	−0.025***
控制变量	yes	yes	yes	yes	yes	yes	yes
常数	19.37***	19.86***	20.75***	18.27***	1.964***	2.131***	2.061***
N	3541	3721	3725	2796	3541	3721	2796
R^2	0.023	0.024	0.022	0.024	0.075	0.072	0.068
F	3.94***	4.40***	4.54***	3.40***	12.98***	12.99***	9.60***

注：代际教育向下流动对外来人口歧视的直接影响不显著，代际教育向上流动对政府信任影响不显著，故未呈现联合模型。

3. 社会公平感机制

（1）机会公平感机制

表1-8机会公平感模型结果显示，与未流动者相比，代际职业流动和代际户籍流动能够显著提升流动者的机会公平感，但代内职业向上流动、代际教育向上流动并未显著增强机会公平认知；同时向下社会流动者的机会公平感并未显著降低。进一步分析间接效应发现，加入中介变量后，向上社会流动、机会公平感仍然显著，表明代际职业向上流动、代际户籍向上流动会通过机会公平感间接影响外来人口歧视，向上社会流动提升城镇居民的机会公平感，这种机会公平感的提升有助于降低对外来人口的歧视。这一机制并不适用于向下社会流动，数据结果部分支持和验证了假设4a。

表 1-8　社会流动对外来人口歧视的间接影响模型（OLS）：机会公平感机制

指标	机会公平感模型				联合模型	
	模型 32	模型 33	模型 34	模型 35	模型 36	模型 37
代际职业流动						
向下流动	0.065				-0.011	
向上流动	0.266***				-0.160**	
代内职业流动						
向下流动		-0.009				
向上流动		-0.157				
代际教育流动						
向下流动			-0.260			
向上流动			-0.082			
代际户籍流动						
向上流动				0.184*		-0.426***
机会公平感					-0.045***	-0.045***
控制变量	yes	yes	yes	yes	yes	yes
常数	10.60***	10.97***	10.96***	9.784***	1.569**	1.907**
N	3672	3858	3801	2855	3672	2855
R^2	0.016	0.013	0.013	0.015	0.067	0.066
F	2.76***	3.14***	2.65***	2.17***	11.88***	9.48***

注：代内职业流动、代际教育流动对机会公平感影响不显著，故未呈现联合模型。

（2）分配公平感机制

表 1-9 分配公平感模型结果显示，与未流动者相比，代际职业向上流动、代内职业向上流动、代际教育向上流动显著提升分配公平感，但代际户籍流动对分配公平感影响不显著。进一步分析间接效应发现，加入中介变量后，向上社会流动、机会公平感仍然显著，表明代际职业向上流动、代内职业向上流动、代际教育向上流动通过分配公平感间接影响外来人口歧视，向上社会流动强化城镇居民的分配公平感知，这种分配公平感的提升有助于降低对外来人口的歧视。这一机制并不适用于向下社会流动，数据结果部分支持和验证了假设 4b。

表 1-9 社会流动对外来人口歧视的间接影响模型（OLS）：分配公平感机制

指标	分配公平感模型				联合模型		
	模型 38	模型 39	模型 40	模型 41	模型 42	模型 43	模型 44
代际职业流动							
向下流动	-0.027				-0.032		
向上流动	0.044*				-0.189**		
代内职业流动							
向下流动		-0.050				-0.066	
向上流动		0.054**				-0.159**	
代际教育流动							
向下流动			-0.035				-0.161
向上流动			0.084**				-0.188**
代际户籍流动							
向上流动				0.015			
分配公平感					-0.205***	-0.230***	-0.219***
控制变量	yes	yes	yes	yes	yes	yes	yes
常数	1.834***	1.816***	2.316***	2.332***	2.484***	2.618***	1.476**
N	3564	3739	3739	2811	3564	3739	3739
R^2	0.084	0.085	0.090	0.085	0.067	0.063	0.062
F	16.24***	17.24***	19.26***	12.90***	12.15***	11.90***	12.36***

注：代际户籍流动对分配公平感影响不显著，故未呈现联合模型。

4. 生活幸福感机制

表 1-10 生活幸福感模型结果显示，代内职业向上流动、代际教育向上流动显著提升城镇居民的生活幸福感，但代际职业流动、代际户籍流动对生活幸福感影响不显著。加入中介变量后，随着生活幸福感的提升，城镇居民对外来人口的歧视显著降低，代内职业向上流动和代际教育向上流动对外来人口歧视的影响仍然显著，表明代内职业向上流动和代际教育向上流动对外来人口歧视的影响部分是通过生活幸福感中介实现的。代内职业向上流动和代际教育向上流动显著提升生活幸福感，进而降低对外来人口的歧视。假设 5 部分得到证实。

表1-10 社会流动对外来人口歧视的间接影响模型（OLS）：生活幸福感机制

指标	生活幸福感模型				联合模型	
	模型45	模型46	模型47	模型48	模型49	模型50
代际职业流动						
向下流动	-0.034					
向上流动	-0.038					
代内职业流动						
向下流动		0.047			-0.011	
向上流动		0.102***			-0.173**	
代际教育流动						
向下流动			-0.064			-0.169
向上流动			0.105**			-0.193**
代际户籍流动						
向上流动				-0.018		
生活幸福感					-0.103***	-0.098***
控制变量	yes	yes	yes	yes	yes	yes
常数	0.029	-0.249	-0.361	-0.151	1.028	0.701
N	3748	3936	3879	2914	3936	3879
R^2	0.141	0.144	0.144	0.150	0.061	0.060
F	29.03***	31.42***	34.17***	25.6***	11.57***	12.36***

注：代际职业流动、代际户籍流动对生活幸福感影响不显著，故未呈现联合模型。

5. 社会交往机制

（1）社团参与机制

表1-11结果显示，代际教育向上流动显著提升社团参与水平，但代际职业流动、代内职业流动、代际户籍流动对社团参与水平影响不显著。加入中介变量后，社团参与越多，城镇居民对外来人口的歧视程度越低；代际教育向上流动依然显著，表明代际教育流动对外来人口歧视的影响部分是通过社团参与实现的，代际教育向上流动显著提升社团参与水平，进而降低对外来人口的歧视。假设6a部分得到证实。

表 1-11 社会流动对外来人口歧视的间接影响模型（OLS）：社团参与机制

指标	社团参与模型				联合模型
	模型 51	模型 52	模型 53	模型 54	模型 55
代际职业流动					
向下流动	-0.306				
向上流动	0.210				
代内职业流动					
向下流动		-0.159			
向上流动		-0.023			
代际教育流动					
向下流动			0.613		-0.135
向上流动			0.994 ***		-0.160 *
代际户籍流动					
向上流动				-0.080	
社团参与					-0.043 ***
控制变量	yes	yes	yes	yes	yes
常数	40.09 ***	39.84 ***	1.268	3.796 **	0.768
N	3758	3946	3889	2923	3889
R^2	0.115	0.114	0.106	0.121	0.066
F	23.17 ***	23.96 ***	105.6 ***	20.03 ***	15.59 ***

注：代际职业流动、代内职业流动、代际户籍流动对社团参与影响不显著，故未呈现联合模型。

（2）实际交往机制

表 1-12 结果表明，代内职业向上流动、代际户籍向上流动会显著提升城镇居民与外来人口的实际交往水平，邀请外来人口到家里做客的概率更高；但代际职业流动、代际教育流动对实际交往影响不显著。加入中介变量后，实际交往会较大限度降低对外来人口的歧视；代内职业向上流动、代际户籍向上流动依然显著，表明中介机制成立；代内职业向上流动、代际户籍向上流动提升实际交往概率，进而降低对外来人口的歧视。假设 6b 部分得到证实。

表 1-12　社会流动对外来人口歧视的间接影响模型：实际交往机制

指标	实际交往模型（Logit）				联合模型（OLS）	
	模型 56	模型 57	模型 58	模型 59	模型 60	模型 61
代际职业流动						
向下流动	0.077					
向上流动	0.056					
代内职业流动						
向下流动		0.0450			-0.007	
向上流动		0.179*			-0.115*	
代际教育流动						
向下流动			0.149			
向上流动			-0.037			
代际户籍流动						
向上流动				0.276***		-0.353***
实际交往					-1.580***	-1.463***
控制变量	yes	yes	yes	yes	yes	yes
常数	-3.025***	-3.11***	-2.863***	3.796**	1.081*	1.082
N	3534	3707	3794	2923	3707	2856
PresudeR^2/R^2	0.024	0.026	0.024	0.121	0.220	0.211
χ^2/F	106.40***	122.99***	116.94***	20.03***	47.13***	36.00***

注：代际职业流动、代际教育流动对实际交往影响不显著，故未呈现联合模型。

五　结论与讨论

（一）外来人口歧视动态变化趋势

本研究利用 "中国综合社会调查" 数据（CGSS2005）、中国 8 城市 "社会网络与职业经历调查" 数据（JSNET2009）和 "2014 年全国 13 城市农民工融合调查" 数据分析了本地城镇居民对外来人口歧视的动态变化趋势。总体而言，在歧视内容上，城镇居民对外来人口的日常工作歧视程度最低，社区居住歧视、邻里居住歧视、日常交往歧视居中，子女婚恋歧视最严重。虽然三次调查在抽样方法、样本构成、指标测量上存在一定差异，但大致能够反映出本地城镇居民对外来人口歧视的总体变化轨迹。2005~2014年各项歧视内容均呈下降趋势（工作歧视除外），邻里居住歧视、日常交往歧视、子女婚恋歧视比例分别从2005年的38.0%、43.2%、60.5%下降到2014年的34.0%、29.5%、54.2%；但2005~2014年并不是呈直线下降趋势，而是呈先上升再下降的倒U形曲线变化，2009年城镇居民对外来人口的歧视程度最高。为什么会呈现这种变化趋势，笔者认为可以从社会经济发展、政策话语转变、社会流动等角度寻找解释答案。

首先，此变化趋势与社会经济发展有关。2008年底和2009年全球爆发金融危机，全面冲击城镇经济社会发展；沿海经济发达城市部分劳动密集型制造企业倒闭，经济发展形势不景气，城市的就业机会等经济资源急剧减少，大批制造业员工失业。面对日渐减少的经济资源，尤其是对在次级劳动力市场就业的底层城镇居民来说，与外来人口的经济竞争压力较大，加剧地位恐慌和经济焦虑感，导致城镇居民对外来人口的各项歧视程度不断提升。这一发现与利益相关论者的实证研究保持一致，在经济不景气时期，本地居民对外来移民群体或少数族裔表现出更强烈的歧视态度（Olzak，1992；Burns & Gimpel，2000）。全国人均GDP从2009年的25963元上升到2013年的43320元，城镇居民家庭人均可支配收入从2009年的17174元增加到2013年的26955元[①]，表明2009~2014年经济全面复苏并保持快速增长，城镇中的就业、教育、住房等资源不断增加，城镇居民面临外来人口的资源竞争压力逐步降低，相应地减少对外来人口的歧视。

其次，该变化趋势与城市的流动人口管理制度和政策话语转变有关。自2003年开始，全国大部分城市逐渐转变对外来人口的管理制度，从控制型管理向服务型管理转变，当然转变过程还未全部完成，但逐步改善。户籍制度改革在全国范围内展开，城市逐步在户籍上吸纳外来人口，如上海实施居

---

① 国家统计局：《中国统计年鉴2013》，http://data.stats.gov.cn/workspace/index?m=hgnd，2014。

住证制度等户籍改革,广州、东莞等地实行积分入户制度;就业制度不断发生转变,强调农民工的就业质量和就业尊严;部分公办学校开始吸纳外来人口子女入学,重视流动人口子女的教育融入;诸多城市加强了对外来人口的社会保障制度建设,健全流动人口的公共服务体系等(熊光清,2010;郭秀云,2009;唐晓阳、陈雅丽,2013)。在政策话语转变过程中,政府注重强调外来人口享有市民应有的权利,并将这一平等的政策话语通过相关制度维系或政策宣传逐步合法化,形成对外来人口包容的制度环境。城镇居民内化政策所倡导的社会包容价值观,相应地增加对外来人口的包容。

最后,社会经济发展和政策话语转变共同促进社会结构开放和社会流动,降低外来人口歧视。社会经济的全面发展为人们创造了较多职业和教育向上流动机会,促使阶层之间的流动日益频繁。城镇居民跨越阶层实现职业和教育向上流动,面对外来人口的利益竞争威胁感知较弱,相应地降低对外来人口的歧视或排斥。伴随着户籍制度改革,城镇社会政策话语逐步转变,农村户口转变为城市户口的途径日益多样化,越来越多的农村居民不仅在城市中获得稳定的职业和安定的住房,还获得了城市户籍身份,实现了户籍向上流动;城乡居民群体之间的相互流动程度逐步提升,两者的利益和生活方式区隔程度逐步降低,群体边界维持意愿相对较低,外来人口歧视水平也相对较低。从这个角度来说,在社会转型时期,从动态的社会流动角度探讨外来人口歧视的内在影响机制是一个有益的探索方向。

(二)社会流动有助于降低外来人口歧视吗

改革开放以来,我国经济发展处于快速增长阶段,为人们创造了大量向上流动机会,社会结构相对开放,人们的社会地位发生了相应变化。社会地位的提升和下降将不可避免地对人们的心理适应、社会认知等主观心理产生影响,西方学术界对社会流动的主观后果有着持久而广泛的关注,他们主要聚焦于探讨代际职业流动对外群体歧视的影响,而未能对其他社会流动类型进行考察;且研究结果表明社会流动与外群体歧视的关系在不同的国家或地区表现出较大差异性。那么,在我国社会转型时期,社会流动对外来人口的歧视会产生何种影响，以及如何产生影响？通过上文的分析，将社会流动操作化为以往研究主要关注的代际职业流动，还延伸到代内职业流动、代际教育流动、代际户籍流动等类型，研究发现不同社会流动类型和方向对外来人口歧视的影响存在显著差异，与西方总体研究结果并不完全一致。

1. 向上社会流动有助于增加对外来人口的包容

代际职业向上流动、代内职业向上流动、代际教育向上流动、代际户籍向上流动均显著降低外来人口歧视，与未流动者相比，向上社会流动者的外来人口歧视水平显著较低，呈现"地位相符"效应，研究结果验证和支持了"流动相关论"的部分观点（Tolsma et al., 2009; Bettelheim & Janowitz, 1950; Seeman et al., 1966）。

职业向上流动者在城市劳动力市场中占据较好的社会结构位置，与外来人口较少存在直接利益关联和竞争冲突，因外来人口迁入而带来的焦虑和紧张感较弱，故不会对外来人口产生强烈的歧视。从文化角度来看，描述分析结果表明，职业地位、主观阶层地位越高，总体阶层歧视氛围越弱。因此，职业向上流动者更可能进入比出身阶层歧视氛围更弱的阶层，与该阶层成员的互动，有助于习得新的阶层文化，表现出与较高阶层一致的社会态度，外来人口歧视水平相对较低（Tolsma et al., 2009; 秦广强, 2011）。

对于代际教育向上流动而言，尤其是经历了从父辈没有读大学到子辈获得大专及以上文凭者，人力资本素质得到较大提升；高等教育作为重要的人力资本，有助于他们进入首要劳动力市场，获取更多权利和优势资源，外来人口对其造成的威胁较小。从教育的社会化功能来看，教育强调道德规范的培育和社会包容理念、民主价值观塑造，担负提高公民素质的重要社会功能。随着受教育程度的提高，教育向上流动者接受更多平等、开放、包容、自由等社会主流价值观念，增强对民主和社会的理解与认同，降低对外来人口的歧视或排斥。另外，教育向上流动有助于提升社会认知能力和生活控制感，对外来人口形成正确的判断和认知，减少或消除对外来人口的刻板印象，进而增加对外来人口的包容。

通过努力实现户籍向上流动的农转非群体，其在劳动力市场上的职业地位和收入回报往往要高于城市一般居民，面对外来人口的竞争威胁感知越弱，而表现出对外来人口较低的歧视或排斥。通过征地拆迁等获得非农户口的政策性农转非群体，在社会经济地位和生活境遇上与外来人口不具有显著差别，同样处于弱势地位；但数据分析发现，在户籍流动背景下社会经济地位对外来人口歧视影响基本不显著，农村生活经历才是影响外来人口歧视的重要因素。户籍向上流动者的农村生活经历，使得他们对外来人口的生活习惯、行为方式等更加理解，有助于消除对外来人口的刻板印象，降低对外来人口的恐惧认知，增加对外来人口的信任，进而消减歧视集中效应。

2. 向下社会流动并不必然导致对外来人口更强烈的歧视

但令人意外的是，向下社会流动并没有与研究预期保持一致，导致更强烈的歧视或排斥。与未流动者相比，代际职业向下流动者、代内职业向下流动者、代际教育向下流动者的外来人口歧视水平并不具有显著差异，呈现与其地位阶层不一致的社会态度，表现为"地位相悖"效应。这一结果否定上文所述"流动相关论"（向下社会流动对外群体歧视产生消极影响）（Bettelheim & Janowitz, 1964; Weller & Tabory, 1984; Silver, 1973; Tolsma et al., 2009），而支持"流动无关论"（Silberstein & Seeman, 1959; Seeman et al., 1966; Greenblum & Pearlin, 1953; Hodge & Treinman, 1966）；与国内其他关于社会流动与社会态度的关系结论具有一致性，向下社会流动似乎并不必然导致消极的社会政治态度，如代际职业向下流动、代内职业向下流动、代际教育向下流动等并没有显著降低分配公平感、政治信任（王甫勤，2010；盛智明，2013）。对于该研究发现，可以从以下三个方面进行解释。

首先，与参照系选取有关。以往关于向下社会流动导致较强烈的歧视或排斥结论，主要是以向上社会流动为参照对象；认为向下社会流动给流动者带来较强的相对剥夺感或挫败感，进而对外群体（外来移民或少数族裔）形成更强烈的歧视或排斥（Tolsma et al., 2009；秦广强，2011）。与以往研究不同的是，本研究选取的参照对象为未经历社会流动者。实证数据分析结果表明，代际职业向下流动者、代内职业向下流动者、代际教育向下流动者与未流动者的纵向相对剥夺感和横向相对剥夺感均不具有显著差异；这意味着未流动者可能因流动受阻而同样会产生较强烈的相对剥夺感，增加对外来人口的歧视；这可能是导致向下社会流动对外来人口歧视影响不显著的原因。

其次，与家庭资源禀赋有关。虽然向下社会流动者的社会经济地位（职业、教育）有所下降，但由于出身阶层（父辈阶层）或初始职业阶层相对较高，拥有较好的家庭资源禀赋，能够弥补社会地位下降带来的不足。对向下流动者而言，父辈较高的职业地位和教育地位能够给家庭带来优越经济资源条件，经济上不一定沦落为弱势群体，与外来人口形成激烈的资源竞争，这可能是没有导致他们对外来人口产生强烈歧视的原因之一。同时，受教育水平和职业地位较高的父辈更可能将包容、平等、自由等社会主流价值观念传递给下一代，即使自身经历向下社会流动，因而也可能表现出与较高阶层一致的社会态度，对外来人口持有较高的包容。

最后，与文化适应、社会认同有关。虽然经历了从中上层向下层的向下社会流动，但向下流动者相信其会重返流出阶层，融入歧视氛围更浓阶层的速度较慢（Lipset & Bendix，1959），因而更可能保持与外来人口歧视氛围较弱的流出阶层一致的社会态度。社会认同理论认为，社会成员具有深层的自我安全需要，为了满足自我安全需要，往往需要一个强有力的社会认同。如果下层群体持有群体间的边界不可渗透且难以从下层"穿越"到上层的主观流动信念，他们往往可能通过选择其他的附属群体或与社会地位更低群体进行比较来获取积极的自尊，这种比较的结果导致低地位群体比地位更低群体产生更加强烈的歧视或排斥（豪格、阿布拉姆斯，2011）。研究发现，向下社会流动者并未意识到自己主观地位下降，仍然持有较强的公平信念，或许相信能够重返流出的上层群体，他们不会通过选择较低群体进行比较的社会创造策略来满足自我安全感，而产生对比自己地位低的外来人口群体更加强烈的歧视。

（三）社会流动如何影响外来人口歧视

上文一系列结果表明，向上社会流动有助于减少外来人口歧视，这一点与国外部分研究保持一致；但国外既有研究较多关注社会流动对外群体歧视的直接影响，忽略了一个基本事实，社会流动会带来主观体验、社会信任、社会公平认知、社会交往等的改变，这些因素可能间接影响外来人口歧视。向上社会流动还会通过降低相对剥夺感（横向剥夺感和纵向剥夺感）、提升人们的社会信任（生人信任和政府信任）、增强社会公平感（机会公平感和分配公平感）、提高生活幸福感、促进社会交往等中介机制间接降低外来人口歧视。

1. 相对剥夺感机制

研究结果表明，社会流动会通过相对剥夺感间接影响外来人口歧视。代际职业流动、代际教育流动、代际户籍流动通过纵向相对剥夺感中介间接影响外来人口歧视，代内职业流动、代际教育流动通过横向相对剥夺感中介间接影响外来人口歧视。也就是说，向上社会流动有助于提升主观纵向地位或横向地位降低相对剥夺感，进而减少对外来人口的歧视。

社会流动过程会改变流动者在社会经济地位体系中的身份认同（Palomar，2007），尤其是向上社会流动能够增强人们的自我优势身份认同（王甫勤，2010）。向上社会流动者通过自身努力从较低地位向较高地位流动，获取社会优势资源和生活的机会大大增加，成为改革开放的"赢家"，相应地提升纵向主观地位认知，这种主观认同有助于降低纵向相对剥夺感。户籍向上流动者虽然实现了从农业户口向非农户口的转变，但他们整体收入水平仍然比城市一般居民要低（李云森，2014）；从农村向城市迁移，参照对象也从农村居民转变为城镇居民，因此与城镇一般居民相比，户籍向上流动者难以认可自己的主观地位比周围群体要高，而表现出较低的横向相对剥夺感。但与代际户籍流动不同的是，伴随着职业地位和教育地位的上升，代际职业向上流动者和代际教育向上流动者的社会地位比同龄群体要高，相应地提升横向主观地位认知，降低横向相对剥夺感。

根据相对剥夺和相对受益视角，相对剥夺感越强烈者，往往对自己的生活状况不太满意，在负面情绪驱使下，人们往往会为自己的生活不满意寻找合理的解释，在寻找解释过程中，个体往往容易将矛盾指向他者或外来群体或外部环境，外群体（弱势群体）往往容易成为内群体成员愤怒和发泄不满的对象，对外群体歧视或排斥程度较高（许靖，2010）。从反面来看，相对剥夺感较低者对自己的横向和纵向社会地位比较认可，对未来保持积极乐观的态度，其社会态度会比较积极和友好。相对剥夺感与本地居民对外来移民排斥态度的正向预测作用在相关研究中也得到证实（Runciman & Bagley, 1969）。从这个角度来说，跨越职业、教育、户籍阶层壁垒的向上社会流动，提高了流动者的社会地位，流动者在纵向和横向比较中均处于优势位置，具有较高的地位安全感和确定感，产生较低的纵向或横向相对剥夺感，从而对外来人口保持相对积极友好的态度，对外来人口的歧视或排斥程度相应较低。

2. 社会信任机制

总结起来，社会流动通过生人信任间接影响外来人口歧视；这一间接影响机制只在代际职业流动、代际教育流动、代际户籍流动中表现出显著效应，但在代内职业流动中不具有显著性。也就是说，代际职业向上流动、代际教育向上流动、代际户籍向上流动显著提升生人信任水平，生人信任水平的提升有助于降低外来人口歧视。

代际职业向上流动改变个体在资源分配中的不利位置，给个体带来较好的经济资源效应，增加收入财富和经济权利。代际教育向上流动，提升人们的知识技能等人力资本，有助于个体在劳动力市场中获得较高的职业地位、较丰厚的收入等。而个体的社会经济地位状况与对陌生人的信任水平直接相关，个体的经济优势能够为其社会交往风险提供较好的经济物质保障，降低个体与他人交往的相对易损性（王绍光、刘欣，2002）。社会经济地位越高，掌握的社会经济资源越多，因害怕别人失信而带来损失的承受能力越强，他们越愿意信任陌生人；社会经济地位越低，拥有的社会经济资源相对越少，越可能害怕别人失信而带来较大的生存风险，越不愿意轻易相信陌生人，生人信任水平越低。教育流动还能通过非经济效应影响陌生人信任，教育向上流动提升了流动者的判断能力，增强对价值规范及制度安排的认同，提升对他人社会行为的预测性，促进普遍信任的提升（黄健、邓燕华，

2012)。虽然户籍向上流动者整体的社会经济地位低于户籍未流动者（出身即为城镇户口），相对易损性显著低于城镇一般居民，但户籍向上流动者在从农村向城市的地域迁移过程中，接触的陌生人更多；与绝大部分陌生人交往拥有愉快的经历，促进了生人信任水平的提升。

根据卢曼的观点，信任有助于减少社会交往的复杂性，并且信任体现在人与人之间的熟悉程度及感情交往方面，影响着人们的行动选择（卢曼，2005）。信任是开展社会交往的重要基础，城镇居民对熟人信任意味着自身的信任范围可能主要局限于血缘、业缘等亲戚朋友熟人网络，社会交往的选择面难以有效拓展，具有明显的内群体意识，可能增加对外来人口的歧视或排斥。城镇居民对陌生人越信任，意味着自身的信任半径可能拓展到交情不深的朋友、同乡、外来人口等陌生人中，这种普遍信任有助于增加他们与外来人口的交往意愿，减少外来人口的歧视或排斥。正如帕特南所说，对他人越信任者，越可能尊重他们应有的权利（Putnam，2000）。信任者相信，自身与陌生人有共同文化的存在，他们相信有责任确保共同文化中所有成员享有平等的待遇和尊严，因而他们往往支持促进公民权利和公民自由的政策，对陌生人更具有包容性（尤斯拉纳，2006）。这也就是说，对外来人口等陌生人越信任，社会信任者越可能尊重他们的工作、居住等应有的基本社会权利。信任还有一个重要的后果在于促进合作（帕特南，2011）。本地城镇居民对外来人口越信任，越可能加强与他们的合作；与外来人口的愉快合作经历促进信任更加稳固，形成对外来人口正确和理性的评价，减少原有的偏见，降低对外来人口的歧视或排斥。另外，社会信任者具有更高的"社会理解力"（Social intelligent）（Herreros & Criado，2009），在公民社会中具有非凡的眼界（尤斯拉纳，2006）；他们更不可能把外来移民视为经济威胁，反而更可能认为外来移民会促进本地经济的增长；因而社会信任者更可能以理智友好的心态与外来人口和平共处，而不是表现出较高的歧视或排斥，将外来人口边缘化或孤立化。

在社会信任的分类体系中，社会信任不仅体现为人际信任，还包含政府（制度）信任。社会流动同样会通过政府信任影响外来人口歧视，向上社流动显著提升政府信任，政府信任的提升有助于降低外来人口歧视。这一间接影响机制在代际职业流动、代内职业流动、代际户籍流动中表现出同样的影响效应，但在代际教育流动中影响不显著。

无论是代际职业向上流动还是代内职业向上流动，均在较大程度上提升职业地位；向上职业流动者在社会资源分配体系中占据优势地位，从现有的政府制度和社会政策中获得较多利益，对未来的发展状况越乐观，对政府制度越容易产生信任感，政府信任水平越高。代际教育向上流动虽然提升了流动者的人力资本，有助于获得较好的职业、较丰厚的收入等，改善生活状况；但不可忽略的是，伴随着受教育水平的提高，代际教育向上流动者对社会的认知、判断和理解能力逐步增强；且他们的新媒体接触率越高，越可能接触到政府在运行过程中的不合理、不公平、不公正等负面事件，这些会显著降低对政府的信任水平。代际户籍向上流动者虽然整体的社会经济地位低于城镇居民，但是他们从城市社会福利制度中分享利益，主观纵向社会经济地位比城镇一般居民有了较大的提升，增加了美好生活的预期，对未来保持乐观态度，对政府保持较大的政治信心。总体而言，向上社会流动显著提升流动者的政府信任水平。

政府信任对外来人口包容的提升作用，可以从以下角度进行解释。信任有助于减少社会交往的复杂性（卢曼，2005），政府信任作为信任的一种类型也不例外，政府能够创设法律式的机制来降低社会交往的复杂性。越来越多的外来人口进入城镇，在一定程度上会导致城镇犯罪率上升。如果城镇居民相信当地政府会较好地打击犯罪、公平执法，维护公平正义，保护城镇居民的社会安全，降低本地城镇居民与外来人口的交往风险，那么政府信任者对外来人口的恐慌感相对较低，有助于增加对外来人口的接纳和包容。社会包容必须是"可承受的"，生活在特定环境下的个体只有当他们的社会地位和社会身份是确定的且能够被特定的政府制度所保障，他们才能够对外群体表现出更多的接纳和包容（Kirchner et al.，2011）。通过政府绩效满意度来测量政府信任，城镇居民的政府信任水平较低，意味着对当地的医疗服务、生活保障、基础教育、环境保护等民生服务的满意度较低；公共利益诉求和民生服务需求未能及时得到当地政府回应，因害怕利益受损而难以增强社会包容，进而对外来人口歧视或排斥更强烈。同理，政府信任度越高者，越可能相信政府能够有效满足城镇居民的利益诉求，保护城镇居民的社会利益，增加对外来人口的接纳和包容。另外，政治信任显著促进政治参与，有助于将更多的社会成员纳入现有的社会制度体系中来（徐延辉、罗艳萍，2014）。现有的政策运行体系开始逐步强调外来人口的公民权，倡导平等、公平、正义的社会包容理念；政府信任度越高者，对现有政策运行体系越支持，越认可现有的政策话语，因而外来人口歧视水平相应越低。

3. 社会公平感机制

研究结果还显示，社会流动会通过社会公平认知间接影响外来人口歧视。向上社会流动显著提升机会公平认知，流动者更倾向于认可不同的社会地位群体具有同等获得较高收入、较好教育、成功等的机会，机会公平感较强的城镇居民对外来人口的歧视或排斥相应较低。这一间接影响机制在不同的社会流动类型中呈现不同效应，在代际职业流动和代际户籍流动中是成立的，但在代内职业流动和代际教育流动中影响效应不显著。

社会公平认知不仅包含社会层次的机会公平，还包括个人层次的结果公平（分配公平感）。向上社会流动也显著提升人们的收入分配公平认知，向上社会流动者更加认可当前收入分配是合理的，而这种分配公平感的提升有助于降低对外来人口的歧视或排斥，这一间接影响机制在代际职业流动、代内职业流动、代际教育流动中是成立的，但在代际户籍流动中影响效应不显著。

生命历程当中的社会流动对社会公平感的形塑发挥着重要作用（Wegener & Liebig，1995；孟天广，2012）。社会地位并非固定不变的，而当前的社会地位是个体经历社会流动之后积累的结果。对于向上流动者而言，尤其是代际职业向上流动者和代际户籍向上流动者，他们从社会制度安排和社会生活规则体系中获得了流动机会，跨越了阶层和户籍壁垒，实现向上流动；这种流动经历使他们更容易认可"只要自身努力就能获取更好的发展机会"，增强社会公平认知。代际教育向上流动虽然是机会公平的一个重要部分，其应有助于增强机会公平认知；但吊诡的是，结果却呈现不仅没有增强机会公平感，反而加剧了机会不平等认知。代际教育向上流动者的社会认知能力更强，对社会更具有批判意识，更可能形成批判主义价值观，因而对社会的机会不平等认知更加强烈。在分配公平感上，相对于未流动者而言，代际职业向上流动者、代内职业向上流动者、代际教育向上流动者获得了较高的职业地位、教育地位，在社会分配体系中占据优势结构位置，获取较多优势资源。根据自我利益的原则，为了维护自身的利益，他们更倾向于认可当前的收入分配公平。代际户籍向上流动者虽然获得了制度身份，但他们在经济收入上整体比城镇居民低，更容易产生强烈的横向相对剥夺感，这种横向相对剥夺感增强了他们对收入分配不公平的认知。

机会公平认知有助于降低外来人口歧视或排斥，可以根据"社会支配理论"来解释。前文中已经论述，社会支配理论强调非常普遍的个体差异倾向，注重不平等的等级结构化群际关系，不管群体如何被社会建构，它普遍支持特定群体对他群体的支配（斯达纽斯、普拉图，2011）。高社会支配倾向者往往偏好加大不同阶层之间的差异，期望内群体成员对外群体成员具有更多支配权，导致对外群体成员的歧视更强烈。低社会支配倾向者往往偏好缩小不同阶层之间的差异，强调机会的均等性，产生较少的支配性，对外群体的歧视水平相应较低。具体到本研究来看，向上社会流动经历使得他们更加认可不同阶层之间的机会公平，更加倾向于认可"在我们这个社会，工人和农民的后代与其他人的后代一样，有同样多的机会成为有钱和有地位的人"等，强调外来人口拥有同等获得收入、教育、社会地位等机会，持有较低社会支配倾向者，进而对外来人口采取友好的包容态度，而不是歧视或社会隔离。

分配公平感对外来人口包容的提升作用，可以用相对剥夺理论和替罪羊理论来解释。个体将自己的收入与付出进行比较，若自己的收入与付出成正比，他们可能产生较强的公平感，提高对未来生活的预期，保持积极的生活态度，有助于增强陌生人信任，进而增加对外来人口的包容。若自己的收入与付出不成正比，个体容易形成消极悲观的态度，产生较强的相对剥夺感和挫败感，很容易将这种不愉快的剥夺体验发泄在外来人口弱势群体身上，进而对外来人口产生更强烈的歧视或排斥。

4. 生活幸福感机制

除上述三种间接影响机制外，向上社会流动还会通过生活幸福感机制间接影响外来人口歧视。与未流动相比，向上社会流动显著提升流动者的生活幸福感，生活幸福感的提高有助于降低对外来人口的歧视或排斥。这一间接影响机制在代内职业流动、代际教育流动中表现出显著效应，但在代际职业流动和代际户籍流动中不显著。

社会流动意味着个体从较低地位向较高地位流动，个体获取物质资源等能力大大提升，具有较高的物质收入回报，生活状况得到改善，给个体带来较多的积极情绪体验。对于代内职业和代际教育向上流动者而言，他们能够在劳动力市场中占据较好的职业位置，更多从事非体力性、自由度高、自主性强的工作，能够摆脱机器和日常监督的束缚，获得一种劳动自主控制的快乐（黄嘉文，2013）。一般认为职业地位和教育地位越高，社会交往能力越强，社会网络的选择面越广泛，社会交往对象多元化，社会资本更加丰富（胡荣，2003；张文宏，2005；边燕杰，2004），向上流动者从社会交往中获得较多的情感支持，不断增加自身生活的满足感，提升生活满意度。数据也证实，代内职业向上流动和代际教育向上流动有助于强化人们的横向社会地位认知；向上流动者可能因为社会比较获得优势，提升生活幸福感。代际户籍向上流动者能够平等享受城市的公共服务，可以提升他们的主观幸福感；但同时面临城市较高的物价、拥挤的居住环境、较差的生活环境等，抵消了正向影响效应；这可能是代际户籍向上流动者的幸福感未显著提升的缘故。

生活满意度对外群体包容的正向预测作用，在诸多跨文化实证研究中得到证实（Adjai & Lazaridis，2013；Kayitesi & Mwaba，2014；Sides & Citrin，2007；Quillian，1995；Branscombe & Wann，1992）。对于生活幸福感（生活满意度）对外来人口包容的提升作用，可以运用社会认知理论和挫折—侵犯理论两个视角来解释。社会认知理论认为，积极的情绪对个体的群际关系认知具有显著影响；积极情绪使个体呈现更包容的态度，而消极情绪会使个体表现出更加谨慎的倾向（Phaf & Mark，2005）。拥有积极情感的个体可能把对外群体不利的刻板印象信息悬置，而保持对外群体乐观的态度，形成对外群体成员更加积极的评价；而消极情感则相反，会导致更多的群体偏差认知，产生强烈的偏见或歧视（Schwarz et al.，1991）。另外，快乐的个体会把具有很大差异的个体看作同类，降低对陌生群体的精密加工，提高对同质性的感知，进而减少对陌生群体的偏见或歧视（Queller et al.，1996；Braverman，2005）。因而，从这个角度来说，代内职业向上流动和代际教育向上流动者的生活幸福感越高，其积极的情绪体验越多，对未来保持积极乐观，表现出对社会积极的评价和认知，保持对外来人口的理性认知，降低对外来人口的歧视或排斥。从反面的挫折—侵犯角度来看，当个体的生活中遭遇挫折时，他们往往容易将怒气发泄在较弱势的人身上，很可能寻找外部归因，将自己的困境转嫁到外群体身上，对外群体产生较强烈的歧视（Dollard et al.，1939）。生活满意度越低的城镇居民越容易将自身的生活困境归因于外来人口，认为外来人口稀释了本来稀缺的本地公共服务资源，或者归因于外来人口的增多，侵犯自身的生活空间，导致犯罪率的提升，危害社会公共秩序，造成生活焦虑，强化对外来人口的歧视。

5. 社会交往机制

总体而言，社会流动还会通过正式的社会交往（社团参与）机制影响外来人口歧视。与未流动相比，向上社会流动显著提升流动者的社团参与频率，社团参与的增加有助于降低外来人口歧视。这一中介影响机制只在代际教育流动中表现出显著效应，在职业流动和户籍流动中影响效应不显著。

笔者研究假定，向上职业流动（代际职业流动和代内职业流动）和户籍流动会提升流动者的社团参与水平，但研究假设并未得到证实和支持。与以往大多数研究测量不同的是，这里测量的社团参与只包含单位组织以外的社团活动。职业向上流动者更可能进入较好的单位中，一般来说，较好的单位具备先进的企业文化，组织各类丰富多彩的单位活动，增强员工的归属感和凝聚力。基于单位活动参与的便利性，向上流动者较经常参与单位组织的各类活动，相应地抑制单位以外的社团参与广度和深度。户籍向上流动者成长阶段长期生活在地缘、血缘关系网络中，社会行为容易受儒家伦理的支配，形成以人缘、人情等建构起来的人际关系模式（翟学伟，1993；张云武，2009）；地缘和血缘意识在地域迁移后仍然有所延续，这种社会交往意识在一定程度上抑制他们社团参与的深度和广度。参与社团活动需要投入一定的精力和财力，但是户籍向上流动者，尤其是政策性农转非者，他们的整体收入偏低、工作时间较长，这些对社团参与时间和机会产生较大的压缩效应，造成社团参与水平整体偏低。与职业流动和户籍流动不同的是，教育流动通过经济效应和非经济效应影响社团参与。受教育水平越高者，收入水平越高，越可能从事自由度更高、自主性更强的工作，拥有越多的时间和机会参与到单位以外的社团组织活动。一般地，受教育程度较高者，接受更多平等、自由、参与等主流价值观，具备较高的社团参与意识。受教育程度越高者，个体的沟通和交往能力越强，在社团参与中能够处理好人际关系，从社团参与中获得较强的愉悦感和成就感，促使他们倾向于参与多样化的社团活动。

社团参与会通过"社会化机制""自我选择机制""选择—适应机制"等三种途径影响外来人口歧视，这三种途径均表现为直接影响效应。社团组织是个体社会化的非正式机构之一，部分社团强调自由、开放和包容等社会主流价值理念，关注社会公平和社会公正，如宗教信仰社团活动、公益或义务志愿社团活动等，个体参与此类社团，可能习得社团所倡导的价值观，表现出积极的社会态度，减少对外来人口的歧视或排斥。除直接效应之外，笔者认为社团参与对外来人口歧视的影响还存在间接效应。社团参与是推动公众合作的重要影响机制，培育社会信任的重要场所；社团参与能够增进人们的了解与交往，推动广泛合作，促进相互之间的信任（帕特南，2011）。诸多实证研究也证实，社团参与能够显著提升个体对社团网络成员和社会的普遍信任，即社会成员的社团参与频率越高，对整个社会具有不确定关系或弱关系交往成员的信任度越高（陈福平，2009；胡荣、李静雅，2006）。而信任是个体社会交往的重要前提，尤其是普遍信任（陌生人信任），个体普遍信任度高，才有可能将自己的交往范围延伸到外来人口中，尊重外来人口应有的社会权利，降低对外来人口的歧视或排斥。社团参与使得个体有机会接触到不同类型的社会成员，有助于拓展参与者的社会网络多元性；多元的社会网络显著提升人们对于多样性的容忍度，增加对外来移民的包容（帕特南，2011）。在部分社团活动中，有外来人口加入（如宗教信仰仪式、体育文艺活动、技能培训活动、同行联谊活动、公益/义务活动等），本地城镇居民与外来人口互动交往，加深对外来人口的进一步了解，有助于消除对外来人口的刻板印象，进而减少对外来人口的歧视或排斥。

研究还发现，增加实际社会交往（是否曾邀请外来人口到家里做客）是社会流动降低外来人口歧视或排斥的重要影响路径。与未流动相比，向上社会流动有助于增加流动者与外来人口的直接接触概率，并发展为更深层次的实际交往，这种深层次实际社会交往显著改善群际关系，减少群际排斥或隔离。这一影响效应在代内职业流动和代际户籍流动中具有显著性，但在代际职业流动和代际教育流动中不显著。

个体生命历程中从较低职业阶层上升到较高职业阶层，这种代内职业向上流动有助于个体积累更多的社会网络资源。在较低的职业地位就业过程中，尤其是一开始从事蓝领相关工作时，在工作性质上与外来人口保持较大的相似性，且与外来人口保持较多工作接触；但由于工作竞争关系的存在，本地城镇居民与外来人口更多停留在职业交往上。当自身职业地位得到提升时，与外来人口的直接利益竞争较少，有助于降低与外来人口交往的紧张和焦虑感，增加与外来人口的深层次互动和实际交往。另外，根据社会交往的职业声望假设，伴随着职业地位的上升，职业阶层较高者也吸引更多职业阶层较低群体（包含以前处于同样较低职业地位的外来人口同事）的社会交往，相应地增加两个群体的日常性社会互动与实际交往。代际户籍向上流动者的社会关系网络中仍然有大量外来人口，如血缘关系的亲戚和地缘关系的同辈群体等，他们可能依附代际户籍向上流动者进入城市，在城市中双方保持着紧密的互动和交往。代际教育向上流动（接受大学教育）虽然有助于扩大社会交往网络的选择面，但受教育水平较高者的社会交往范围更多局限于教育地位相近的群体中,与受教育程度较低的外来人口接触机会较少,缺乏深层次的实际交往与互动。

社会交往理论指出,促进两个不同群体的交往互动是改善群际关系和减少群体偏见的重要策略(Pettigrew & Tropp,2006)。城镇居民与外来人口的接触可能通过以下三条途径影响外来人口歧视。首先,向上社会流动带来与外来人口较多的实际交往互动,个体有机会从个体化角度审视外来人口,加深对外来人口群体的行为方式、价值观念、生活习惯等的了解,消除以往信息不充分或不对称所造成的误会,重建认知平衡,改变对外来人口群体的刻板印象,进而降低对外来人口的歧视或排斥。其次,本地城镇居民与外群体的实际交往互动,特别是邀请外来人口到家里做客的深层次接触,能够促进情感联结和群际友谊的产生,使得个体对外群体产生积极的评价,降低群际焦虑和不确定感,带来正向情绪体验甚至产生共情;这些有利于提高城镇居民对外来人口群体的观点采择能力,从而减少对外来人口的歧视或排斥。最后,重要的在于不同群体之间的相互交往带来的积极体验,会提高群体之间的信任水平,进一步促进深入交往和群体融合,减少群体歧视或排斥。正如米勒(Miller,2002)总结道:"随着不同群体间人际交往的进行,人们会逐渐淡化本来的社会分类,潜移默化地建立起信任感,而这种信任感将有助于减少群际交往中的焦虑和不适感。"

(四)政策意涵

随着城市化进程逐步加快,数以亿计的居民离开自己的户籍所在地涌入陌生的城市中,却由于各种制度限制难以获得本地城镇户籍,形成与本地城镇居民相比的特殊群体——外来人口群体。但城镇居民对外来人口并未持完全接纳的包容态度,上文的研究结果显示,虽然本地城镇居民对外来人口的各项歧视程度有所下降,但各项歧视比例仍然达到29%以上。本地城镇居民对外来人口歧视或排斥的根源可能在于城乡二元体制和户籍制度所建构的城乡等级观念和优势福利体系,形塑本地城镇居民优势地位的身份认同和行为模式。因此,要减少城镇居民对外来人口的歧视或排斥,首要任务当然是从顶层设计和制度政策安排上做出相应的调整,加快对城乡二元户籍制度进行根本性改革,改变因户籍制度而带来的就业、住房、教育、医疗等基本权益和福利保障的差异建构;为外来人口创造更多制度型社会资本,确保外来人口和城镇居民享有同等的制度身份地位,改变城镇居民因制度差异建构而形成的优势心态,继而促进本地城镇居民与外来人口的平等交往,改善本地人与外来人口的群际关系。然而囿于制度的惰性和城镇利益集团的阻隔,要实现复杂的户籍制度根本性变革不可能一蹴而就,可能需要在一个漫长的时期内才能完成和实现,现行户籍制度在以后较长的一段时间仍然会继续影响本地城镇居民和外来人口的群际关系。笔者的研究结果显示,除了户籍制度改革之外,在现行的户籍制度之下,还可以从社会机制和城镇居民角度出发,通过大力发展经济,全面促进社会流动,保持社会开放性;培育社会资本和提升公民素质;增加群际交往与互动等途径减少城镇居民对外来人口的歧视或排斥。

1. 全面促进社会流动和保持社会开放性

城镇居民对外来人口的歧视或排斥的一个重要原因在于社会流动的封闭性,导致不同群体之间的利益区隔和生活方式分化,强化阶层内部的认同,而增加对外群体的歧视或排斥。研究结果显示,在开放的社会中,向上社会流动不仅有助于直接强化对外来人口的社会包容,而且还会通过多种中介途径间接减少对外来人口的歧视或排斥。因此,对于政府而言,当前需要大力发展经济,满足民众对于公共服务的内在诉求的同时,在社会资源配置上保持公平公正,逐渐打破阶层流动的藩篱和壁垒,努力破解社会结构的"阶层固化",为各个阶层的生存和发展提供机遇,促进社会公平竞争,保障收入、教育等地位获得的机会公平;为民众创造更多向上流动机会和渠道,降低城镇居民对外来人口的利益竞争威胁感知;提升总体生活幸福感,增强对未来美好生活的信心,保持对社会积极乐观的评价,形成对外来人口的更多包容。在经济发展和福利体系较好的社会中,社会足够平等、自由、开放,即使经历向下社会流动或者向上社会流动机会受阻,也不必然会产生强烈的相对剥夺感和形成更多消极不满的情绪,同样保持对外来人口理性和友好的交往态度。

2. 培育社会资本和提升公民素质

上文的研究结果表明，生人信任、政府信任、社团参与等社会资本对降低外来人口歧视或排斥具有显著促进作用。这意味着，在社会流动愈加频繁的背景下需要大力建构城镇居民的生人信任、政府信任、社团参与等社会资本，培养城市居民的公民精神。首先，培养城镇居民对陌生人的信任，尤其是对外来人口的信任，要重视公共舆论对外来人口的正确宣传引导。当前公共舆论宣传中对外来人口存在"污名化"现象，将城市发展过程中的就业压力、交通拥堵、住房拥挤、犯罪率上升、环境恶化、城市贫困等"城市病"与外来人口联系在一起；忽略了正确评价外来人口对本地经济社会发展的应有贡献，这种负面媒介形象的建构导致城镇居民对外来人口缺乏基本的信任。当然政府还需要帮助外来人口增强遵守城市规范和道德的意识，促进城镇居民对外来人口的信任，降低城镇居民与外来人口交往的复杂性，缩小心理距离，减少对外来人口的歧视或排斥。其次，提高政府信任水平，培育制度型社会资本。政府绩效是政府信任的重要来源（胡荣等，2011），因此取信于民、维护政府的公信力在于创设良好的政府绩效。在社会流动背景下，城市政府应该建立公开、透明、科学的行政制度，提高行政效率，提升政治绩效；努力发展经济，促进城市繁荣发展，形成良好的经济绩效；在经济发展的基础上大力改善民生，创设满足本地居民和外来人口共同需求的就业、教育、医疗、住房等基本公共服务，大力打击犯罪，维护城市的公共安全，降低城镇居民对外来人口的犯罪安全恐慌，维持优良的社会绩效。通过优质的政治、经济和社会绩效，为城镇居民对外来人口的包容提供较好的制度保障。最后，通过促进社团参与提升公民素质。研究结果表明，现代社会中人们的社团参与十分有限，仍然局限于单位内部活动，这可能与现代社会团体的建设有关。城市社会中需加强社会团体建设，鼓励公民更多地参与社团组织，尤其是开放性的社会团体，如公益/义务社团组织（扶贫、社会救济、赈灾、环保、志愿服务等），建设良性互动、平等、透明的组织平台，重视包容、自由、平等、奉献、合作等公民精神的培育，通过多种多样的活动，努力打破"原子化"参与状态，增强社团内部成员更加紧密的合作和互惠互助的公共责任感，促使个体在社团参与中通过平等的交往和互动扩大社会网络并形成更多生人信任，从"形式社会资本"向"实质社会资本"转变；继而促使人们形成更加开放包容的公民素质，增加对外来人口的包容和接纳。

3. 增加本地居民与外来人口的群际交往与互动

笔者的分析结果发现，城镇居民与外来人口有过积极的交往互动（曾邀请外来人口到家里做客）是降低外来人口歧视非常重要的影响因素。在当前本地城镇居民和外来人口的交往结构中，本地居民和外来人口的交往呈现"内卷化"倾向（叶鹏飞，2012；刘丽，2012），封闭于自身熟悉的生活世界中，即使有交往也更多停留在浅层的职业交往上（田北海、耿宇瀚，2013）；本地城镇居民与外来人口形成鲜明的"内群体"和"外群体"之分，割裂的社会联系网络导致两大群体的社会距离不断拉大，内群体对外群体产生强烈的歧视或排斥。因此，政府、社区和社会组织等应该开展多种形式的活动，加强本地城镇居民与外来人口的多元文化交流，促成本地城镇居民与外来人口的积极交往和互动，拓展两个群体的交往广度和深度；在积极正面的社会交往和互动中，增进对外来人口的了解，消除对外来人口的刻板印象等消极的社会记忆，提升对外来人口的信任水平，进而增加对外来人口的包容。

第二章 人力资本、家庭禀赋与农民的城镇定居意愿

一 背景与问题

农民向城镇转移是社会经济发展的必经阶段和城市化的必然结果。2013年中国的城镇化率为53.73%，东、中、西部的城镇化率差异显著，呈阶梯性特征；总体上目前中国正处于"城市社会来临"背景下的发展新阶段，进入城乡一体化进程的关键时期，党的十八大报告中明确提出新型城镇化的发展战略。在此背景下，国内学者围绕新型城镇化的理论认知（张鸿雁，2013）、科学内涵（李国平，2013）、发展道路和模式（周冲、吴玲，2014）、创新路径（李华燊、付强，2013）、评价指标体系（王博宇等，2013）、难题与挑战（陈伯庚、陈承明，2013）等展开了全面细致的分析，形成了丰富的研究成果。然而上述研究较多采用自上而下的宏观分析视角，具有明显的外部驱动特征，缺乏对新型城镇化的微观内在基础——农民城镇化意愿的关注。新型城镇化的本质在于人的城镇化，农民从农村向城镇转移，在城镇中获得稳定的工作与生活，最终实现从农民向市民身份的过渡。作为新型城镇化的最终实施主体——农民，他们的积极性和主动性将关系新型城镇化的速度、未来方向及发展质量。因此，以自下而上的视角分析他们的城镇定居意愿现状，研究城镇定居意愿的决定性因素和内在机制，对于因地制宜地确定新型城镇

化发展路径和提高城镇化质量具有重要的现实意义,并为国家制定相关人口迁移政策以及特色化的新型城镇化道路提供理论参考。

二 文献与假设

1. 农民城镇定居意愿的研究现状

农村城镇化是当前政府和学术界关注的热点议题,农民的城镇定居意愿是农村城镇化的前提条件。过去一段时间,很多学者就这一主题在安徽、浙江、重庆、四川、江苏、贵州、湖北等地开展了大量的社会调查,这些调查大多采用"是否愿意到城镇(市)定居"或者"未来愿意长期住在哪里"等提问方式对农民的城镇定居意愿进行测量,调查发现呈现两种截然不同的结果。一类调查发现农民的城镇定居意愿比较高。如彭长生(2013)和周春芳(2012)分别基于2010年安徽和江苏的调查数据发现52.01%和58%的农民愿意到城镇定居。卫龙宝等(2014)在浙江的调查结果表明,53.3%的农民愿意迁居到城镇。成艾华等(2014)和杜双燕(2013)分别对2013年湖北和2011年贵州的数据分析发现,60.8%和55.5%的农民愿意迁移到城镇。与上述结果形成鲜明对比的是,另一类调查发现农民的城镇定居意愿较低。王友华等(2013)基于重庆和四川的调查分析,结果表明仅16%的农民计划到城镇定居。王国辉、潘爱民(2012)考察辽宁的数据发现,仅有13.4%的农民愿意长期在城镇定居。上述研究均是基于某一地区数据的研究结果,由于调查时间、地点、样本、指标等差异,研究结论不具有一般性和可比性。那么目前全国农民的城镇定居意愿究竟如何?迄今我们尚未可知。

在农民城镇定居意愿的影响因素上,国内研究主要从微观、中观、宏观三个层次展开分析。微观视角的研究从个体的人口特征出发,强调个体在特定社会制度安排下所处的社会位置对农民城镇定居意愿的影响。研究者主要通过性别、年龄、婚姻状况、受教育程度、收入水平等确定个体的社会位置,研究发现上述变量对农民的城镇定居意愿产生显著的影响,男性、年轻、未婚、收入水平较高的农民,其定居意愿强烈(黄振华、万丹,2013;何雄、陈攀，2013；蒋乃华、封进，2002）。中观视角的研究主要从家庭、社会网络、社区等组织和网络角度分析农民的城镇定居意愿。农民的城镇定居意愿受到家庭经济、人口、住房结构等影响，家庭在读子女数越多、家庭非农就业结构、家庭总体收入越高的农民，其城镇定居意愿越强（黄振华、万丹，2013；卫龙宝等，2014）。家庭迁移模式影响农民的城镇定居意愿，举家外出（或夫妇一起）的农民工家庭其城镇定居意愿显著高于分离式迁移家庭（李强、龙文进，2012；叶鹏飞，2011）。家庭的人均耕地面积与西部地区的农户迁移意愿呈显著负相关（吴秀敏等，2005）。家庭住房两层以上和家庭在城镇中有房子有助于提升农民的城镇定居意愿（彭长生，2013）。社会网络中的"工具性关系"直接影响农民在城市的生存与发展境况，"情感性关系"有助于增强农民的归属感和城市适应，进而显著增强农民的城镇定居意愿（王友华等，2013；王毅杰，2005；刘茜等，2013）。社区居住地环境也是影响农民迁居的重要因素，与丘陵和平原地区居民相比，山区居民迁移意愿更强（李君、李小健，2008）。宏观视角研究聚焦探讨以城乡二元户籍制度为基础的社会体制和城乡收入结构因素，造成农民自身及子女生存发展机会的不均等，阻碍农民的城镇定居。实证研究发现，城乡的二元教育政策、住房政策、劳动力市场政策等会显著抑制农民的城镇定居意愿（卫龙宝等，2014）。

综上所述，学术界有关农民城镇定居意愿的研究已取得丰富成果，但研究仍然存在不足。就农民的城镇定居意愿现状而言，研究数据主要来源于某一单一地区的分析，研究对象聚焦农民工群体，而缺乏对全国农民群体的样本分析，未能对全国不同地区的农户意愿进行比较。就城镇定居意愿的测量而言，以往研究主要测量农民城镇定居意愿，而未对城镇定居计划进行深入的分析，城镇定居计划是意愿的更深层次推进，是定居行为发生的重要基础，因而通过计划来反映农民深层次的定居意愿具有较好效果。就影响因素而言，已有研究虽然从不同视角分析了农民的城镇定居意愿，但多从个体主义和中观的社会网络视角出发，家庭视角仍然未得到充分的重视。虽有研究零星涉及家庭因素的相关变量，但鲜有研究将农民城镇定居意愿作为一项家庭决策进行研究，从新迁移经济理论角度出发全面系统考察农民家庭禀赋等变量对农民城镇定居意愿的影响。针对上述不足，在既定的宏观制度背景下，笔者尝试利用全国整体农民群体的样本，并结合微观层次的个体人力资本和中观层次家庭禀赋等分析农民的城镇定居意愿。

2. "成本—收益"与农民城镇定居意愿：理论与假说

"成本—收益"理论强调个体的迁移态度主要是基于个人效用最大化的考虑。舒尔茨（Schults）等将迁移看作迁移者的一种人力资本投资行为，对成本和收益做出充分的考量，只有在投资成本与收益相抵后有净得收益才选择迁移（舒尔茨，1990）。托达罗（Todaro，1969）认为城乡迁移取决于城镇的预期收入差距和城镇的就业概率，迁移的可感觉价值是迁移决策的最主要基础。斯加斯塔德（Sjaastad，1962）则将成本和收益更加细化，认为迁移成本不仅包含货币成本，如找工作所需要的交通、食品成本等开支，迁居地的实际货币收益必须要大于成本；还包括非货币成本，如重新找工作的机会成本、适应新环境的心理成本；能够较好地融入新环境者，可能获取较好的生活体验等收益，迁移才可能产生；且非货币成本的净收益对迁居意愿影响更大。社会学中的理性选择理论认为个体是有目的的行动者，个体行动是进行成本效益分析之后追求最大功利的理性选择结果（Coleman，1990），其中，理性可以分为生存理性、经济理性、社会理性等。实证研究表明，农民工的城镇定居意愿遵循上述三种理性原则，是基于预期收益最大化的考虑（熊波、石人炳，2009）。

基于上述理论与实证分析，笔者认为农民的城镇定居意愿是基于自身人力资本状况，对预期的所得和所失之间的考量和权衡所呈现的特定态度。一般认为，个体的人力资本存量越多，越可能在城市中获得较好的发展机会，预期净收益越高，城镇定居意愿可能会越强烈。具体而言，年龄较小者，其劳动能力和劳动素质较高，在城市中容易收获稳定的工作和收入；并对城市生活认同度高，心理适应成本低，迁移意愿更高。受教育程度对农民在城市的就业质量和生活质量具有正向影响，进而提高农民的城镇定居意愿。非农经历是个体非农人力资本的一种重要体现，因此，有非农经历者更可能适应城镇的就业需求；且对城市的生活有一定的了解，心理成本相对较低，城镇定居意愿可能更强烈。普通话水平越高，其在城市就业和生活的适应能力越强，越可能在城市拓展社会交往，认同城镇的生活方式，可能越倾向于迁移城镇。基于此，笔者提出第一个研究假设。

假设1：农民的人力资本水平越高，其城镇定居意愿越高。

3. 新迁移经济理论与农民城镇定居意愿：理论与假说

与上述传统理论假设所强调的个体效用最大化不同，新迁移经济理论将分析单位从个人拓展到家庭；迁移决策不是独立的个体行为，而家庭才是决策的基本单位。人口迁移决策不仅是基于整个家庭效益最大化的考量，而且对家庭风险进行全面估算，努力使家庭风险最小化（Stark & Bloom，1985）。此外，该理论认为家庭做出迁居决策是基于相对收入地位的考虑，并提出具体的相对经济地位假说。家庭作为一个整体考虑迁居决策时，不仅会考虑绝对收入的预期收入差距，而且会将农村本地或参照人群（亲戚、朋友、邻居等）的收入水平纳入考虑范围，进行相对比较，产生一定的满足感和相对剥夺感；相对剥夺感越强烈者，越希望通过迁移改变现状，迁移的可能性越高（Stark & Yitzhaki，1988）。新迁移经济理论对农村劳动力是否外出的决策具有较好的解释力（杨云彦、石智雷，2008），但国内研究尚未系统考察新迁移经济理论对农民城镇定居意愿的影响。在中国农村，家庭禀赋特征对农民的行为选择具有重要的特殊意义，农民整体家庭观念强，成员互帮互助，共享劳动成果。在家庭内部，家庭成员根据家庭的共同资源禀赋决定家庭的生活行动计划。家庭禀赋是指所有家庭成员或家庭所拥有的天然具有的以及后天获得的资源与能力，包括家庭经济资本、家庭人力资本、家庭自然资本、家庭社会资本等。它是个体禀赋的拓展，是所有家庭成员共享的资本，个体的行为意愿受到家庭禀赋因素的制约（石智雷、杨云彦，2012）。

家庭中长期从事非农就业的劳动力数量越多，非农人力资本越丰富，对农业的依赖程度越低，迁移城镇的直接成本和心理成本越低，迁移意愿可能性越大，基于此，笔者提出第二个研究假设。

假设2：农民的家庭人力资本越丰富，其城镇定居意愿越高。

农民从农村到城镇的迁移过程中，需要付出较大的迁移成本。家庭总收入越高者，其迁移的经济支付能力越强，越可能倾向于迁移到城镇。家庭非农收入的比例越高，表明家庭与农村的"脱嵌"程度越高，迁移城镇的适应能力越强，迁移城镇的可能性越高。根据相对收入地位假说，家庭相对收入地位越低者，相对剥夺感越强烈，到城镇定居的意愿越高。而家庭住房是农民家庭的重要固定资产，但难以实现同步迁移，将可能导致迁移意愿下降。基于此，笔者提出第三组研究假设。

假设3a：农民的家庭总收入水平越高，其城镇定居意愿越高。

假设3b：农民的家庭非农收入比例越大，其城镇定居意愿越高。

假设3c：农民的家庭相对收入地位越高，其城镇定居意愿越低。

假设3d：农民的现有家庭住房面积越大，其城镇定居意愿越低。

迁移过程中家庭的自然资本难以实现同步转移，如家庭的耕地等，迁移将付出高昂的代价，这些因素可能会制约农民的城镇定居行为。对此，笔者提出第四个研究假设。

假设4：农民的家庭自然资本越丰富，其城镇定居意愿越低。

三　数据与测量

1. 数据来源

本章所使用的数据来源于中国综合社会调查（CGSS2010）[1]，采取多阶段和分层抽样设计在全国范围内31个行政区进行抽样，共获得调查样本11875个，其中农村样本为5729个，根据研究需要以及部分变量存在缺失值，最终进入总体模型的样本为4223个。

2. 变量与测量

（1）因变量

与以往研究不同，通过询问被调查者"未来5年，您是否计划到城镇

---

[1] 数据来源于中国人民大学中国调查与数据中心主持实施的2010年中国综合社会调查，在此表示感谢。

定居"测量农民的城镇定居意愿，被访者根据"是、否、已经在城镇定居"三个答案进行选择，由于研究主题为农民的城镇定居意愿，因此数据处理时对已经在城镇定居的样本进行行删，最终选择回答"是"和"否"的样本进行分析，回归模型中以"否"为参照对象。

（2）自变量

核心自变量为人力资本和家庭禀赋。狭义的人力资本主要指个体的受教育水平，引入广义的人力资本概念，将人力资本操作化为受教育年限、年龄、非农经历和普通话水平。以"文化程度"来计算受教育年限，计算标准为"没受过任何教育＝0，小学或私塾＝6，初中＝9，高中（中专、技校、职高）＝12，大专＝15，本科＝16，研究生及以上＝19"。年龄采用直接测量法。非农工作经历询问被访者目前的工作状况，被访者通过"目前从事非农工作、目前务农但曾经有过非农工作、目前务农且没有过非农工作、目前没有工作且只务过农、从未工作过"等五个选项进行回答，将前面两项合并为"有非农经历"，其他合并为"没有非农经历"，并以"没有非农经历"为参照对象。将被访者普通话水平根据"完全不能说、比较差、一般、比较好、很好"等级分别赋值为1~5分，得分越高代表普通话水平越高。

家庭禀赋主要包括家庭对人力资本、经济资本及自然资本、社会资本等的占有情况。囿于二手资料，调查问卷中没有家庭社会资本的相关测量，所以重点关注家庭人力资本、经济资本以及自然资本三个方面。家庭人力资本选择家庭长年（至少连续六个月）在外打工的劳动力数量进行测量。家庭经济资本主要通过主客观两方面来测量，包含家庭年收入（2009年）、家庭住房面积、家庭收入中非农收入比例、家庭的相对收入地位等。其中，家庭年收入、家庭住房面积采用直接测量法，家庭收入中非农收入比例通过家庭中的非农收入除以总收入获得。针对家庭的相对收入地位，询问被调查者"您家的家庭经济状况在当地属于哪一档"，分为"远低于平均水平""低于平均水平""平均水平""高于平均水平"四类，以远低于平均水平为参照对象。家庭自然资本主要是指农户拥有或可长期使用的土地，选用家庭承包的耕地面积测量家庭自然资本，采用直接测量法。

为了估计的准确性，研究中还纳入性别、婚姻状况、地域类型等作为控制变量。性别以女性为参照组。婚姻状况分为未婚、已婚、离婚或丧偶，以未婚为参照组。根据现有的统计口径①，将地域类型划分为东部、中部、西部，以西部为参照组。

本章所涉及的所有变量特征描述见表2-1。

表2-1 变量性质与描述统计

变量类型	名称	性质	均值	标准差	最小值	最大值
因变量	城镇定居意愿	定类	0.113	0.317	0	1
控制变量	性别	定类	0.473	0.499	0	1
	地域类型	定类	1.773	0.775	1	3
	婚姻状况	定类	2.001	0.430	1	3
家庭人力资本	非农劳动力数量	定距	0.778	1.034	0	6
家庭经济资本	家庭年收入	定距	5.490	13.053	0	600
	非农收入比例	定距	0.598	0.375	0	1
	家庭相对收入地位	定序	2.611	0.765	1	4
	住房面积	定距	103.002	201.000	4	7846
家庭自然资本	家庭耕地面积	定距	4.826	35.192	0	800
个体人力资本	年龄	定距	46.695	16.055	17	96
	受教育年限	定距	10.409	4.371	0	19
	普通话能力水平	定距	3.446	1.148	1	5
	非农经历	定类	0.863	0.343	0	1

四 结果与分析

1. 农民的城镇定居意愿描述分析

农民到城镇定居的意愿现状如何？如果愿意到城镇定居，他们愿意到城镇定居的目的是什么？愿意到什么层次的城镇定居？如果不愿意到城镇

---

① http://www.chinawater.net.cn/CWSNews/infor/0320.html.

定居，他们的原因是什么？对于这些问题的回答，根据表 2-2 可知，在城镇定居意愿现状上，愿意到城镇定居的比例仅为 11.4%，88.6% 的农民愿意继续留在农村，表明农民的总体城镇定居意愿并不强烈。在定居的动机上，58.7% 的农民希望在城镇定居生活，也有 33.8% 的农民为自己的子女定居城镇做准备，由此可见农民的城镇定居意愿在一定程度上是基于整个家庭而考虑的。没有计划的原因中，经济条件不允许占据主导地位，选择该项的比例达到 77.1%。在定居层级偏好上，18.9% 和 39.4% 的农民希望在小城镇和县城/县级市定居。与地级市、省城、直辖市相比，定居小城镇的经济成本相对较低，社会文化环境与农村较为接近，更容易成为多数农村居民的首要选择，据此可以认为推动小城镇的发展是推进新型城镇化建设的重要路径。

表 2-2　城镇定居意愿相关情况的描述统计

单位：人，%

城镇定居意愿	占比	定居目的	占比
否	88.6	城镇生活	58.7
是	11.4	投资	3.1
N	5009	为子女准备	33.8
定居地点	占比	其他	4.4
小城镇	18.9	N	521
县城/县级市	39.4	没有计划的原因	占比
地级市	14.7	经济条件不允许	77.1
省城	12.7	不愿到城镇定居	19.5
直辖市	6.7	政策环境不允许	0.3
无所谓	7.6	其他	3.2
N	566	N	4334

2. 农民城镇定居意愿的影响因素分析

（1）控制变量与农民城镇定居意愿

模型 1 的 Pseudo R^2 系数为 0.044，表明性别、婚姻和地域特征能解释农民城镇定居意愿 4.4% 的方差（见表 2-3）。性别对城镇定居意愿的影响不显著。与未婚者相比,已婚、丧偶或离异者的城镇定居意愿分别下降 70.6%($1-\exp^{-1.224}\approx0.706$)、90.3%($1-\exp^{-2.334}\approx0.903$)。相较于已婚者,一方面,未婚者在城镇定居的总体生活成本低,对农村的依赖程度低;另一方面,未婚农民定居城镇可能增加与城镇居民的结姻可能性。与东部相比,中部、西部的农民城镇定居意愿分别下降 47.7%($1-\exp^{-0.648}\approx0.477$)、25.8%($1-\exp^{-0.299}\approx0.258$),表明经济发展水平越高的地区,农民的城镇化意愿越强。与蒋乃华、封进(2002)的研究存在一定的差异,这可能是两者之间的样本差异所造成的。

表 2-3 影响农民城镇定居意愿的 Binary Logistic 回归结果

	模型 1	模型 2	模型 3
控制变量			
男性(女性=0)	0.126(0.091)	0.078(0.099)	0.158(0.112)
已婚(未婚=0)	-1.224***(0.134)	-0.197(0.161)	-0.189(0.192)
丧偶或离异(未婚=0)	-2.334***(0.278)	-0.417(0.317)	-0.202(0.359)
中部(东部=0)	-0.648***(0.109)	-0.552***(0.114)	-0.583***(0.131)
西部(东部=0)	-0.299***(0.113)	-0.054(0.123)	-0.050(0.137)
人力资本			
年龄		-0.034***(0.004)	-0.036***(0.005)
受教育年限		0.091***(0.017)	0.085***(0.019)
语言能力		0.148***(0.049)	0.095*(0.055)
非农经历(没有=0)		0.391***(0.107)	0.254**(0.129)
家庭禀赋			
家庭人力资本			
家庭非农劳动力数量			0.175***(0.050)
家庭经济资本			
家庭总收入			0.087***(0.018)
家庭非农收入比例			0.281*(0.170)
家庭相对收入地位(远低于平均水平=0)			
低于平均水平			0.511*(0.274)
平均水平			0.709***(0.270)
高于平均水平			0.997***(0.316)
住房面积			-0.003***(0.001)

续表

	模型 1	模型 2	模型 3
家庭自然资本			
家庭耕种的田地面积			-0.001(0.002)
常数	-0.591***(0.149)	-1.497***(0.310)	-2.000***(0.438)
N	4976	4965	4223
Pseudo R^2	0.044	0.121	0.150
LR chi^2	156.3***	428.2***	449.8***
-2LL	-1695	-1556	-1275

注：括号外为非标准回归系数，括号内为标准误；* $p<0.1$，** $p<0.05$，*** $p<0.01$。下同。

（2）人力资本与农民城镇定居意愿

在模型1的基础上引入人力资本变量得到模型2，Pseudo R^2 系数从0.044增加到0.121，人力资本变量能够解释农民城镇定居意愿7.7%的方差。控制其他变量的情况下，年龄的回归系数为-0.034，年龄每增加1岁，到城镇定居的意愿下降3.3%（$1-\exp^{-0.034}\approx 0.033$）。受教育年限与城镇定居意愿呈显著的正相关，受教育年限每增加1年，到城镇定居的意愿增加9.5%（$\exp^{0.091}-1\approx 0.095$）。非农经历对城镇定居意愿影响的回归系数为0.391，有非农经历者的城镇定居意愿是没有非农经历者的1.47倍（$\exp^{0.391}\approx 1.47$）。语言能力的回归系数为0.148，语言能力每增加1个等级，到城镇定居的意愿增加15.9%（$\exp^{0.148}-1\approx 0.159$）。

数据结果表明，人力资本变量的相关假设均得到验证。也就是说，个体的人力资本水平越高，年龄越小者、受教育水平越高者、有非农工作经历者、语言能力水平越高者，其在城镇获取非农就业的机会越容易，就业层次可能越高，就业收入水平越高，城镇定居的预期经济收益越高；并且人力资本水平越高者，越能在城市中拓展社会交往网络，提高城镇生活适应性和归属感，定居城镇的心理成本越低。可见，农民的城镇定居意愿是基于个体成本—收益的考虑，个体人力资本水平越高者，定居城镇的预期净收益越高，城镇定居意愿越强烈。

（3）家庭禀赋与农民城镇定居意愿

在模型 2 的基础上引入家庭禀赋相关变量得到模型 3，Pseudo R^2 系数从 0.121 增加到 0.150，模型解释力增加 2.9%。具体来看，控制其他变量的情况下，农民家庭长期从事非农工作劳动力数量的回归系数为 0.175，农民家庭中的非农劳动力数量每增加 1 人，其城镇定居意愿增加 19.1%（$\exp^{0.175}-1\approx 0.191$），假设 2 得到证实。家庭中长期外出打工的劳动力越多，家庭成员接触城镇的机会越多，对城镇的心理适应程度越高。家庭的非农人力资本水平较高，家庭成员能够在城镇中获取较好的非农发展机会，工作的搜寻成本和交易成本低，面临无业或失业的风险小，整个家庭能够在经济上较好地适应城镇生活，更倾向于定居城镇。

家庭总收入每增加 1 万元，农民到城镇定居的意愿增加 9.1%（$\exp^{0.087}-1\approx 0.091$），假设 3a 得到验证。家庭非农收入比例越高，农民定居城镇的意愿越高；家庭非农收入比例每增加一个单位，个体定居城镇的意愿增加 32.4%（$\exp^{0.281}-1\approx 0.324$），假设 3b 被证实。此结果验证了前文的描述性分析，家庭的经济收入和收入结构是制约农民定居城镇的重要因素。家庭经济收入较高者，在迁移之初，能够承担较高的迁移成本；在迁移之后，能够支付较高的城镇生活成本。家庭非农收入比例越大，家庭对农业的依赖程度越低，可以较快速地融入城镇生活，降低家庭城镇生活的经济风险。

家庭相对收入地位也是影响个体城镇定居意愿的重要因素。回归系数显示，农民家庭的相对收入地位越高，定居城镇的意愿越高，与假设 3c 呈现相反的结果，与上文所述的相对地位收入假说存在较大的差异。一个合理的解释在于，家庭相对收入地位较高，生活预期、生活信心相对较高，迁居城镇的可能性更大；与本地农村居民相比，家庭相对收入地位较低者的相对剥夺感强烈；若从农村向城镇迁移定居，参照对象将是绝对收入水平更高的城镇居民，那么他们可能产生比以往更强烈的相对剥夺感，降低生活幸福感，因而可能更不愿意定居城镇。

家庭经济资本中的家庭住房面积和家庭自然资本均与农民的城镇定居意愿

呈负相关关系,家庭住房面积变量对城镇定居意愿具有显著的影响,家庭住房面积每增加1平方米,农民的城镇定居意愿下降0.3%（1-exp$^{-0.003}$≈0.003）,假设3d得到证实。家庭耕种的田地面积系数没有通过显著性检验,但与城镇定居意愿呈负相关,表明样本中家庭的田地面积越大,城镇定居意愿越低,假设4未得到验证。家庭住房是农民家庭中重要的固定资产,家庭耕地是农民的重要生活保障,但均在从农村向城镇转移的过程中难以实现同步转移,制约农民的城镇定居计划。农村房地产市场发展滞后,原有住房难以实现同步出售或出租,导致进城购买或新建住房的资金缺乏,因此家庭住房面积越大者,定居城镇的住房机会成本越高。家庭耕种的田地面积数量较多,农民的农业收入水平可能更高,定居城镇可能导致预期收入水平下降,降低农民的城镇定居意愿。

3. 不同地域类型的农民城镇定居意愿影响因素比较分析

上述模型1的结果表明不同地域类型的农民城镇定居意愿具有显著的差异,那么影响不同地域类型的农民城镇定居意愿的因素是否一致？从表2-4各模型的解释力来看,三个模型的解释力具有显著差异,东部的模型解释力最大,Pseudo R^2 系数为0.202,西部模型的解释力最小,Pseudo R^2 系数为0.123,说明不同地域类型的农民城镇定居意愿的影响因素存在一定差异。

表 2-4 不同地域类型农民城镇定居意愿的 Binary Logistic 回归结果

变量	模型 4:东部	模型 5:中部	模型 6:西部
男性(女性=0)	0.146(0.204)	0.161(0.192)	0.079(0.199)
已婚(未婚=0)	0.049(0.359)	-0.276(0.328)	-0.157(0.338)
丧偶或离异(未婚=0)	0.456(0.694)	-0.163(0.574)	-0.656(0.646)
年龄	-0.046***(0.009)	-0.034***(0.008)	-0.031***(0.008)
语言能力	0.246**(0.105)	-0.0378(0.0895)	0.167(0.101)
受教育年限	0.096***(0.035)	0.122***(0.033)	0.0424(0.031)
非农经历	-0.022(0.261)	0.206(0.212)	0.444**(0.215)
家庭非农劳动力数量	0.299***(0.091)	0.135(0.084)	0.050(0.095)
家庭总收入	0.121***(0.031)	0.092**(0.038)	0.047(0.032)
家庭非农收入比例	0.011(0.306)	0.644**(0.311)	0.375(0.298)

续表

变量	模型4:东部	模型5:中部	模型6:西部
家庭相对收入地位(远低于平均水平=0)			
低于平均水平	-0.140(0.448)	1.432*(0.739)	0.580(0.427)
平均水平	0.105(0.436)	1.582**(0.734)	0.819*(0.420)
高于平均水平	0.558(0.516)	1.895**(0.786)	1.012*(0.530)
住房面积	-0.003**(0.001)	-0.005***(0.001)	-0.001(0.001)
家庭耕种的田地面积	0.002(0.005)	-0.004(0.005)	-0.027***(0.009)
常数	-1.581**(0.772)	-3.299***(0.942)	-2.552***(0.667)
N	987	1914	1322
Pseudo R^2	0.202	0.131	0.123
LR chi^2	180.92***	142.71***	118.87***
-2ll	-358.2	-474.0	-422.4

综合模型4、模型5、模型6结果可知,人力资本变量在不同地区呈现不同的效应。年龄在东部、中部、西部模型中均呈现显著的负效应。语言能力只对东部地区的农民城镇定居意愿有显著影响。与中、西部相比,东部城镇地区中流动人口异质性强,更多采用普通话进行语言交流;普通话能力水平越高者,在城镇中越可能获取较好的就业机会和较广的人际交往网络,城镇定居意愿越强烈。受教育年限与东、中部的农民城镇定居意愿呈显著的正相关,而对西部农民城镇定居意愿不具有统计显著性。非农经历只在西部模型中通过显著性检验。西部的经济发展水平远落后于中部和东部,城镇中非农就业工作机会少,所以那些受教育水平较高者也可能难以在城镇中获得稳定的非农工作,导致城镇定居意愿不强烈;而在总体非农比例较低的西部,有非农经历者可能对城镇环境的适应性更高,更倾向于定居城镇。

家庭禀赋相关变量对不同地区农民城镇定居意愿的影响亦存在不一致性。家庭非农劳动力数量与东部地区的农民城镇定居意愿呈显著正相关。家庭总收入对西部地区的农民城镇定居意愿影响不显著,家庭非农收入比例只对中部地区的农民城镇定居意愿产生显著的影响,家庭相对收入地位变量在东部模型中不显著。住房面积对东、中部的农民城镇定居意愿影响显著，家庭耕种的田地面积只与西部地区的农民城镇定居意愿呈显著的负相关。

之所以会出现这样的差异，原因可能在于各地区的城镇化和工业化水平存在差异。在东部地区，城镇工业化水平较高，诸多农民选择到附近的乡镇企业或其他部门就业，基本实现就业和生活方式的城镇化，总体非农收入比例较高。农民城乡意识淡薄，与农业的紧密度低，对城镇生活的预期不高，这造成农民的城镇定居意愿与家庭非农收入比例、家庭耕种的田地面积、家庭相对收入地位不具有显著相关性；但家庭的经济支付能力和住房面积仍然是决定农民定居城镇的重要因素。在城乡二元结构凸显的中部地区，城镇生活对农民有较大的吸引力。那些与农村"脱嵌"程度越高的农民，家庭经济支付能力越高，家庭相对收入地位越高，对城镇生活的适应度可能越高，城市生活预期越高，越倾向于定居城镇。在经济欠发达的西部地区，城镇发展水平和工业发展水平相对滞后，城镇劳动力市场中的就业接纳能力有限，发展空间较小，城镇基础设施和公共服务不够完善。因而农民的城镇生活预期偏低，导致那些家庭收入水平高、家庭非农人力资本丰富、家庭非农收入水平高、家庭住房面积小的群体城镇定居意愿同样没那么强烈。西部地区的农业机械化程度低，若定居城镇可能导致耕地和种植等不方便，必然增加耕种的直接成本，耕种田地面积较多者的整体预期收益将下降，迁居城镇的意愿显著下降。

五 结论与讨论

本章利用 CGSS2010 的数据考察了农民城镇定居意愿的现状，并分析人力资本、家庭禀赋等因素对城镇定居意愿的影响，主要得到以下几点结论。第一，农民定居城镇的意愿总体并不强烈，只有约 11% 的农民真正愿意到城镇定居；定居层级上，小城镇、县城/县级市是大部分农民的首选地。第二，农民人力资本越丰富，城镇定居意愿越高；农民家庭非农人力资本存量越高，定居城镇的意愿越强烈；家庭总收入、家庭非农收入比例、家庭相对收入地位等家庭经济资本对农民的城镇定居意愿具有显著的推动作用；但家庭经济资本中的家庭住房面积和家庭自然资本对农民的城镇定居意愿有负向影响。第三，不同地域类型的农民城镇定居意愿的影响因素存在较大差别。在东部地区，受教育年限、语言能力、家庭总收入、家庭非农劳动力数量、住房面积是影响农民城镇定居意愿的显著因素。在中部地区，年龄较小者，受教育年限较高的农民，定居城镇的意愿较强；家庭经济资本对农民城镇定居意愿影响显著。在西部地区，农民的城镇定居意愿主要受到个体的非农经历和家庭自然资本的影响。

农民从农村迁移到城镇是一个复杂的系统过程，绝不是单一的理论或视角能够完全解释的，需要多层次多角度综合考虑。上文的分析表明，农民的城镇定居决策不仅基于个体人力资本的效用最大化考虑，而且也是基于整个家庭利益最大化的考虑。前者再次验证了新古典经济学中的"成本—收益"理性假设，个体的人力资本水平较高，参与城镇劳动力市场竞争能力更强，更容易适应和认同城镇的生活方式，更好更快地融入城镇生活；基于生存理性、经济理性、社会理性等选择，迁移意愿相对较强。后者验证了新迁移经济理论在中国农民城镇定居决策方面的适用性，整体上是适用的。以往的新迁移经济理论只强调迁移受到家庭效益最大化目标的影响，并且更多运用在农民是否外出务工或回流的决策上，未能全面考察家庭禀赋因素对于农民城乡永久迁移意愿的内在影响机制；本章深化这一主题的研究，认为农民的迁移决策是基于以家庭禀赋为基础的家庭效益最大化的考虑。家庭禀赋对农民城镇定居意愿的影响主要体现在以下几个方面：首先，家庭非农人力资本能够为农民快速融入城镇生活提供较好的人力支持。其次，家庭总收入、非农收入比例等经济资本直接关系到农民定居城镇的直接支付能力以及城镇生活的适应能力，为农民定居城镇提供直接稳定的物质支持。最后，家庭难以同步转移的住房资本和自然资本对农民定居城镇具有阻碍作用。

人力资本效应和家庭禀赋效应在不同地区存在较大的差异，因此推进新型城镇化建设需要充分尊重农民的城镇定居意愿，并与当地的社会经济发展水平相结合。在经济发达的东部地区，城镇工业化水平高，大部分农民实现就业和生活方式城镇化；应全面提高农民的总体收入水平，提升农民的语言沟通能力，完善当地的城镇基础设施建设，推进农民的就地城镇化。在经济发展中等的中部地区，加强对农民非农工作技能的培训，帮助农民顺利实现非农就业，提高农民家庭总收入和非农收入比例。在经济欠发达的西部地区，应该努力提升城镇的经济发展水平，大力发展第二、第三产业，增强城镇的就业吸纳能力；完善城镇公共服务建设，营造良好的城镇外部环境，增强城镇生活的吸引力，提升农民的城镇定居意愿。

第三章 居住证与农民工落户意愿

第七次全国人口普查数据显示,全国常住人口城镇化率为63.89%,而户籍人口城镇化率为45.4%,两者之间的差距表明仍然有2亿多农民工虽实现职业非农化和居住空间城镇化,却没有实现在城镇落户,"半城镇化"现象依然突出。长期以来,学界认为城镇化进程不仅受到城乡二元户籍制度的束缚,也与农民工的城镇落户意愿高度关联。为进一步推动农民工的市民化,2014年国务院发布《关于进一步推进户籍制度改革的意见》,提出进一步调整户籍迁移政策,实行差别化落户,统一城乡户口登记制度,全面实施居住证制度,符合条件的居住证持有人,可以在居住地申请登记常住户口。经过多年的发展,国家全面推进居住证制度纵深发展,截至2020年,全国已经向未落户常住人口发放1亿多张居住证,并且多次要求提高居住证的含金量。《中华人民共和国国民经济和社会发展第十四个五年规划和2035年远景目标纲要》提出,"放开放宽除个别超大城市外的落户限制,试行以经常居住地登记户口制度"。"健全以居住证为载体、与居住年限等条件相挂钩的基本公共服务提供机制,鼓励地方政府提供更多基本公共服务和办事便利,提高居住证持有人城镇义务教育、住房保障等服务的实际享有水平。"

对于农民工来说,居住证制度弱化了原有户籍管理的桎梏,为其享受常住地城镇基本公共服务提供了制度机会;也为有能力和有条件者打开了获得城镇户籍的通道。但同时应当看到,一方面,申请和颁发居住证都较为容易,但是将其所涵盖的一系列基本公共服务落到实处,则在很大程度上取决于地方财力，因而在实践中经常打折扣。另一方面，如果持有居住证就可以获得与市民同等的基本公共服务，那么转换户籍的必要性就会大为削弱。因此，很难直接从理论分析本身判断居住证对农民工城镇落户意愿的作用方向及作用力，而从制度层面定量考察居住证对农民工城镇落户意愿的影响就十分必要且重要。在户籍制度全面放开和居住证赋予的"准市民待遇"不断提升的背景下，居住证制度对农民工的城镇户籍转换意愿究竟是发挥着过渡效应还是替代效应？其效应在不同农民工群体中是否一致，其作用路径如何？本章将深入考察居住证的城镇落户效应，以期为农民工的完全市民化和户籍城镇化提供参考。

一　文献与假设

国内相关研究显示，影响农民工城镇落户意愿的因素主要涉及个体、家庭、地域等不同层面。个体层面因素包含农民工的人口社会特征、就业质量、社会融入等。人口社会特征如性别、年龄、人力资本和社会资本、心理资本等对农民工城镇落户意愿具有显著影响（张翼，2011；陈延秋、金晓彤，2014；李飞、钟涨宝，2017；王毅杰、武蕊芯，2016）；但这些研究结论呈现不一致性。就业质量主要是指农民工的工作特征、薪资福利、工作权益保障、职业发展等客观维度和对工作的主观感受及评价等主观维度。如工资收入、劳动时间、签订劳动合同、社会保障、劳动关系、就业稳定性、工作满意度等与农民工的落户意愿密切相关，总体而言高质量就业显著提升农民工的城镇落户意愿（秦立建、王震，2014；聂伟、风笑天，2016；韩清池、谌新民，2016）。社会融入主要指农民工对城市的认同和归属感等，这些认知和情感因素与农民工的城镇落户意愿呈显著正相关（黄嘉文，2012；张鹏等，2014；刘涛等，2019）。在家庭化迁移趋势背景下，农民工的城镇落户决策不仅仅是基于自身的个体社会特征情况，更多的是基于整个家庭的需要和现实状况的决策，因而家庭层面的相关因素，比如夫妻随迁（王桂新等，2010）、子女教育（魏万青，2015）、住房状况（董昕，2015）、土地拥有状况（刘林平、胡双喜，2014）等在农民工落户城镇的决策中发挥着重要作用。除了个体和家庭因素之外，农民工在落户城镇时还会考虑地域因素，不同地域类型对农民工城镇落户的吸引力不一致，超大城市和特大城市的良好社会经济状况吸引农民工进城落户；而其他城市的社会经济状况对农民工落户的影响甚微（肖璐、徐益斌，2017），省内流动的农民工落户意愿显著高于跨省流动者（宁光杰、李瑞，2016）。

然而，尽管学术界认为城乡户籍制度以及由此引发的二元医疗、教育、社会保障制度等差别化公共服务待遇，是农民工城镇落户过程中的重要制度障碍（刘传江、程建林，2009；刘小年，2015），但关于户籍制度改革带来的市民化影响研究更多的是定性理论分析和宏观趋势预测。而针对户籍制度改革中的居住证制度研究，更多关注居住证制度实施的现状（王阳，2014）、制度后果及激励效应（赵德余等，2010）、福利效应（袁方等，2016）、困境挑战（陆杰华、李月，2015；邹一南，2018）、优化路径（谢宝富，2014；王春雷，2015）等，很少从制度层面定量实证探讨居住证对农民工城镇落户意愿的影响。

为了克服已有文献存在的上述不足，本章将以 2017 年全国流动人口动态监测调查数据为例，在控制人口社会特征、社会经济地位、流动地域特征等维度后，探讨居住证对农民工城镇落户意愿的直接影响机制，并分析居住证是否会通过公共服务获得、城市社会认同等途径间接影响农民工城镇落户意愿。此外，还进一步分析居住证影响城镇落户意愿的效应在不同农民工群体中是否一致。

在差别化落户和积分落户政策背景下，深化居住证制度改革，创新赋权模式，让更多符合条件的农民工在城市定居并落户，是各地加快新型城镇化建设进程的重要政策工具。2016 年施行的《居住证暂行条例》第 3 条明确规定"居住证是持证人在居住地申请登记常住户口的证明"，即取得居住证是农民工打开城镇落户大门的重要钥匙，是落户城镇的前置条件。因此，取得居住证对农民工城镇落户决策可能发挥至关重要的作用。据此，提出研究假设。

假设1a：居住证对城镇户籍具有过渡效应，拥有居住证会强化农民工的城镇落户意愿。

在居住证制度实施以前，对于那些不愿意或者无法在城镇落户的农民工而言，想获得与城镇居民同等或近似的市民待遇几乎是不可想象的，而居住证则使之成为现实。在实践中，居住证经常成为落户的筛选依据，即各地通过"居住证积分"来管理外来人口的落户资格，积分体系中的学历、职称等指标要求对于农民工而言是很难达到的，所以在通过居住证已经能够享受基本城市公共服务的前提下，农民工可能会倾向于放弃转换户籍。此外，随着城乡改革的不断深化和农村产权制度的逐步完善，农村宅基地、承包地和集体经营性建设用地的价值将显著提升，农村居民的收入也将不断提高，农村户籍的含金量必然将随之水涨船高。因此，在通过居住证享受城镇较高水平的公共服务的同时，保留农村户籍以分享农村改革的红利成为一种理性选择。有学者据此断言，"居住证制度不可能加快提高户籍人口城镇化率"。基于上述分析，提出针对假设1a的竞争性假设。

假设1b：居住证对城镇户籍具有替代效应，拥有居住证会削弱农民工的城镇落户意愿。

农民工群体本身并非铁板一块，居住证对城镇落户意愿的影响效应在不同社会经济地位和流动地域特征的农民工群体中可能存在不一致性。虽然居住证是部分城市落户的前提条件，但农民工在进行落户决策时还会考虑其他因素，比如就业身份状况、家庭福利和流动地域特征。相对于雇员和雇主而言，自营劳动农民工在城市面临较大的经营风险，城市可持续生计存在较大不确定性，居住证对于他们的户籍过渡作用可能较弱，而对工作稳定性较高的雇员和雇主作用更大。对于老家拥有较高土地福利者（如家庭有承包土地、宅基地），将户口迁移到城镇后，会影响他们继续在农村享有土地权益，居住证对其城镇落户的过渡效应可能相对较小，甚至发挥着替代效应。家庭收入越高，越能支撑城市生计成本，因而居住证与家庭月收入的乘积效应对农民工城镇落户意愿影响可能会更大，即居住证更可能激发收入较高群体的落户动机。农民工是否愿意迁居城镇还会受到流动地域特征的影响，流动时间越长的农民工，对城镇的适应能力越强，获取居住证越可能强化他们的落户意愿。城市等级和流动范围所带来的户籍价值变化亦可能影响农民工的城镇落户意愿，相对于市内流动者，市外流动者将农村户口迁移到城镇所能获取的户籍改变红利更大，因此拥有居住证者更可能愿意落户城镇。城市等级越低，附着在户籍上的福利价值越小，城镇户籍对农民工的吸引力越弱，农民工难以将居住证过渡到城镇户籍，更可能将居住证替代城镇户籍。据此，提出研究假设。

假设2a：居住证对不同社会经济地位农民工的城镇落户意愿影响存在显著差异。

假设2b：居住证对不同流动地域特征农民工的城镇落户意愿影响存在显著差异。

若前面两个假设成立，那么居住证通过何种中介发挥作用呢？农村户籍与城镇户籍含金量的差别集中体现在公共服务方面，居住证制度的核心是基本公共服务均等化，而这也是户籍制度改革面临的最大难题。居住证通过"累计赋权"方式，分层次、分步骤地给留城时间长、融入能力强（有稳定就业、住所等）的农民工提供基本公共服务资源，持有居住证可以在当地享受义务教育、社会保险、住房保障、公共卫生等基本公共服务；而这些基本公共服务的获取是影响农民工城镇落户决策的关键（张吉鹏等，2020；甘行琼、李玉姣，2019）。一般认为，导致农民工城镇落户意愿不高的原因主要有两点：一是落户门槛过高，挫伤了农民工的积极性。二是迁移户籍意味着放弃原户籍附加的各类福利，存在一定的机会成本。而居住证的获得则使农民工看到成功落户城镇的较大可能性，较充足的城市公共服务也使得原户籍的附加福利价值相对降低，更愿意转换为城镇户籍。另外，农民工获得居住证后，既能享受城镇充足的公共服务，又能享受农村户籍福利，更不愿意落户城镇。因此，居住证可能通过基本公共服务获取对农民工城镇落户意愿发挥着过渡效应或替代效应。据此，提出研究假设。

假设3：居住证通过基本公共服务获取中介间接影响农民工的城镇落户意愿。

在城镇落户政策性限制渐趋宽松的背景下，各种非制度性因素如城市认同、社会交往、城市体验等对落户意愿的影响受到重视。居住证逐步淡化以城乡户籍为基准的福利分配功能，在一定程度上缩小外来农民工与本地城镇户籍人口享有公共服务待遇的差距，减轻农民工的社会歧视感和不公平感，进而增强其城市社会认同，促进心理融入（梁土坤，2020）。一方面，居住证提高农民工的城市认同水平，有助于强化其户籍转换意愿，从而真正成为流入地一分子。另一方面，获得居住证的农民工在没有城镇户籍的前提下，就能形成较高的社会认同，居住证对于改善其心理福利意义较小，居住证对农民工的过渡效应可能不显著，而发挥着替代效应。据此，提出研究假设。

假设4：居住证通过城市社会认同中介间接影响农民工的城镇落户意愿。

二 数据、模型与变量

（一）数据来源

本章的数据来自国家卫计委开展的2017年全国流动人口卫生计生动态监测调查数据，该调查采用多阶段分层PPS抽样方法在全国31个省份和新疆生产建设兵团展开，调查对象为在本地居住1个月以上、非本区（县、市）户口且年龄为15周岁以上的流动人口，样本总量约为17万个。根据研究需要，本章只抽取户籍为外地农业户籍且处于就业状态、样本点类型为居委会、大专及以下、在城市务工或经商的雇员、雇主或自营劳动者，剔除相关分析变量的缺失值后，最终得到有效样本67087个。

（二）变量测量

1. 因变量

因变量为城镇落户意愿。利用调查问卷中"如果您符合本地落户条件，您是否愿意把户口迁入本地"进行测量，将"愿意"赋值为1，"不愿意"

或"没想好"赋值为0。为了测量城镇落户意愿，本章只选取样本点类型为居委会的样本。

2. 自变量

自变量为居住证。利用调查问卷中"您是否办理了暂住证/居住证"进行测量，将"是"赋值为1，"否"、"不清楚"或"不适合"赋值为0。

3. 中介变量

中介变量为基本公共服务获取、城市社会认同。囿于数据可得性，基本公共服务获取主要包含社会保险、健康服务、义务教育、保障性住房4个方面。其中，社会保险获取主要指本地城镇医疗保险获取，利用调查问卷中"是否在本地参加城镇居民医疗保险或城镇职工医疗保险"，"是"赋值为1，"否"赋值为0。健康服务获取，利用调查问卷中"本地是否给您建立了居民健康档案"，将"是"赋值为1，"没建"或"不清楚"赋值为0。义务教育获取，利用调查问卷中"目前在本地，您家是否存在子女上学困难"进行测量，将"否"赋值为1，"是"赋值为0。保障性住房获取，利用调查问卷中"您现在的住房属于何种性质"，将"政府提供公租房"和"自购保障性住房"赋值为1，其他类型赋值为0。城市社会认同，利用调查问卷中的认同量表"我喜欢我现在居住的城市/地方""我关注我现在居住的城市/地方的变化""我很愿意融入本地人当中，成为其中一员""我觉得本地人愿意接受我成为其中一员""我觉得我已经是本地人""我觉得本地人看不起外地人""按照老家的风俗习惯办事对我比较重要""我的卫生习惯与本地市民存在较大差别"8道题项进行测量，分别对"完全不同意"到"完全同意"赋值1~4分，其中后面3道题项为逆向赋值。

4. 控制变量

参考国内外对农民工城镇落户意愿的研究成果，对农民工的人口社会特征、社会经济地位、流动地域特征等变量进行控制。具体变量包括：人口社会特征选取农民工的性别（男性＝1，女性＝0）、年龄、婚姻（在婚＝1，不在婚＝0）、受教育年限4个指标。社会经济地位主要考察农民工在流出地的资产和流入地的收入、就业情况。其中，选取老家是否有承包地（是＝1，否=0)、老家是否有宅基地（是=1，否=0）、家庭月均总收入（取对数）、就业身份（雇员=1，雇主=2，自营劳动者=0）4个指标。流动地域特征包含本次流动范围（市内跨县=0，省内跨市=1，跨省流动=2）、本次流动时间、流入城市等级（一线=1，新一线=2，二线=3，三线=4，四线=5，五线=0)[①] 3个指标。所有变量的描述性统计结果见表3-1。

表3-1 变量统计

变量	均值/百分比	标准差	变量	均值/百分比	标准差
落户意愿(%)	33.1		省内跨市	33.5	
居住证(%)	66.4		市内跨县	18.3	
男性(%)	58.5		本次流动时间(年)	6.3	6.1
年龄(岁)	36.4	9.8	城市等级(%)		
在婚(%)	82.0		一线	7.7	
受教育年限(年)	9.7	2.9	新一线	23.7	
就业身份(%)			二线	14.0	
雇员	52.5		三线	23.9	
雇主	6.7		四线	13.0	
自营劳动者	40.9		五线	17.8	
老家有承包地	55.1		本地城镇医保(%)	19.7	
老家有宅基地	70.7		本地健康档案(%)	27.1	
家庭月均总收入对数	8.7	0.6	本地保障住房(%)	2.1	
流动范围(%)			本地子女教育(%)	80.9	
跨省流动	48.2		城市社会认同(分)	24.8	3.3

---

① 结合相关分类标准，将城市等级划分为一线、新一线、二线、三线、四线、五线六大类别，一线城市为北京、上海、广州和深圳；新一线城市为成都、长沙、重庆、大连、杭州、宁波、南京、青岛、苏州、天津、沈阳、武汉、西安、郑州；二线城市为厦门等30个；三线城市为潍坊等70个；四线城市为乐山等90个；五线城市为克拉玛依市等129个；囿于篇幅，未列出二线、三线、四线、五线城市名单。

（三）模型设定

因变量是城镇落户意愿，为二分类变量，采用二分类 Logistic 回归模型进行具体分析，模型构建为：

$$\text{logit}(P) = \ln\left(\frac{P}{1-P}\right) = \alpha + \beta X_{ij} + \gamma Z_{ij}$$

其中，P 为农民工打算在城镇落户的概率，$P/(1-P)$ 为农民工打算在城镇落户与不打算落户的概率之比，α 为常数项，X_{ij} 为是否持有居住证，β 为回归系数，Z_{ij} 为影响农民工城镇落户意愿的其他因素。

为了进一步检验居住证对农民工城镇落户意愿影响的群体差异，在基准模型基础上，分别加入居住证与社会经济地位、流动特征相关变量交互项，建立交互回归，通过交互效应识别差异大小。此外，通过温忠麟等提出的新中介检验和 Bootstrap 检验，验证居住证与农民工城镇落户意愿之间是否存在基本公共服务获取和城市社会认同中介作用。最后，居住证的办理通常存在一定内生性问题，比如落户意愿更强的人更可能办理居住证，从而产生反向因果问题，导致模型估计出现偏误；为此，本研究将选用条件混合估计方法解决可能存在的内生问题。

三　结果与分析

（一）居住证对农民工城镇落户意愿的影响效应

1. 居住证对农民工城镇落户意愿的直接影响效应

在只纳入控制变量的模型 1 基础上加入居住证变量，得到模型 2，居住证通过统计显著性检验，表明居住证对农民工城镇落户意愿具有显著影响（见表 3-2）。在控制其他变量的情况下，与无居住证者相比，居住证持有者的城镇落户意愿提升 51.3%（$e^{0.414}-1 \approx 0.513$），研究结果支持假设 1a，不支持假设 1b，即居住证对城镇户籍具有过渡效应，而不是替代效应。在新型城镇化深入推进的背景下,进城农民工是否愿意转换为城镇户籍,既涉及户籍制度政策及相关配套制度的改革,也涉及农民工本身是否具备实现户籍转换的能力。居住证制度是多数城市转换城镇常住户口的门槛条件,也意味着获得居住证是农民工开启城镇落户大门的钥匙,因此能够强化城镇落户意愿。居住证持有者本身的户籍转换实力较强,多数城市规定申领居住证需要有合法稳定的住所、就业,甚至要求参加城镇社会保险达到一定年限等,这些条件保证农民工在城市具备可持续生计能力,有助于提升农民工的城镇落户意愿。此外,既有实证结果发现居住证还能改善农民工的福利状况,比如充分签署劳动合同、享受单位劳动保护、获得带薪休假等防护性保障,提高业余生活、社会治安、居住环境、通勤工作等方面的满意度(袁方等,2016),而这些福利状况的改善会增强农民工的城镇落户意愿。

表 3-2 农民工城镇落户意愿的二元 Logistic 回归模型 (N=67087)

变 量	模型1	模型2	模型3	模型4	模型5	模型6
人口社会特征						
男性(女性)	0.016	0.006	0.006	0.006	0.006	0.007
在婚(不在婚)	-0.023	-0.028	-0.030	-0.027	-0.031	-0.037
年龄	0.031***	0.018**	0.018**	0.019**	0.018**	0.016*
年龄平方/100	-0.036***	-0.018*	-0.018*	-0.019*	-0.018*	-0.016+
受教育年限	0.035***	0.036***	0.036***	0.035***	0.035***	0.035***
社会经济地位						
就业身份(雇员)						
雇主	-0.137***	-0.148***	-0.126+	-0.150***	-0.147***	-0.146***
自营劳动者	-0.195***	-0.211***	-0.155***	-0.210***	-0.209***	-0.208***
老家有承包土地(没有)	-0.234***	-0.223***	-0.223***	-0.223***	-0.223***	-0.222***
老家有宅基地(没有)	-0.240***	-0.236***	-0.236***	-0.237***	-0.238***	-0.235***
家庭月均总收入对数	0.126***	0.113***	0.112***	0.053*	0.110***	0.107***
流动地域特征						
流动范围(市内跨县)						
跨省流动	0.157***	0.060*	0.061*	0.059*	-0.096*	0.084**
省内跨市	0.176***	0.115***	0.115***	0.114***	0.013	0.142***
本次流动时间	0.021***	0.017***	0.017***	0.017***	0.017***	0.017***

续表

变　量	模型1	模型2	模型3	模型4	模型5	模型6
城市等级（五线城市）						
一线城市	1.403***	1.392***	1.392***	1.388***	1.397***	1.036***
新一线城市	0.474***	0.449***	0.448***	0.447***	0.451***	0.205***
二线城市	0.054+	0.075*	0.074*	0.074*	0.078*	0.112*
三线城市	0.195***	0.153***	0.153***	0.152***	0.156***	0.126*
四线城市	-0.258***	-0.216***	-0.218***	-0.216***	-0.221**	-0.073
居住证（否）		0.414***	0.444***	-0.330	0.226***	0.334***
居住证×雇主			-0.031			
居住证×自营劳动者			-0.077+			
居住证×家庭月均总收入对数				0.086**		
居住证×跨省流动					0.268***	
居住证×省内跨市					0.201**	
居住证×一线城市						0.481***
居住证×新一线城市						0.329***
居住证×二线城市						-0.065
居住证×三线城市						0.043
居住证×四线城市						-0.298***
常量	-2.908***	-2.738***	-2.747***	-2.234***	-2.617***	-2.602***
Model Chi^2	4320***	4769***	4772***	4777***	4796***	4907***
Nagelkerke R^2	0.087	0.095	0.096	0.096	0.096	0.098

注：括号内变量为参照组。+ $p<0.1$，* $p<0.05$，** $p<0.01$，*** $p<0.001$。下同。

2. 居住证影响农民工城镇落户意愿效应的群体差异

居住证与老家有承包土地、老家有宅基地、本次流动时间的交互项没有通过显著性检验[1]，即居住证对老家有承包地和宅基地、本次流动时间越长的农民工的城镇落户意愿并未发挥更大的促进作用；模型3~模型6的交互回归结果显示，居住证与其他社会经济地位和流动地域特征相关变量的交互效应显著；假设2a和假设2b部分得到证实。

---

[1] 囿于篇幅，未呈现没有通过统计显著性检验的交互项回归模型。

模型3估计了居住证与就业身份的交互效应,反映居住证在不同就业身份农民工群体中的效应差异。模型3的居住证主效应系数为0.444,且通过显著性检验,即在控制其他因素的情况下,对于雇员身份的农民工来说,居住证持有者的城镇落户意愿提升55.9%($e^{0.444}-1≈0.559$)。居住证与雇主的交互效应是负数,但不显著,表明居住证的城镇落户效应在雇主群体未发生显著变化。但居住证与自营劳动者的交互效应为负数,且统计显著,表明在控制其他变量后,对于自营劳动者而言,居住证的城镇落户意愿效应有所下降,居住证持有者的城镇落户意愿增加44.3%($e^{0.444-0.077}-1≈0.443$),与雇员群体相差11.6个百分点。相对于雇员、雇主来说,自营劳动者生存于路边摆摊、露天早市、大棚市场等动态市场体系以及城中村等非正规就业空间中,虽生存能力很强,但伴随城市的精细管理,他们的生存空间被挤压,在城市的经营活动充满灵活性和不确定性;由于缺乏长期稳定的收入保障,故居住证所带来的城镇落户意愿效应相对较低。

模型4估计了居住证与家庭月均总收入对数的交互效应,模型中的居住证主效应系数不显著。居住证与家庭月均总收入对数的交互效应系数为0.086,且通过显著性检验。具体来说,家庭月均总收入对数每增加1个标准差单位,居住证持有者的城镇落户意愿提升14.9%($e^{0.053+0.086}-1≈0.149$),即居住证的城镇落户效应受家庭月均总收入的影响,在月均总收入越高的家庭中,居住证的城镇落户效应更为突出。居住证是农民工城镇落户意愿的前提条件,但是否愿意在城镇落户还依赖于其家庭生存能力;较高的收入有助于支撑农民工在城市的衣食住行等支出,因此居住证更能激发高收入群体的城镇落户意愿。此外,根据《居住证暂行条例》的相关规定,居住证持有者可以享受"六项服务"和"七个便利",但是这些服务和便利尚未触及养老、失业救助等深层次福利领域,也没有回应农民工子女在流入地参加中考和高考等迫切需求,居住证持有者和本地户籍人口享受的福利待遇仍然差别明显,这也促使那些有较好经济基础的家庭更有动力实现户籍身份的改变。

模型5估计了居住证与流动范围的交互效应,反映居住证在不同流动范围农民工群体中的效应差异。模型 5 的居住证主效应系数为 0.226（p<0.001），即在控制其他变量的情况下，对于市内流动的农民工来说，居住证持有者的城镇落户意愿增加 25.3%（$e^{0.226}-1≈0.253$）。居住证与跨省流动的交互项系数为 0.268（p<0.001），表明在控制其他因素的情况下，对于跨省流动农民工来说，居住证持有者的城镇落户意愿提升 63.8%（$e^{0.226+0.268}-1≈0.638$）。居住证与省内跨市的交互项系数为 0.201（p<0.001），对于省内跨市流动的农民工而言，居住证持有者的城镇落户意愿增加 53.3%（$e^{0.226+0.201}-1≈0.533$）。总体比较而言，居住证对跨省流动农民工群体的城镇落户意愿影响最大，其次是省内流动者，最后为市内跨县流动者。随着流动距离的拉大，附着于户籍上的福利和服务受到的限制越大，本地城镇户籍和农村户籍价值的差距也越大。如前所述，现阶段的居住证制度仅能保证农民工获得一些相对表层的公共服务及社会福利待遇，相当比例的事务还需要农民工回到户籍地办理，而户籍所在地距离流入地越远，返乡的时间和金钱成本就越高，因此长距离跨省、跨市流动者更可能愿意把居住证转换为城镇户口，以获取更大的户籍福利；市内短距离流动的农民工由于城乡预期差距过小，居住证的城镇落户意愿效应相对较小，部分农民工处于"居而不转"的状态。

模型 6 估计了居住证与城市等级的交互效应，反映居住证在不同城市等级农民工群体中的效应差异。模型 6 的居住证主效应系数为 0.334（p<0.001），对于五线城市农民工而言，居住证持有者的城镇落户意愿提升 39.7%（$e^{0.334}-1≈0.397$）。居住证与一线城市、新一线城市的交互项系数分别为 0.481、0.329，且均通过显著性检验，对于一线城市和新一线城市的农民工来说，居住证持有者的城镇落户意愿分别增加 125.9%（$e^{0.334+0.481}-1≈1.259$）、94.1%（$e^{0.334+0.329}-1≈0.941$）。居住证与二线城市、三线城市的交互项系数不显著，表明居住证的城镇落户意愿效应在二线城市、三线城市没有显著变化。但居住证与四线城市交互项系数为-0.298（p<0.001），对于四线城市的农民工来说，居住证持有者的城镇落户意愿仅提升 3.7%（$e^{0.334-0.298}-1≈0.037$）。总体而言，居住证对一线城市和新一线城市农民工的城镇落户意愿影响较大。相对于二线及以下城市而言，一线城市和新一线城市的公共基础设施更加完善，公共服务相

对更优质，就业和发展机会更大，本地城镇户籍的预期收益更高，高户籍含金量吸引更多农民工愿意把居住证转换为本地常住户口。然而，这些具有吸引力的大城市落户门槛极高，而农民工在竞争落户指标时往往处于劣势地位，这提醒政策设计者，应该进行差异化的落户标准和指标设计，留出一定名额给那些为城市建设做出特殊贡献的农民工。

（二）居住证影响农民工城镇落户意愿的中介机制分析

居住证不仅对农民工城镇落户意愿有直接影响，还可能通过基本公共服务获取、城市社会认同等对城镇落户意愿产生间接影响，因此需要进行中介检验。采用温忠麟、叶宝娟（2014）提出的新中介检验流程，分别建立自变量对因变量（表3-2模型1）、自变量对中介变量（表3-3模型7~模型11）、自变量及中介变量对因变量的回归模型（表3-4模型12~模型16），依次检验回归系数，并结合Preacher等（2008）提出的Bootstrap检验程序进行中介效应检验（见表3-5）。

表3-3 居住证对基本公共服务获取、城市社会认同影响的回归模型（N=67087）

变量	模型7(本地城镇医保)	模型8(本地健康档案)	模型9(本地保障住房)	模型10(本地子女教育)	模型11(城市社会认同)
居住证	0.357***	0.369***	-0.319***	-0.190***	0.361***
Model Chi^2/F	13063***	1592***	753***	6247***	186***
Nagelkerke R^2/Adjust R^2	0.281	0.034	0.090	0.143	0.050

注：模型7~模型10为二元Logistic模型，模型11为OLS模型，囿于篇幅，未列出控制变量的系数和显著水平。

表3-4 居住证、基本公共服务获取、城市社会认同对落户意愿影响的回归模型（N=67087）

变量	模型12（居住证+本地城镇医保）	模型13（居住证+本地健康档案）	模型14（居住证+本地保障住房）	模型15（居住证+本地子女教育）	模型16（居住证+城市社会认同）
居住证	0.401***	0.402***	0.415***	0.410***	0.381***
本地城镇医保	0.258***				

续表

变量	模型12 (居住证+ 本地城镇医保)	模型13 (居住证+ 本地健康档案)	模型14 (居住证+ 本地保障住房)	模型15 (居住证+ 本地子女教育)	模型16 (居住证+ 城市社会认同)
本地健康档案		0.177***			
本地保障住房			0.086		
本地子女教育				−0.180***	
城市认同					0.131***
Model Chi^2	4898***	4865***	4771***	6247***	7059***
Nagelkerke R^2	0.098	0.097	0.095	0.097	0.139

注：囿于篇幅，未列出控制变量的系数和显著水平。

表3-5　基本公共服务获取、城市社会认同中介效应的Bootstrap法检验

中介变量	效应	系数	Bootstrap 标准误	95%置信区间	
本地城镇医保	间接效应	0.003***	0.001	0.002	0.003
	直接效应	0.080***	0.003	0.073	0.088
	中介效应占 总效应的比例	3.61%			
本地健康档案	间接效应	0.003***	0.001	0.002	0.003
	直接效应	0.080***	0.004	0.073	0.088
	中介效应占 总效应的比例	3.61%			
本地保障住房	间接效应	−0.0001	0.001	−0.001	0.001
	直接效应	0.083***	0.004	0.075	0.091
本地子女教育	间接效应	0.001***	0.001	0.001	0.002
	直接效应	0.082***	0.004	0.075	0.090
	中介效应占 总效应的比例	1.22%			
城市社会认同	间接效应	0.010***	0.001	0.008	0.011
	直接效应	0.074***	0.004	0.066	0.081
	中介效应占 总效应的比例	11.90%			

首先分析本地城镇医保的中介效应。模型 7 显示，居住证对农民工获取本地城镇医保具有显著正向影响；模型 12 显示，获得本地城镇医保对城镇落户意愿具有显著提升作用，而且居住证的系数（0.401）相对于模型 2（0.414）有所下降，依据三者回归系数初步判定中介效应存在；最后通过 Bootstrap 法进行 1000 次重复抽样对中介效应检验发现，在 95% 的置信区间下，本地城镇医保中介检验的结果没有包含 0，中介效应显著，中介效应占总效应的比例为 3.61%。居住证能够显著提升农民工在本地获取城镇居民医疗保险或城镇职工医疗保险的概率；而拥有城镇医疗保险的农民工在城市抵御重大事故或疾病风险的能力提升，进而更倾向于转换为城市居民。

其次分析其他公共服务获取的中介效应。根据上述检验程序，结合模型 2、模型 8 和模型 13 分析发现，居住证对本地健康档案具有显著正向影响，加入本地健康档案中介变量后，本地健康档案对城镇落户意愿影响显著，且居住证系数由原来的 0.414 下降到 0.402，即初步判定居住证对城镇落户意愿的影响部分是通过本地健康档案获取的中介作用实现的；Bootstrap 法中介检验显示 95% 置信区间不包含 0，中介效应成立，中介效应占总效应的比例为 3.61%。居住证显著提升农民工在城镇建立健康档案的概率，而居民健康档案意味着农民工能接受本地城镇健康管理服务，有助于实现健康融入和改善健康状况，保持在劳动力市场中的相对优势，进而激发城镇户籍转换动机。结合模型 2、模型 9 和模型 14 分析发现，居住证对本地保障住房获取具有显著负向影响；但本地保障住房对城镇落户意愿影响不显著，Bootstrap 法中介检验显示 95% 置信区间包含 0，本地保障住房对居住证与城镇落户意愿的中介效应不成立；居住证并未有效提升本地保障住房的获得，进而提升农民工的城镇落户意愿。结合模型 2、模型 10 和模型 15 分析发现，居住证对本地子女教育获取有负向影响，居住证持有者认为子女在本地入学存在困难的概率更高；加入本地子女教育变量后，本地子女教育对城镇落户意愿具有显著负向影响，认为子女在本地存在教育困难问题者，其城镇落户意愿更高；居住证系数由 0.414 下降到 0.410，综合表明本地子女教育获取对居住证与城镇落户意愿存在部分中介作用，Bootstrap 法中介检验显示 95% 置信区间不包含 0，中介效应成立，中介效应占总效应的比例为 1.22%。居住证是农民工子女获取与当地孩子免费接受义务教育同等待遇的条件之一，同时还需要其他部门颁发的务工证、计划生育证、子女学籍证等证明，这些证明的获取往往会面临一定困难，故持有居住证者主观认为其子女在本地求学存在困难的概率更高；为了获得免费的公办义务教育，他们更愿意落户城镇。而未持有居住证者其子女不具有享受本地义务教育同等待遇的基础条件，若子女在本地上学，往往直接选择民办学校，子女教育困难更小，但是高昂的教育成本使得他们更不愿意落户城镇。总结起来，居住证通过本地城镇医保、本地健康档案、本地子女教育公共服务的可及性中介对城镇落户意愿发挥过渡效应，但本地保障住房中介不显著，假设 3 部分得到证实。

最后分析城市社会认同的中介效应。结合模型 2、模型 11 和模型 16 分析发现，居住证对农民工的城市社会认同具有显著正向影响，加入城市社会认同变量后，城市社会认同对城镇落户意愿具有显著正向影响，且居住证系数由模型 2 的 0.414 下降到 0.381，综合表明居住证对城镇落户意愿影响存在部分城市社会认同中介作用，Bootstrap 法中介检验显示 95% 置信区间不包含 0，中介效应成立，中介效应占总效应的比例为 11.90%；研究结果支持假设 4。居住证显著提升农民工城市社会认同，而在观念上对本地工作生活认同的农民工，更容易产生城市归属感和本地身份认知，进而更愿意在制度上获取本地户籍身份。

（三）内生性检验

表 3-2 模型 2 的结果表明居住证显著提升农民工的城镇落户意愿，但并未考虑潜在的内生性问题，还可能存在其他不可观测的因素同时影响农民工的居住证办理以及城镇落户意愿，居住证这一核心解释变量可能是内生的，因此需要为居住证寻找工具变量，使用工具变量估计解决遗漏变量和反向因果等带来的内生性问题。选取社区居住证平均办理率作为工具变量，从理论上讲，若农民工所在社区办理居住证的人数越多，可能会对农民工的居住证办理产生"同伴效应"，农民工办理居住证的概率越大；而社区居住证

办理率与农民工的城镇落户意愿不具有直接相关性，满足外生性条件。

由于内生解释变量居住证是二分离散变量，不满足传统Ivprobit的连续型变量要求；而条件混合过程估计方法（Conditional Mixed Process，CMP）可适用于不同模型、多阶段的混合过程估计（Roodman，2011）；因此，选用CMP解决模型可能存在的内生性问题。表3-6是CMP估计结果，atanhrho_12值在1%的水平上具有显著性，表明模型可能存在内生性问题，因此有必要采取工具变量方法。第一阶段CMP估计结果显示，社区居住证平均办理率对农民工是否办理居住证具有显著影响，满足工具变量相关要求。第二阶段CMP估计结果显示，在控制内生性偏误后，居住证对农民工的城镇落户意愿仍然具有显著的正向提升作用，估计系数与模型2结果接近，进一步表明结果是稳健可信的。

表3-6 居住证对农民工城镇落户意愿影响的内生性检验（CMP方法）（N=67807）

变量	系数	标准误	Z	Sig
第一阶段				
社区居住证平均办理率	0.952	0.005	185.02	0.000
第二阶段				
居住证	0.488	0.020	24.82	0.000
atanhrho_12	-0.134	0.009	-15.04	0.000

注：囿于篇幅，未列出两阶段回归结果中控制变量的系数。

四 结论与启示

本章利用全国流动人口动态监测调查数据，分析了居住证对农民工城镇落户意愿的影响效应及可能机制，得到以下主要结论。首先，居住证能够显著提升农民工的城镇落户意愿；与无居住证者相比，持有居住证者的城镇落户意愿更高，在控制潜在内生性问题之后，该结论仍然成立。概言之，现阶段居住证对农民工的城镇落户意愿主要发挥过渡效应，而非替代效应。其次，居住证的过渡效应在不同社会经济地位和流动地域特征群体中呈现较大差异。雇员的城镇落户意愿受居住证的影响较自营劳动者更大；随着家庭月均总收入水平的提高，居住证对农民工城镇落户意愿的影响逐步增强；跨省和省内跨市流动农民工的城镇落户意愿受居住证影响较市内跨县流动者更明显；一线城市和新一线城市的居住证带来的城镇落户意愿效应显著高于二线及以下城市。最后，居住证还通过本地城镇医保、本地健康档案、本地子女教育基本公共服务可及性以及城市社会认同间接对农民工城镇落户意愿发挥过渡效应。上述研究结果，具有下列政策启示。

第一，放宽居住证申领条件，扩大居住证的覆盖范围。当前仍然约有1/3的农民工未办理居住证，制约了居住证的城镇落户意愿效应的有效发挥。各地应根据实际情况，进一步放宽居住证的申领条件，以便利化措施简化居住证的申请手续和办理流程；强化办证前置条件和"权益保障"的政策宣传，提升农民工的办证积极性和主动性，提高办证覆盖率，进一步激发城镇落户意愿。

第二，提升居住证的含金量，促进基本公共服务的均等化。虽然《居住证暂行条例》规定了体现居住证含金量的"六项服务"和"七个便利"，但是描述结果表明持有居住证的农民工享有本地城镇医保、本地健康档案、本地住房保障等关键公共服务并未全面有效落实，为改变这一局面，应完善中央与地方政府间明确的公共服务财政分担机制，提升中央与省级政府的支出比重，为各级政府履行公共服务均等化责任提供财力保障；扩大农民工的基本公共服务范围，简化基本公共服务获取程序，积极回应农民工在住房保障、医疗保险、公共卫生服务、子女教育等方面的权益诉求，缩小农民工与本地城镇居民的公共服务差距，进而增强农民工的城市社会认同，以促进农民工的户籍城镇化。

第三，因地制宜、有序推进居住证向城镇户口转变，完善衔接机制。居住证对农民工城镇落户意愿的影响呈现不同的群体效应，各城市应根据实际因地制宜推动居住证制度的发展，一线城市和新一线城市应尽快兑现附着于居住证之上的福利和服务，增强基本公共服务供给的普惠性；改变当前居住证积分落户的人才和投资偏向性，结合城市发展目标合理确定居住证转为城镇户籍的标准和条件。二线及以下城市应根据人口总量，放宽居住证赋权的标准和条件；提升经济发展能力，完善城市基础设施，提高公共服务待遇水平，提升落户"含金量"；重点推动在城市有稳定就业、经济生存能力强的农民工优先落户。此外，中央城镇化转移支付应向吸纳省际流动农民工较多的城市倾斜，强化农民工公共服务供给成本支撑，提升居住证的福利和服务水平，促进跨省农民工的户籍迁移；强化省内财政统筹，推动持有居住证的省内、市内流动农民工与本地城镇居民公共服务一体化，强化农民工的本地城市归属认同，进而提升农民工城镇落户意愿。

第四章　文化适应与少数民族农民工落户意愿

近 20 年来，快速发展的城市化和工业化促进农村劳动力向城市大规模转移，农民工规模持续扩大。截至 2016 年底，全国流动人口规模达 2.45 亿人。其中少数民族流动人口规模已超过 3000 万人，占流动人口总数的 1/10 以上（李俊清，2014）。作为农民工的重要组成部分，少数民族农民工的城镇落户意愿和市民化问题具有明显的特殊性，亟待城镇管理者给予关注和重视。

少数民族农民工在市民化过程中不仅面临二元城乡制度、社会经济结构压力，而且面临二元生活习俗、语言、宗教信仰、价值观念等民族文化差异。少数民族农民工从落后封闭的地区向先进开放、以汉文化为主的城市流动，不仅是空间上从农村移居到城市，也是现代意义上的"民族文化移民"。他们只有将本土民族文化与城市文化有机整合起来，习得城市主流文化的价值理念和行为方式，形成心理归属和城市认同，才可能全面融入城市。因此，少数民族农民工的文化适应程度直接关系其在城市的生活质量，进而影响城镇落户动机。

一　文献与假设

在户籍制度未开放之前，学术界主要考察少数民族农民工的定居意愿，鲜有研究考察农民工的城镇落户意愿。前者为行为性迁移，居住空间的市民化并不一定带来制度身份的市民化；后者为制度性迁移，只有户籍制度藩篱逐渐被打破，农民工的城镇落户才有了可能，只有农民工获得城镇户口，才能真正实现与市民同权。因此，在加快提升户籍城镇化率背景下，考察农民工的城镇落户意愿更具有现实意义。

以往为数不多对少数民族农民工定居意愿的几项调查发现，与汉族农民工相比，少数民族农民工的长期居留意愿总体较低，约2/3的少数民族农民工不愿意定居城镇（高向东、陶树果，2015；班永飞等，2013）。古丽妮尕尔·居来提和董晔（2015）、郭炜（2016）等主要围绕人力资本、经济与住房、城乡制度、宗教信仰等农民工迁移的共性对少数民族农民工定居意愿的影响因素进行了研究，但忽略了少数民族与汉族之间的文化差异等因素。少数民族农民工进入城市后需要面对少数民族文化与汉族文化的冲突和碰撞，他们能否根据城市当地文化重新调整自身的态度、价值观和行为方式，实现文化适应和转型，是成为现代城市市民的关键。马凤鸣、陈玲（2012）通过问卷调查研究发现，农民工的城市文化适应显著提升留城意愿，农村文化适应虽降低农民工定居倾向，但影响不显著。赖晓飞（2009）通过访谈发现，农民工在生活方式、社会交往等方面临文化排斥，促使农民工难以全面融入城市。然而，李红娟、杨菊华（2016）却得到相反的结论，民族文化因素不是提升少数民族流动人口融入意愿的重要影响因素。

文化适应概念最早于19世纪80年代由美国人类学家提出。目前学界比较认可人类学家雷德菲尔德、林顿和赫斯科维茨于1936年提出的定义，即文化适应是指不同文化背景的群体及其成员通过持续、直接的相互交往接触致其文化和心理产生双重变化的过程（Berry，1997）。跨文化适应一般由认知（对当地文化的态度及价值观的接受度）、行为（与当地文化的交流）、情感（心理认同和归属感）三个要素组成（Mendenhall & Oddou，1985）。在实证研究中，相关学者将其分别对应操作化为态度、行为、心理文化适应三个维度。

态度文化适应是指移民对待原有本族群文化和当地主流文化的态度。个体对家乡文化保持程度越低，对当地主流文化接纳程度越高，意味着对城镇的价值观、生活方式、行为规范等认可度越高，对提升城镇落户意愿具有关键性作用。移民对待上述两种文化的态度是二维交互的过程，对应形成融合型、同化型、分离型、边缘型等四种状态，融合型和同化型被认为是成功的，其中融合型最优，有利于增强移民的心理适应，提升当地生活质量，促进移民的融入；分离型和边缘型被认为是失败的，城市适应差，导致移民处于当地的边缘（Berry，1997），将可能阻碍农民向市民身份转换。基于此，设立研究假设1。

假设1：少数民族农民工的态度文化适应程度越高，越愿意落户城镇。

假设1a：少数民族农民工的家乡文化保持偏好越低，落户意愿越强。

假设1b：少数民族农民工的城市文化接纳程度越高，落户意愿越强。

假设1c：与融合型融入的少数民族农民工相比，同化型、分离型、边缘型融入的少数民族农民工落户意愿更弱。

行为文化适应是指移民与当地社会进行有效的接触，提升融入当地社会、文化与环境的能力（Ward & Rana-Deuba，1999），一般将其进一步操作化为语言适应和社会交往适应（程菲等，2015）。语言是人们社会交往的重要媒介，能够起到彰显身份的作用，尤其方言（乡音）是区分本地人和外地人的重要标志。较好的语言适应有助于促进个体与城市当地人的社会交往，拓宽城市融入的社会网络，减少交往孤岛，减少内卷化身份认同，从而提升城镇落户意愿。基于此，设立假设2。

假设2：少数民族农民工的行为文化适应程度越高，越愿意落户城镇。

假设2a：少数民族农民工的本地方言技能水平越高，落户意愿越强。

假设2b：少数民族农民工与本地居民相处越融洽，越愿意落户城镇。

心理文化适应是个体或群体通过互动交往所产生的心理情感反应，包括对新环境的满意度、认同感和归属感，是文化适应的高级阶段（Ward & Rana-Deuba，1999）。一方面，农民工的心理活动决定其外在行为，农民工对环境的满意度，影响其城市认同感和归属感，直接决定其城镇定居决策。另一方面，心理文化适应与少数民族农民工的心理健康高度关联，个体进入新的文化环境中,将会遭受文化冲击或震荡,若不能很好地调试,可能导致焦虑、紧张或失落等情绪,主观生活质量低(Belizaire & Fuertes, 2011),降低转换为城镇居民的动机。基于此,设立假设3。

假设3:少数民族农民工的心理文化适应程度越高,越愿意落户城镇。

假设3a:少数民族农民工的城市归属感越强,越愿意落户城镇。

假设3b:少数民族农民工的心理压力越大,越不愿意落户城镇。

二 数据、变量与模型

1. 数据来源

本章所使用的数据来源于2014年国家卫计委开展的8城市(北京、嘉兴、厦门、青岛、郑州、深圳、中山、成都)"流动人口心理健康与社会融入"专项调查,调查采用分层与多阶段PPS抽样方法在每个城市抽取2000个样本,共获得样本15999个,其中少数民族农民工的样本量为488个,壮族120人,占24.6%,土家族79人,占16.2%,苗族72人,占14.8%,回族30人,占6.1%;男性农民工占52.3%,女性农民工占47.7%;平均年龄约32岁;跨省流动占89.3%,省内跨市流动占10.7%;平均流入时间约4年;初中及以下占76.4%,高中及以上占23.6%;已婚占74.8%,单身占25.2%。

2. 变量选择

(1) 因变量

根据调查问卷中的问题"按当地政策,您是否愿意把户口迁入本地"进行测量,分为是和否两种情况,分别赋值为1和0。愿意落户城镇占40.4%,不愿意占59.6%,表明少数民族农民工的城镇落户意愿并不强烈。

(2) 自变量

参照以往研究的操作化,将少数民族农民工的文化适应操作化为态度文化适应、行为文化适应和心理文化适应。

态度文化适应操作化为对家乡文化的偏好程度和对城市文化的接纳程

度，分别通过4个项目的量表进行测量。家乡文化保持量表主要通过"遵守家乡的风俗（比如婚、丧、嫁、娶）对我来说比较重要""按照家乡的习惯办事对我来说比较重要""我的孩子应该学会说家乡话""保持家乡的生活方式（如饮食习惯）对我来说比较重要"进行测量。城市文化接纳量表主要通过"我的卫生习惯和本地市民存在较大差别""我的衣着打扮与本地市民存在较大差别""我的教育理念或养老观念与本地市民存在较大不同""我对一些社会问题的看法与本地市民存在较大差别"进行测量。被访者分别从非常同意、同意、既不同意也不反对、不同意、非常不同意等选项中进行回答，家乡文化保持量表赋值为5~1分，城市文化接纳量表赋值为1~5分。将8个项目纳入因子分析，KMO值为0.752，累计方差贡献率为66.9%，最终拟合成两个因子，家乡文化保持量表和城市文化接纳量表的信度系数分别为0.782和0.871，量表具有较好的信度。以量表的平均值为分界线，建构态度文化双向适应模型，融合型、同化型、分离型、边缘型的比例分别为31.8%、25.2%、22.9%、20.1%；由此可以看出，少数民族农民工的态度文化适应程度总体偏低。

行为文化适应操作化为语言适应和社会交往适应，语言适应通过对本地语言的掌握程度进行测量，分为"听得懂也会讲""听得懂也会讲一些""听得懂一些但不会讲""不懂本地话"4种情况，分别赋值为4~1分。社会交往适应通过自己或家人与本地人的相处进行测量，分为"很融洽""比较融洽""一般""不融洽""来往很少"5种情况，分别赋值为5~1分。少数民族农民工的语言适应和社会交往适应均值分别为2.34分和3.71分，表明少数民族农民工的行为文化适应程度总体一般。

心理文化适应操作化为城市归属感和心理压力，归属感量表通过"我感觉自己是属于这个城市的""我感觉自己属于这个城市的成员""我把自己看作这个城市的一部分""我愿意融入社区/单位，成为其中的一员""我觉得本地人愿意接受我成为其中一员"进行测量，分为完全不同意至完全同意（1~4分）4种情况；经过因子分析，KMO值为0.83，信度系数为0.88，方差贡献率为0.68。心理压力主要通过被访者最近一个月内

"紧张""绝望""不安或烦躁""沮丧""无价值感"等出现的频率测量，分为无~全部时间（1~5分）5种情况；将其得分进行累加，得分越高，心理压力越大。城市归属感和心理压力的累加得分均值分别为15.6分和9.28分，表明少数民族农民工的城市归属感相对较强，心理压力较小。

（3）控制变量

结合以往的研究，控制性别、年龄、受教育程度、居住时间、流动范围、家庭全部随迁等变量，变量特征见表4-1。

表4-1 变量特征

类目	变量	变量说明	均值/频率	标准差/百分比
因变量	城镇落户意愿	1=是，0=否	0.41	0.49
态度文化适应	家乡文化偏好	因子得分	-1.65e-17	1
	城市文化接纳	因子得分	-1.99e-17	1
行为文化适应	语言适应	听得懂也会讲~不懂本地话（4~1分）	2.34	1.08
	社会交往适应	很融洽~来往很少（5~1分）	3.71	1.00
心理文化适应	城市归属感	因子得分	-1.10e-08	1
	心理压力	累加得分	9.28	2.85
控制变量	性别	1=女，0=男	0.47	0.50
	年龄	2014-出生年	32.41	8.66
	受教育程度	大专=1，大专以下=0	0.04	0.18
	居住时间	2014-流入时间	3.99	4.27
	流动范围	跨省流动=0，省内跨市=1	0.11	0.31
	家庭全部随迁	1=是，0=否	0.25	0.43

3. 模型的构建

因变量城镇落户意愿为二分变量，因此，本章采用二元逻辑斯蒂回归模型（Binary Logistic Regression Model）来估计参数值，基本公式如下：

$$\log\left(\frac{P_1}{1-P_1}\right) = \beta + \sum_{i=1}^{n} \gamma_i X_i + \mu$$

公式中，P_1表示少数民族农民工城镇落户意愿，X_i表示影响少数民族农民工城镇落户意愿的因素（如态度文化适应、行为文化适应、心理文化适应、控制变量等），γ_i为回归系数，μ表示随机误差项。exp（γ）是优势比 OR，表示少数民族农民工愿意落户城镇与不愿意落户城镇的比值，在既定的参照水平下，优势比大于1，意味着变量可以显著提高少数民族农民工城镇落户意愿。首先将态度文化适应的单个指标和其他自变量一起纳入模型进行估计；为了进一步检验态度文化适应双向模型对少数民族农民工城镇落户意愿的影响，将态度文化适应双向模型变量（融合、同化、分离、边缘）纳入回归分析中，其他自变量和控制变量不变。

三 结果与分析

为精确厘清态度文化适应、行为文化适应、心理文化适应对少数民族农民工城镇落户意愿的净影响，以是否愿意落户城镇为因变量，建立二元逻辑斯蒂回归模型；在控制变量基础上，逐步将三组变量纳入回归分析，得到三个模型，回归结果见表4-2。结果显示，模型1、模型2和模型3的R^2分别为9.3%、12.7%和14.5%，表明态度文化适应、行为文化适应、心理文化适应能够较好地解释少数民族农民工城镇落户意愿的差异。

表 4-2 文化适应对少数民族农民工落户意愿影响的 Logistic 模型 (N=451)

变量	模型 1	模型 2	模型 3
女（男=0）	0.683*(0.142)	0.704*(0.151)	0.666*(0.146)
年龄	0.967**(0.015)	0.965**(0.015)	0.965**(0.015)
已婚（未婚=0）	1.201(0.358)	1.317(0.405)	1.391(0.434)
大专（高中及以下=0）	3.957**(2.406)	2.922*(1.810)	2.756*(1.728)
收支比	0.955(0.034)	0.952(0.037)	0.944(0.039)
家庭全部随迁（否=0）	2.728***(0.660)	2.553***(0.632)	2.543***(0.638)
省内跨市（跨省流动=0）	0.526*(0.189)	0.350***(0.135)	0.328***(0.126)
居住时间	1.095***(0.028)	1.085***(0.028)	1.088***(0.029)

续表

变量	模型 1	模型 2	模型 3
态度文化适应			
家乡文化偏好	0.982(0.102)	0.94(0.102)	0.913(0.102)
城市文化接纳	1.265**(0.135)	1.236*(0.136)	1.226*(0.137)
行为文化适应			
社会交往适应		1.397***(0.162)	1.316**(0.163)
语言适应		1.394***(0.15)	1.408***(0.153)
心理文化适应			
城市归属感			1.393***(0.165)
心理压力			0.936*(0.035)
常数	1.299(0.621)	0.188**(0.126)	1.294(1.483)
Chi^2	56.52	77.27	88.33
Pseudo R^2	0.093	0.127	0.145

注：括号外为 odd ratio 发生比，括号内为标准误；*** $p<0.01$，** $p<0.05$，* $p<0.1$。

1. 态度文化适应与城镇落户意愿

根据模型1可知，家乡文化偏好因子虽不具有显著性，但对少数民族农民工的城镇落户意愿具有负向（发生比系数小于1）影响，表明样本中少数民族农民工民族文化观念越深厚，城镇落户意愿更低，假设1a未完全得到证实。相比之下，城市文化接纳因子对少数民族农民工城镇落户意愿具有正向影响，发生比系数为1.265。这表明城市文化接纳程度越高，少数民族农民工城镇落户意愿越强，城市文化接纳因子每增加1分，少数民族农民工城镇落户意愿提升26.5%，假设1b得到数据支持。进一步从表4-3来看，态度文化适应双向模型结果表明，与融合型少数民族农民工相比，分离型少数民族农民工的落户意愿显著较高，发生比系数为2.380，假设1c未被证实。城市主流文化与传统的民族文化、乡土文化具有较大差异，若两者同时保持较高水平，可能导致产生强烈的文化排斥或震荡，致使少数民族农民工产生矛盾认知，形成心理压力，不利于其转换为市民身份；而分离型少数民族农民工如果愿意吸纳城市先进文化，放弃发展相对滞后的乡土和民族文化，反而更有利于促进其城市融入和市民化。另外，同化型、边缘型少数民族农民工虽不具有统计显著性，但与融合型少数民族农民工相比，边缘型少数民族农民工落户意愿相对强烈。可能的解释在于，融合型少数民族农民工已经适应和熟悉城市生活，迁移户籍的比较收益相对较低，而边缘型少数民族农民工徘徊在城市和农村之间，渴望通过城镇落户来改变城市生存境遇，因而获得户籍的欲望更趋强烈。

表 4-3　态度文化适应双向模型对少数民族农民工落户意愿影响的 Logistic 模型（N=451）

变量	发生比	标准误	sig
同化（融合=0）	0.794	0.313	0.558
分离（融合=0）	2.380	1.125	0.067
边缘（融合=0）	1.465	0.075	0.458
常数	1.094	1.317	0.000
Chi^2	92.75		0.000
Pseudo R^2	0.152		

注：在控制变量和其他自变量基础上纳入态度文化适应双向模型变量，囿于篇幅，控制变量和其他自变量结果未给出。

2. 行为文化适应与城镇落户意愿

根据模型 2 可知，行为文化适应是影响少数民族农民工城镇落户意愿的重要因素。语言适应对少数民族农民工的城镇落户意愿具有显著促进作用，发生比系数为 1.394，方言流利程度每提升 1 个等级，少数民族农民工城镇落户意愿提升 39.4%，数据支持假设 2a。少数民族农民工习得本地方言，是城市生存的重要文化资本，主要通过三种途径影响少数民族农民工的落户意愿。其一，少数民族农民工习得本地方言本身传递着自身能力的信号，能够增加劳动力市场竞争优势，增加就业机会；越熟悉当地语言，越能促进少数民族农民工在工作中与本地居民的沟通与交流，提高工作效率，增加薪酬待遇；方言技能的收入溢价效应提升少数民族农民工的城镇落户意愿。其二，少数民族农民工掌握当地方言，更容易融入当地圈子，降低社会交往的内倾性和趋同性，提高城市黏合度，进而增强户籍转换意愿。其三，方言是划分内群体和外群体的重要标志,熟悉当地方言者,面临本地居民的排斥和歧视较少,能够增强城市归属感和认同感,强化城镇落户动机。社会交往适应对少数民族农民工城镇落户意愿发挥显著正向影响,发生比系数为1.397,与本地人友好相处程度每提升1个等级,少数民族农民工城镇落户意愿增加39.7%,假设2b得到支持。少数民族农民工与城市本地居民友好相处,加强联系与沟通,有助于少数民族农民工认同城市主流价值观,习得城市主流的生活方式,从而走出"内卷化""孤岛化"的社会交往,构建城市新型社会网络关系;实现城市主流文化接纳和行为适应,提升市民身份转换意愿。

3. 心理文化适应与城镇落户意愿

根据模型3可知,心理文化适应是影响少数民族农民工城镇落户意愿的重要因素。城市归属感显著正向提升少数民族农民工城镇落户意愿,其发生比系数为1.393,少数民族农民工的城市归属感每增加1分,其城镇落户意愿增加39.3%,数据支持假设3a。少数民族农民工的城市归属感越强,一方面反映个体在心理上觉得与本地城市的距离更近,另一方面反映其在当地城市的生存适应度较高,故越愿意扎根城镇。心理压力越大,少数民族农民工城镇落户意愿越低,心理压力的发生比系数为0.936,心理压力每增加1分,少数民族农民工的城镇落户意愿降低6.4%,假设3b得到证实。从成本—收益的角度来说,心理压力越大,融入城镇生活的成本越高,越难以提升少数民族农民工城镇落户意愿。

4. 控制变量与城镇落户意愿

女性、年龄更大、高中及以下少数民族农民工的城镇落户意愿更低,他们在城市的生存压力更大,适应成本更高,从而降低了城镇落户动机。已婚农民工落户意愿更强烈,但不具有统计显著性。与以往研究不同的是,加入文化适应相关变量之后,收入并不是影响少数民族农民工城镇落户意愿的重要因素,收支比没有通过显著检验,这间接证明文化适应是少数民族农民工市民化不可忽略的因素。与跨省流动相比,省内跨市流动少数民族农民工的城镇落户意愿显著降低67.2%(模型3),因为城市和家乡民族文化差异不大，迁移户籍可能带来的收益不高，迁移意愿不那么强烈。居住时间更长、家庭全部随迁的少数民族农民工城镇落户意愿更强烈，与没有家庭成员随迁相比，家庭全部随迁的农民工城镇落户意愿增加了1.543倍。对于独自在城市打拼的少数民族农民工而言，孤独感可能比经济压力大，而家庭全部随迁带来的团聚能够降低在城市生活的孤独感，弱化漂泊城市的感觉，增强本地人身份认同，从而希望获得城市户籍，享受制度性保障，在城市永久扎根。

四 结论与建议

1. 结论

伴随城镇化的深入推进，少数民族农民工数量持续上升，但户籍人口城镇化严重滞后，进城不落户的"半城市化"现象突出。本章利用2014年全国流动人口动态调查数据，实证分析了文化适应对少数民族农民工城镇落户意愿的影响，结果如下。

少数民族农民工城镇落户意愿总体不强，态度文化适应程度低，语言适应和社会交往适应一般，社会归属感较强和心理压力相对较小。态度文化适应从主观思想和态度偏好上作用于少数民族农民工城镇落户意愿，家乡文化偏好阻碍少数民族农民工的城镇落户意愿，越重视保持家乡习俗、生活方式、方言等，城镇落户意愿越低；城市文化接纳显著提升少数民族农民工的城镇落户意愿，在卫生习惯、穿着打扮、教育理念、养老理念、价值观等方面与城市居民的差别越少，农民工越渴望获得城市户口。行为文化适应能够有效增强少数民族农民工的城镇落户意愿；语言适应和社会交往适应程度越高，城镇落户意愿越强；行为文化适应越高，越能增进少数民族农民工与城市居民的交流与接触，降低少数民族农民工的孤岛化和内卷化倾向，改善城市生存境遇，增强其城镇落户意愿。心理文化适应对少数民族农民工城镇落户意愿具有同样的正向影响，心理文化适应越高，城镇落户动机越强；具体表现为城市归属感越强，心理压力越少，城镇心理感知距离越近，越希望将户口迁移城市。

2. 建议

第一，加强城市多元民族文化建设，优化少数民族农民工文化适应的外部环境，促进少数民族农民工的态度文化适应。城市应以社会主义核心价值观为引导，积极通过多元民族文化活动，在汉族文化基础上大力吸收其他民族的文化，促进城市文化的多民族融合发展，增进少数民族农民工对不同优秀民族价值理念、生活方式等的吸收，减少文化冲突和撞击，强化少数民族农民工的态度文化适应。

第二，加强城市公共服务建设，拓展少数民族农民工的城市文化资本和社会网络，提升其行为适应能力。加强少数民族农民工的语言培训，将其纳入对少数民族农民工的就业创业指导中，提升少数民族农民工的语言沟通能力和理解力，提高其工作效率和社会交往能力。以开放包容与和谐共享的姿态推进城市社区建设，将少数民族农民工纳入社区公共事务范围，落实基本公共服务均等化，促进空间共存和社区整合；以多元的社区事务和活动有效连接少数民族农民工与本地居民，增进相互沟通与交流，拓展少数民族农民工的城市交往空间。

第三，强化宣传教育，普惠心理咨询，促进少数民族农民工的心理文化适应。一方面，通过新媒体向城市主流文化群体普及民族文化政策和知识，增进城市主流群体对少数民族农民工的了解，减少内隐偏见和歧视。另一方面，通过社区宣传教育、工作培训等方式，增进少数民族农民工对城市法律、文化和价值的了解，培育现代城市公民意识，提升少数民族农民工的城市归属感和认同感。在社区和工作单位加强少数民族农民工的心理咨询工作，疏解少数民族农民工因排斥和冲突等带来的心理压力，促进心理健康，提升城市生活质量，促进少数民族农民工的主动市民化。

第五章　举家迁移与农民工落户意愿

伴随新型城镇化建设的深入推进，农民工的流动方式逐渐从个体向家庭转变。国家统计局农民工监测调查报告显示，举家外出农民工数量从2010年的3071万人增长到2014年的3578万人；2019年新生代农民工举家迁徙的比例已经高达60%，举家迁移成为进城农民工的新趋势。这一趋势极大地促进了常住人口城镇化率的快速提升，2020年全国常住人口城镇化率已超60%；但户籍人口城镇化率仅为45.4%，表明仍然有2亿多农民工虽实现了职业非农化和居住空间的城镇化，却没有实现在城镇落户。面对这一"半城镇化"趋势，2016年国务院办公厅印发的《推动1亿非户籍人口在城市落户方案》中提出要全面放开举家迁移的农业转移人口等重点人群的落户限制；国家发改委发布的《2021年新型城镇化和城乡融合发展重点任务》更是明确提出推动举家迁徙的农业转移人口等重点人群便捷落户，促进有能力在城镇稳定就业生活的农业转移人口举家进城落户。

农业转移人口从单人外出向举家迁移转变意味着农民工卷入城市生活的程度加深，其工作生活和行为习惯与个体迁移者相比可能呈现较大差异；城镇落户选择不再是自身职业发展的结果，更是基于整个家庭现实状况和需求的考量，家庭完整性是影响农民工制度性迁移决策的重要因素。那么，在家庭化流动趋势下，举家迁移究竟会对农民工的城镇落户意愿产生什么样的影响？对举家迁移农民工这一重点群体落户意愿的关注，有助于更有针对性地促进农业转移人口市民化，加快户籍人口城镇化进程。

一 文献综述

农民工进城落户是落户条件（能力）与自身意愿相匹配的过程，也是户籍制度选择与自我选择的双向选择结果；伴随户籍制度的逐步放开，近年来越来越多的研究关注农民工的城镇落户意愿问题。相关研究主要从个体人口特征、城市发展能力、社会融入等角度展开。在个体人口特征方面，性别、年龄、婚姻状况等对农民工的城镇落户意愿具有显著影响（张翼，2011；唐宗力，2015）。城市发展能力与落户意愿显著相关，如人力资本、就业状况、社会资本（社会交往能力）、社会保障（抵御风险能力）等对农民工的城镇落户意愿有显著影响（王桂新、胡健，2015；聂伟、风笑天，2016；李飞、钟涨宝，2017）。社会融入如城市社会认同、城市归属感等显著提升农民工的城镇落户意愿（黄嘉文，2012；刘涛等，2019）。

以上研究的主要关注点是个体而非家庭，也有部分学者开始注意到家庭层面相关因素对农民工定居或落户决策的影响，但研究结论不尽一致。一是家庭完整性对流动人口定居或落户决策的影响。一方面，有研究发现，更多家庭成员到城市打工，主要是为了提高家庭经济收入，而不是为了永久迁移到城市（Fan et al.，2011）。另一方面，相关研究却得到相反结论，与个体流动、半家庭式流动相比，举家外出的农民工期望努力改善家庭生活条件，为下一代子女提供良好的教育环境，城镇定居意愿显著较强（林赛南等，2019）。家庭迁移还有助于降低迁移者的心理适应成本，从而更愿意在城市居留（何丹等，2016）。定居可以为以家庭为单位流动的流动人口提供相较于长期居留更多的优势，如获得本地社会福利、享有城市公共服务等，进而使家庭流动型人口更倾向于长期定居城市（庞圣民、吕青，2019）。与配偶同城分居、异城务工、家乡留守的拆分型家庭相比，与配偶同住的完整型家庭的城镇落户意愿显著较高，与子女同住的农民工城镇落户意愿显著高于留守组（刘林平、胡双喜，2014；魏万青，2016）。此外，还有研究认为夫妻随迁对城镇落户意愿影响不显著（蒋芮等，2018），已婚有孩子在身边对老生代农民工的落户意愿影响不显著（韩清池、谌新民，2016）。

二是与家庭完整性相关因素对定居或落户意愿的影响。首先是居住因素，其是家庭完整性的重要指标；居住空间是家庭完整性的基础，与农民工的定居或落户意愿密切相关，与居住在工厂宿舍等办公场所的农民工相比，租房和自购房者的城镇落户意愿显著较高（魏万青，2015）。当住房租赁价格在农民工的可承受范围之内时，农民工愿意在城市立足，但超出承受范围，会引致农民工离开（董昕，2015）。其次是子女教育，良好的教育环境是影响举家迁移的重要考量因素，进而影响农民工的市民化意愿。子女在本地就学越容易，教育质量越高，进城定居或落户意愿越高（魏万青，2016；张在冉、杨俊青，2020）。最后，家庭社会经济地位也会影响农民工的定居意愿，家庭成员的受教育水平、收入水平越高的农民工，在城市定居意愿越强（杨巧、李鹏举，2017）。

综观以上研究，在个体流动时代，关于农民工定居或落户意愿的研究，更多关注个体而非家庭，这些关于个体特征、生存能力、心理特质等因素的研究发现，呈现高度碎片化和多元化的局面，未能进行有效的整合。在家庭化迁移时代来临之时，相关研究开始关注家庭对定居或落户意愿的影响，但仍存在以下不足：虽然有研究从家庭完整性展开分析，但只是将夫妻是否随迁、子女是否随迁等作为指标，未能从家庭整体视角分析考虑举家迁移的影响，导致研究结果呈现迥然差异。现有研究更多关注行为迁移层面的定居意愿，而对制度迁移意义上的落户意愿较少关注。此外，在家庭完整性相关因素中，只是从住房、子女教育、经济能力等某一因素展开分析，未能对整体家庭发展能力进行全面系统分析。基于此，本研究利用全国大规模调查数据，在控制家庭发展能力的基础上，考察举家迁移对农民工城镇落户意愿的影响机制。

二 研究假设

在个体迁移时代，既往研究探究农民工的行为或制度性迁移意愿时，主要强调个体决策是基于传统推拉理论视角下的成本与收益核算（Sjaastad，1962），在拆分型的家庭背景下，农民工定期在城乡往返，背后需要付出较大的交通经济成本和往返奔波的时间成本，并且要承受亲子分离或夫妻分离等情感心理代价，在一定程度上降低农民工个体的城镇落户意愿。在家庭迁移时代到来时，人们逐渐将家庭作为迁移主体和决策单元。新经济学劳动力迁移理论强调家庭迁移不仅是基于家庭经济收入最大化的考量，还会对家庭风险进行全面估算（Stark & Bloom，1985），为了使家庭迁移风险最小化，农民工的家庭迁移模式往往是城市生存发展能力较好的成员先从乡村转移到城市，当核心成员在城市有稳定的就业和生活基础之后，再将家庭其他成员带到本地；也意味着举家迁移农民工在城市抗击风险的能力显著高于分离型家庭，这种抗风险能力有助于农民工在城市持续稳定地生存，进而提升城镇落户意愿。

从家庭的成本与收益角度来说，相对于分离型家庭而言，举家迁移的家庭虽然因为成员增多而加大了城市生活成本；但随着家庭劳动力数量的增加，收入不断提升，在一定程度上能够覆盖生活成本。此外，家庭团聚还会给农民工提供情感支持，减少迁移带来的孤独、抑郁、焦虑等心理适应压力（聂伟、风笑天，2014）；而且户籍制度上的迁移行为将会进一步增加获得子女义务教育、保障住房、医疗保障等本地公共服务资源的机会，这些收益远远大于迁移成本，故举家迁移者更可能到城镇落户。基于此，提出如下假设。

假设1：相对于其他家庭来说，举家迁移者更愿意到城镇落户。

农民工并非铁板一块，而是充满异质性的个体，就举家迁移而言，这种异质性首先表现在其家庭所具备的发展能力上，并由此导致举家迁移这一行为本身对于农民工落户意愿的影响迥然有别。家庭发展能力的指标之一是迁移目的地城市的等级，城市等级越高意味着城市户籍的含金量越高，转换户籍所得的收益越多，而举家迁移的家庭对教育、医疗这类与户籍相关的福利待遇的需求更强烈。因此，相比于其他类型城市的农民工，举家迁移对一线城市农民工落户意愿的提升作用应当更为明显。家庭经济能力是家庭整体发展能力的重要维度，而在务工地购买住房则是家庭经济实力的直观反映。在中国城市房价普遍高企的背景下，有能力在城市购房供家庭成员共同居住表明家庭经济实力较强，即使没有城市户籍，农民工及其家庭也能保持相对体面的生活，因此购房对其城镇落户意愿具有较大的负面影响（邹一南，2021）；而对于在务工地没有自有住房的农民工而言，举家迁移带来的直接挑战就是住房问题，这可能直接催生出农民工对城市户籍及与之相伴随的住房等服务的紧迫需求。举家迁移不仅是生活空间、经济行为等物质层面的变化，还是社会交往、社会关系的转移。举家迁移的农民工，其最重要的社会关系都从家乡转移到了城市，能够从乡村社会得到的情感支持随之变少。如果家庭成员具有较强的交往能力，积极参与流入地各类社会活动，在城市中发展出新的关系网络，那么农民工更容易产生彻底转变为城市居民的愿望。最后，城市生活对农民工而言充满风险和不确定性，特别是举家迁移的农民工家庭，其收入几乎全部来自城市，缺少由农村家庭成员提供的支持和退路，因此对家庭抵御社会风险的能力提出了较高要求。以失业保险、公积金等为代表的城市社会保障体系作为"防护网"，能够增强农民工家庭的抗风险能力，进而提升其户籍转换意愿。基于此，提出如下假设。

假设2：举家迁移对农民工城镇落户意愿的影响具有异质性，其中，一线城市、在务工地没有自购房、拥有失业保险和住房公积金、积极参与本地社会活动的农民工，其城镇落户意愿受举家迁移的正向影响更为显著。

家庭完整性还会影响稳定城市化，农民工在家庭完整的基础上，加强城市融入，促进生活方式现代化，提升城市归属感和强化本地身份认同。相对于分离型家庭来说，举家迁移者能够安心在城市持续稳定工作和生活，更愿意融入当地城市，习得城市价值理念和生活习惯，缩小与城市生活方式的差异。举家迁移能够为农民工在城市生活提供情感支持和物质、人力支持，帮助个体和家庭快速适应城市（董金秋、刘爽，2014）；而且举家迁移者更可能选择在本地社区租住，而不是住在工厂宿舍，这有助于促进农民工与本地人的社会交往，融入本地社区，加快城市融合（孙中伟，2014）。举家迁移让农民工在城市有家的感觉，弱化"漂"在城市的疏离感，更有益于增强归属感并形成本地人身份认同（王春超、张呈磊，2017；徐延辉、邱啸，2019）。而在现代生活行为观念上更趋近城市、更认可自己是本地人身份、具有较强城市归属感和融入感的农民工，更愿意在城镇定居或落户（李飞、钟涨宝，2017；刘涛等，2019；聂伟、万鸯鸯，2018）。基于此，提出如下假设。

假设3：举家迁移会通过强化农民工的城市融入（文化融入、城市归属感、本地身份认同）间接提升农民工的城镇落户意愿。

三 数据、变量与模型

（一）数据来源

本章所使用的数据来源于2014年全国流动人口动态监测"流动人口心理健康与社会融合"专项调查数据，该调查采用多阶段PPS抽样在北京、深圳、郑州、厦门、青岛、成都、嘉兴、中山8个城市展开，共计获取有效样本15999个，根据研究主题，选取农业户口、大专以下、样本点类型为居委会、在城市务工经商且处于就业状态的流动人口作为分析样本，最终农民工有效样本8679个。

（二）变量测量

1. 因变量

因变量为城镇落户意愿，利用问卷中"按当地政策，您是否愿意把户口迁入本地"进行测量，将"是"赋值为1，"否"赋值为0，为了测量城镇落户意愿，只选取样本点类型为居委会的样本。

2. 自变量

自变量为举家迁移，根据陈蓉（2012）关于流动人口家庭模式问题的研究成果，举家迁移可以界定为"未婚者与父母一起流动、已婚未育者与配偶一起流动、已婚已育者和配偶及子女一起流动"三种类型（孙婕等，2019）。在具体测量中，根据问卷中"在未来1~3年内，您是否打算把家庭成员（配偶、未婚子女、未婚者父母）带到本地"进行测量，"已都在本地"表示已经实现了举家迁移，赋值为1；将"是，全部都带来""是，带一部分来""否""视情况而定"等选项合并为非举家迁移，赋值为0。

3. 中介变量

中介变量为城市融入，主要从生活现代化（文化融入）、城市归属感、身份认同三个维度进行测量。生活现代化（文化融入）通过量表"遵守家乡的风俗对我来说比较重要""按照家乡的习惯办事对我来说比较重要""我的孩子应该学会家乡话""保持家乡的生活方式对我来说比较重要""我的卫生习惯与本地市民存在较大差别""我的衣着打扮与本地市民存在较大差别""我的教育理念或养老观念与本地市民存在较大不同""我对一些社会问题的看法与本地市民存在较大差别"进行测量，被访者从非常同意到非常不同意（赋值1~5分）选项中进行回答，累加得到生活现代化程度，得分越高，表示生活方式现代化程度越高。城市归属感通过量表"我感觉自己是属于这个城市的""我觉得我是这个城市的成员""我把自己看作这个城市的一部分""我愿意融入社区/单位，成为其中一员"进行测量，被访者从完全不同意至完全同意（赋值1~4分）选项中进行回答，累加得到城市归属感变量，得分越高，表示城市归属感越高。身份认同利用问卷中"您认为自己是不是本地人"进行测量，将"是"赋值为1，"不是"赋值为0。

4. 控制变量

城镇落户意愿不仅受家庭完整性影响，还受家庭发展能力的制约，故控制家庭发展能力相关变量，主要包含家庭人口地域特征、家庭经济能力、家庭社会交往能力、家庭风险应对能力。家庭人口地域特征包含性别、年龄、婚姻、受教育年限、流动时间、流动范围、城市等级。家庭经济能力主要指家庭住房月租金（含房贷分期贷款）占月总支出的比例、家庭是否在本地有自购房、家庭在本地的月收入对数。家庭社会交往能力包含家庭与本地人相处的融洽度、本地活动参与度,其中家庭与本地人相处的融洽度,利用调查问卷中"您觉得自己或家人与本地人相处得好不好"进行测量,将来往很少至很融洽赋值1~5分。本地活动参与度,利用问卷中"您在本地参加过以下哪些活动?社区文体活动、社会公益活动、选举活动、评优活动、业主委员会活动、居委会管理活动、其他",将"参加过"赋值为1,"没参加过"赋值为0,累加得到本地活动参与度。家庭风险应对能力主要指家庭成员是否参加失业保险、城镇职工养老或居民养老保险、住房公积金、城镇职工或居民医疗保险、工伤保险,将"是"赋值为1,"否"赋值为0。

(三)模型

因变量城镇落户意愿为二分类变量,故采用二分类Logistic回归模型估计,具体模型如下:

$$\mathrm{logit}(P) = \ln\left(\frac{P}{1-P}\right) = \alpha + \beta X_{ij} + \gamma Z_{ij}$$

其中,P为农民工愿意在城镇落户的概率,$P/(1-P)$为农民工愿意在城镇落户与不愿意落户的概率之比,α为常数项,X_{ij}为是否举家迁移,β为回归系数,Z_{ij}为影响农民工城镇落户意愿的家庭发展能力因素。

四 结果与分析

(一)举家迁移者和非举家迁移者的异质性描述分析

1. 举家迁移与城镇落户意愿的描述分析

表5-1展示了描述性分析结果。统计结果显示,在全部农民工群体中,举家迁移的比例为31.1%,比全国同期农民工监测调查数据(21.2%)高出约10个百分点。农民工的总体城镇落户意愿约为46%,举家迁移者的城镇落户意愿约为54%,非举家迁移者的城镇落户意愿约为42%,两者相差

12个百分点，且具有显著统计差异，这表明举家迁移者的城镇落户意愿显著高于非举家迁移者，初步验证假设1。

表 5-1 举家迁移者和非举家迁移者异质性的描述统计（N=8679）

变量	整体 均值或频数	整体 标准差或百分比	举家迁移 均值或频数	举家迁移 标准差或百分比	非举家迁移 均值或频数	非举家迁移 标准差或百分比	最小值/最大值	检验
城镇落户意愿	0.46	0.50	0.54	0.50	0.42	0.49	0/1	***
家庭人口地域特征								
性别	0.58	0.49	0.60	0.49	0.57	0.49	0/1	**
年龄	32.6	8.74	35.4	7.77	31.3	8.85	15/60	***
婚姻	0.70	0.45	0.93	0.25	0.60	0.49	0/1	***
受教育年限	10.1	2.46	9.73	2.40	10.20	2.47	0/15	***
流动时间	4.25	4.50	5.81	5.14	3.54	3.98	0/56	***
流动范围								
跨省流动	3918	45.15	1065	39.43	2853	47.72		
省内跨市	4391	50.59	1505	55.72	2886	48.28		***
市内跨县	370	4.26	131	4.85	239	4.00		
城市等级								
一线	1795	20.68	488	18.07	1307	21.86		
新一线	3948	45.49	1267	46.91	2681	44.85		***
二线	2936	33.83	946	35.02	1990	33.29		
家庭经济能力								
住房占总支出比例	0.23	0.17	0.25	0.17	0.22	0.18	0/0.92	***
家庭月收入	6092.0	6445.57	7702.09	8225.733	5364.48	5296.55	0/200000	***
本地自有住房	0.09	0.28	0.17	0.37	0.05	0.22	0/1	***
家庭社会交往能力								
社会交往融洽度	3.92	0.95	4.11	0.89	3.84	0.97	1/5	***
本地活动参与度	0.78	1.10	0.75	1.08	0.80	1.11	0/7	**

续表

变量	整体 均值或频数	整体 标准差或百分比	举家迁移 均值或频数	举家迁移 标准差或百分比	非举家迁移 均值或频数	非举家迁移 标准差或百分比	最小值/最大值	检验
家庭风险抵御能力								
城镇养老保险	0.35	0.48	0.38	0.49	0.33	0.47	0/1	***
城镇医疗保险	0.32	0.47	0.36	0.48	0.31	0.46	0/1	***
工伤保险	0.30	0.45	0.29	0.45	0.30	0.46	0/1	n.s.
失业保险	0.24	0.43	0.25	0.43	0.24	0.42	0/1	*
住房公积金	0.09	0.29	0.09	0.29	0.10	0.30	0/1	n.s.
城市融入								
生活现代化	23.78	4.01	24.15	4.01	23.61	4.00	8/40	***
城市归属感	16.34	2.76	16.74	2.72	16.17	2.76	5/20	***
身份认同	0.22	0.41	0.27	0.44	0.20	0.40	0/1	***

注：*** $p<0.001$，** $p<0.01$，* $p<0.05$，+ $p<0.1$。下同。

2. 举家迁移者和非举家迁移者的家庭发展能力差异

举家迁移的调查对象中男性居多，占比 60%；平均年龄为 35.4 岁，比非举家迁移者高出约 4.1 岁；举家迁移者已婚的比例为 93%，比非举家迁移者高出约 33 个百分点。举家迁移者的受教育年限为 9.73 年，非举家迁移者为 10.20 年，两者受教育程度均以初中为主。举家迁移者的本次流动时间为 5.81 年，比非举家迁移者多出 2.27 年。举家迁移者中以省内跨市流动为主，占比为 55.72%，非举家迁移者中跨省流动占比达 47.72%，比举家迁移者高出 8.29 个百分点；说明流动距离越长，举家迁移的难度越大，相应比例越低。举家迁移者主要集中在新一线城市和二线城市，两者占比之和超过八成；一线、新一线、二线城市的举家迁移比例分别为 18.07%、46.91%、35.02%；非举家迁移者中一线城市占比接近 1/4。

举家迁移者的家庭经济能力显著高于非举家迁移者，举家迁移者的住房承受能力较强，住房占总支出比例为25%，比非举家迁移者高出3个百分点。举家迁移者家庭月收入均值为7702.09元，比非举家迁移者高出2337.61元。举家迁移者自购房的比例为17%，比非举家迁移者高出12个百分点。举家迁移者社会交往能力显著高于非举家迁移者，举家迁移者与本地居民的社会交往融洽度平均得分为4.11分，处于比较融洽和非常融洽之间，比非举家迁移者高出0.27分。举家迁移者和非举家迁移者本地活动参与度的平均值为0.8左右。举家迁移者的家庭风险抵御能力显著高于非举家迁移者，38%和36%的举家迁移者分别享有城镇养老保险、医疗保险，均比非举家迁移者高出5个百分点。举家迁移者享有失业保险的比例比非举家迁移者高出1个百分点，两者在工伤保险、住房公积金上没有显著差异。

举家迁移者的城市融入水平显著高于非举家迁移者，其生活现代化程度得分为24.15分，比非举家迁移者高出0.54分，举家迁移者的生活行为观念更趋近于城市，认同城市的风俗习惯、办事风格，在生活方式、卫生习惯、衣着打扮、养老教育理念、社会问题认知等方面与城市居民保持较大的一致性。举家迁移者的城市归属感显著高于非举家迁移者，平均得分为16.74分，比非举家迁移者高出约0.6分；举家迁移者更认可自己是本地人，27%的举家迁移者认为自己是本地人，比非举家迁移者高出7个百分点；举家迁移让农民工在城市有家的感觉，促进其更好地融入本地生活，产生较强的归属感和本地身份认同。

（二）举家迁移对农民工城镇落户意愿的影响

1.举家迁移对农民工城镇落户意愿的直接影响

在控制家庭发展能力变量的基础上，首先纳入举家迁移变量，建立不含交互项的二元Logistic回归模型，检验举家迁移对农民工城镇落户意愿的净效应。然后分别加入举家迁移与各控制变量的交互项，以检验举家迁移效应在不同家庭发展能力下是否发生显著变化，具体结果见表5-2。总体而言，7个模型的卡方检验结果均显著，模型2到模型7的虚拟决定系数均比模型1有所提高，表明新加入的变量增强了模型解释力。

表 5-2　农民工城镇落户意愿的二元 Logistic 回归模型（N=8659）

变量	模型1	模型2	模型3	模型4	模型5	模型6	模型7
家庭人口地域特征							
男性（女）	0.007	0.004	0.003	0.004	0.008	0.004	0.003
年龄	-0.012***	-0.012**	-0.012**	-0.012**	-0.012**	-0.012**	-0.012**
在婚（否）	0.036	-0.030	-0.029	-0.045	-0.035	-0.032	-0.032
受教育年限	0.057***	0.059***	0.060***	0.059***	0.060***	0.059***	0.059***
流动时间	0.032***	0.029***	0.029***	0.028***	0.028***	0.028***	0.029***
跨省流动（市内跨县）	-0.335**	-0.311*	-0.311*	-0.305**	-0.313*	-0.310*	-0.316*
省内跨市	0.134	0.135	0.134	0.140	0.131	0.135	0.133
一线城市（二线城市）	0.564***	0.570***	0.506***	0.579***	0.568***	0.571***	0.569***
新一线城市	-0.698***	-0.706***	-0.724***	-0.704***	-0.694***	-0.704***	-0.704***
家庭经济能力							
住房占总支出比例	0.531***	0.511***	0.514***	0.500***	0.508***	0.507***	0.509***
家庭月收入对数	0.274***	0.233***	0.232***	0.231***	0.234***	0.234***	0.233***
自有住房（否）	0.368***	0.321***	0.320***	0.598***	0.314***	0.316***	0.308***
家庭社会交往能力							
社会交往融洽度	0.244***	0.235***	0.235***	0.234***	0.235***	0.235***	0.235***
本地活动参与度	0.105***	0.109***	0.109***	0.111***	0.066**	0.111***	0.110***
家庭风险抵御能力							
城镇养老保险（否）	-0.019	-0.017	-0.015	-0.012	-0.013	-0.015	-0.012
城镇医疗保险（否）	0.251*	0.242*	0.243*	0.237*	0.243*	0.241*	0.237*
工伤保险（否）	-0.234**	-0.219**	-0.220**	-0.227**	-0.219**	-0.219**	-0.221**
失业保险（否）	0.139	0.128	0.127	0.133	0.131	0.065	0.127
住房公积金（否）	-0.182*	-0.186*	-0.190*	-0.181*	-0.190*	-0.186*	-0.327**
举家迁移（否）		0.325***	0.256**	0.379***	0.216**	0.278***	0.283***

续表

变量	模型1	模型2	模型3	模型4	模型5	模型6	模型7
举家迁移×一线城市			0.245+				
举家迁移×新一线城市			0.055				
举家迁移×自有住房				-0.489**			
举家迁移×本地活动参与度					0.149**		
举家迁移×失业保险						0.201+	
举家迁移×住房公积金							0.493**
常量	-3.78***	-3.46***	-3.43***	-3.46***	-3.44***	-3.45***	-3.44***
Model χ^2	769.8***	806.7***	809.7***	815.3***	817.2***	809.8***	814.7***
-2LL	11176	11139	11136	11130	11128	11136	11131
Nagelkerke R^2	0.114	0.119	0.119	0.120	0.120	0.119	0.120

注：括号内为参照组；囿于篇幅，未呈现没有通过统计显著性检验的交互项回归系数。

在基准模型1的基础上加入举家迁移变量，得到模型2，举家迁移通过统计显著性检验，表明举家迁移对农民工的城镇落户意愿具有显著的直接影响。在控制其他变量后，与非举家迁移者相比，举家迁移者城镇落户意愿高出38.4%（$e^{0.325}-1≈0.384$），数据结果支持假设1。此外，家庭发展能力对农民工城镇落户意愿具有显著影响，模型2结果显示，农民工在本地有住房和住房承受能力越强，家庭月收入水平越高，城镇落户意愿越强。家庭社会交往能力越强，与本地人相处越融洽、本地活动参与度越高，城镇户籍转换动机越强。享有城镇医疗保险的农民工城镇落户意愿显著较高，而工伤保险和住房公积金对农民工城镇落户意愿具有负向影响，可能原因在于拥有工伤保险者主要是有固定雇主的雇员，在城市生存发展能力相对低于雇主，城镇落户意愿更低，而公积金缴存使得农民工直接得到的工资降低，在一定程度上抑制农民工的城镇落户意愿。

在较长的一段时间内,我国都是通过差别化的落户政策,把有能力、有意愿并且长期在城市务工经商的农民工及其家属转换为城镇居民,即城镇化过程是农民工的能力与意愿相匹配的户籍获得过程(魏万青,2015)。上文描述分析结果表明,与非举家迁移者相比,举家迁移者的家庭经济能力、家庭社会交往能力、家庭风险抵御能力均显著更高,这些能力较强有助于提升举家迁移者的城镇落户意愿。举家迁移者在城市的住房承受能力、家庭月收入和拥有自有住房比例均显著高于非举家迁移者,这有助于农民工较好地安居和维持城市生存发展可持续生计,进而提升城镇落户意愿。举家迁移者的家庭社会交往能力显著高于非举家迁移者,举家迁移者与本地居民建立融洽的社会联系,了解本地城镇居民的生活休闲方式,拓展新的社会网络关系,有助于更好地融入城市,强化城镇落户动机。举家迁移者的家庭抵御风险能力显著高于非举家迁移者,尤其在医疗保障方面,若农民工家庭成员拥有城镇医疗保险,一旦在本地出现疾病或者事故,可以通过医疗保险支付一定的医疗费用,提升疾病风险抵御能力,增加生活稳定性,故而更倾向于留在城市。

2. 举家迁移对城镇落户意愿影响的异质性分析

模型 3 估计了举家迁移与城市等级的交互效应,反映举家迁移在不同城市等级中的效应差异。模型 3 的举家迁移主效应系数为 0.256,且通过显著性检验,即在控制其他变量的情况下,对于二线城市的农民工来说,举家迁移者的城镇落户意愿提升 29.1% ($e^{0.256}-1 \approx 0.291$)。举家迁移与一线城市的交互效应系数为 0.245,且统计显著,表明在控制其他变量之后,对于一线城市农民工来说,举家迁移者的城镇落户意愿提升 63.0% ($e^{0.256+0.245}-1 \approx 0.630$)。举家迁移与新一线城市的交互项系数不显著,表明举家迁移效应在二线城市和新一线城市之间没有显著差异。与新一线城市和二线城市相比,一线城市户籍所附着的公共服务和社会福利更多,户籍含金量更高,因此举家迁移者更愿意落户,以获取优质均等的公共服务。

模型 4 估计了举家迁移与自有住房的交互效应,反映举家迁移在是否有本地住房群体中的效应差异。模型 4 的举家迁移主效应系数为 0.379,且统计显著，即在控制其他变量的情况下，对于在本地没有住房者来说，举家迁移使得农民工的城镇落户意愿提升 46.1%（$e^{0.379}-1\approx 0.461$）。举家迁移与自有住房的交互效应系数为 -0.489，且统计显著，表明在控制其他因素的情况下，在本地拥有住房的农民工群体中，举家迁移者的城镇落户意愿下降 10.4%（$1-e^{0.379-0.489}\approx 0.104$）。对于本地有房的举家迁移者来说，他们已经实现了安居团聚，对一些与城市户籍紧密挂钩的服务需求并不强烈，相应地落户意愿不强烈，反而愿意保留农村户籍，保持与农村的情感和制度联系，继续享有农村制度福利。而对于本地有房的非举家迁移者来说，本地有房意味着已经拥有本地家庭团聚的空间基础，但又没有实现举家迁移，可能其家庭成员享有的一些服务只能在户籍所在地才能享受到，比如子女教育、老人医疗保障等，所以该类群体更希望在工作地落户以享受这些公共服务。

模型 5 估计了举家迁移与本地活动参与度的交互效应。模型 5 中的本地活动参与度主效应显著，在控制其他变量的情况下，本地活动参与度每提升 1 个标准差单位，非举家迁移者的城镇落户意愿提升 6.8%（$e^{0.066}-1\approx 0.068$）。举家迁移与本地活动参与度的交互效应系数为 0.149，且通过显著性检验，本地活动参与度每提升 1 个标准差单位，举家迁移者的城镇落户意愿增加 24.0%（$e^{0.066+0.149}-1\approx 0.240$）；即举家迁移者城镇落户意愿效应受本地活动参与度的影响，本地活动参与度越高的家庭，举家迁移者的城镇落户意愿效应越突出。举家迁移为农民工在城市的生存发展提供内部的情感和社会支持，而在本地参与活动则有助于迁移者获得更多外部社会支持，增加城市黏合性社会资本，内部和外部的双重社会支持降低农民工因户籍迁移带来的心理适应压力，进而强化其落户意愿。

模型 6 和模型 7 估计了举家迁移与失业保险、住房公积金的交互效应，模型中的举家迁移主效应系数均显著，在控制其他变量的情况下，对于没有失业保险、住房公积金的农民工来说，举家迁移者的城镇落户意愿分别提升 32.1%（$e^{0.278}-1\approx 0.321$）、32.7%（$e^{0.283}-1\approx 0.327$）。举家迁移与失业保险、住房公积金的交互效应系数均显著，在控制其他因素的情况下，对于有失业保险、住房公积金的农民工来说，举家迁移者的城镇落户意愿分别增加

61.4%（$e^{0.278+0.201}-1\approx0.614$）、117.3%（$e^{0.283+0.493}-1\approx1.173$）。对于举家迁移者来说，拥有失业保险能够帮助家庭抵御失业带来的生存风险，降低城镇生活不确定性，提高城镇落户意愿；缴存住房公积金虽然在一定程度上降低了农民工的实际所得工资，但对于整个家庭来说，可以提取公积金用来租住城市住房，从而提升农民工的住房负担承受能力，改善家庭住房环境，进而更愿意落户城镇。上述结果支持假设2。

3.城市融入对举家迁移与城镇落户意愿的中介作用分析

举家迁移不仅会直接影响农民工的城镇落户意愿，还可能通过城市融入对城镇落户意愿产生间接影响，因此需要中介检验。根据温忠麟等（2014）提出的新中介检验流程，分别建立举家迁移对城镇落户意愿影响（表5-2模型2）、举家迁移对城市融入影响（表5-3模型8到模型10）、举家迁移和城市融入对城镇落户意愿影响（表5-4模型11到模型13）的回归模型，依次检验回归系数，并结合Bootstrap检验程序进行中介检验（见表5-5）。

表5-3 举家迁移对城市融入的影响（N=8659）

变量	模型8 生活现代化	模型9 城市归属感	模型10 本地身份认同
举家迁移（否）	0.368***	0.167**	0.105+
F/Modelχ²	45.0***	88.3***	830.0***
Adjust R²/Nagelkerke R²	0.092	0.168	0.141

注：模型8和模型9为OLS模型，模型10为Logit模型，囿于篇幅，未列出控制变量的系数和显著水平。

表5-4 举家迁移、城市融入对城镇落户意愿影响的Logit回归模型（N=8659）

变量	模型11 举家迁移+生活现代化	模型12 举家迁移+城市归属感	模型13 举家迁移+本地身份认同
举家迁移（否）	0.320***	0.316***	0.321***
生活现代化	0.015**		
城市归属感		0.069***	
本地身份认同			0.377***

续表

变量	模型11 举家迁移+生活现代化	模型12 举家迁移+城市归属感	模型13 举家迁移+本地身份认同
ModelX^2	813.3***	864.5***	850.1***
Nagelkerke R^2	0.120	0.127	0.125

表5-5 城市融入中介效应的Bootstrap法检验（N=8659）

中介变量	效应	系数	Bootstrap 标准误	95%置信区间	
生活现代化	间接效应	0.0013**	0.001	0.0003	0.003
	直接效应	0.073***	0.012	0.051	0.100
城市归属感	间接效应	0.003**	0.001	0.0004	0.005
	直接效应	0.072***	0.012	0.049	0.100
本地身份认同	间接效应	0.002^{+}	0.001	-0.0001	0.004
	直接效应	0.073***	0.012	0.050	0.100

注：Bootstrap法采取1000次重复抽样。

首先来看生活现代化的中介效应。模型8显示，举家迁移对农民工的城市生活现代化具有显著的正向影响；模型11显示，加入生活现代化中介变量后，生活现代化对农民工城镇落户意愿具有显著提升作用，而且举家迁移的系数相对于模型2有所下降，初步判定举家迁移与农民工的城镇落户意愿存在部分中介效应。表5-5的Bootstrap检验结果显示，在95%的置信区间下生活现代化的中介检验结果不包含0，中介效应显著。即举家迁移显著提升农民工的城市生活现代化程度，缩小农民工与本地居民的生活行为观念差异，激发农民工的城镇落户意愿。

其次来看城市归属感的中介效应。模型9显示，举家迁移显著提升农民工的城市归属感；模型12显示，加入城市归属感变量后，城市归属感对农民工城镇落户意愿具有显著正向影响，且举家迁移系数相对于模型2有所下降，即举家迁移对农民工城镇落户意愿的影响可能部分是通过城市归属感的中介效应实现的；Bootstrap法中介检验显示95%的置信区间不包含0，中介效应成立。举家迁移增强农民工的城市归属感,进而提升农民工的城镇落户意愿。

最后来看本地身份认同的中介效应,模型 10 显示,举家迁移有助于农民工形成本地身份认同;模型 13 显示,加入中介变量后,本地身份认同有助于提升农民工的城镇落户意愿,举家迁移系数也有所下降,初步判定举家迁移对城镇落户意愿的影响存在本地身份认同的中介效应,但 Bootstrap 法中介检验显示95%的置信区间包含 0,中介效应不成立。

综合结果表明,举家迁移会通过促进农民工的城市生活现代化、强化城市归属感,间接提升农民工的城镇落户意愿;不会通过促进本地身份认同而间接提升农民工的城镇落户意愿;研究结果部分支持假设 3。

(三)纠正选择性偏误与内生性检验

1. 纠正选择性偏误——倾向得分匹配法

表 5-1 的描述性比较分析结果表明,举家迁移者(处理组)和非举家迁移者(控制组)在家庭发展能力方面存在显著差异,这意味着农民工是否举家迁移可能是"自选择"的结果,直接进行 Logistic 回归分析可能会导致选择性偏误,需要采用倾向得分匹配选择性偏误。经过多种方法匹配后[①],举家迁移和非举家迁移两组样本的平均处理效应(ATT)结果显示(见表5-6),无论是采用邻近匹配、半径匹配,还是局部线性匹配、核匹配,ATT 的结果均通过显著性检验,且均在 0.07 左右,说明在消除样本的系统性差异后,举家迁移依然会显著提升农民工的城镇落户意愿。

2. 内生性检验——CMP 方法

表 5-2 模型 2 的结果表明举家迁移对农民工的城镇落户意愿具有显著正向影响,但并未考虑潜在的内生性问题,部分不可观测的既影响农民工城镇落户意愿又与是否举家迁移相关的因素没有纳入模型中来。因此,需要

[①] 匹配之前需要对处理组和控制组进行平衡性检验,多种匹配方法的 Pseduo R^2 均显著下降,而且解释变量的 LR test 均被拒绝,匹配前后样本差异显著,匹配后各解释变量的系统性差异显著减弱,匹配过程成功,囿于篇幅,未呈现平衡性检验结果。

表 5-6　不同倾向得分匹配结果

匹配方法	处理组	控制组	ATT	标准误	T
邻近匹配（k=1）	0.540	0.464	0.076***	0.018	4.31
邻近匹配（k=4）	0.540	0.462	0.077***	0.015	5.28
半径匹配	0.540	0.471	0.068***	0.134	5.13
局部线性匹配	0.540	0.471	0.069***	0.018	3.92
核匹配	0.540	0.469	0.071***	0.013	5.40

注：囿于篇幅，未呈现平衡性检验结果。最小近邻匹配均采取有放回的方式；半径匹配中，半径选取 0.01。

通过工具变量的方法解决遗漏变量带来的内生性问题，即为内生变量举家迁移寻找工具变量。结合已有文献（王春超、张呈磊，2017），研究选取社区平均举家迁移率作为工具变量，社区平均举家迁移率和单个家庭的举家迁移与否相关，而又不和农民工的城镇落户意愿直接相关，具有较强的外生性。

内生解释变量举家迁移为二元离散变量，传统 Ivprobit 要求内生解释变量必须为连续型变量；而条件混合过程估计方法（Conditional Mixed Process，CMP）是适用于不同模型、多阶段的混合过程估计；因此，选用 CMP 解决模型可能存在的内生性问题。表 5-7 是 CMP 估计结果，atanhrho_ 12 值在 1% 的水平上具有显著性，表明模型可能存在内生性问题，因此有必要采取工具变量方法。第一阶段 CMP 估计结果显示，社区平均举家迁移率与农民工举家迁移高度显著相关，满足工具变量的相关要求。第二阶段 CMP 估计结果显示，在控制潜在内生性偏误后，举家迁移对农民工的城镇落户意愿仍然具有显著提升作用，这再次证明了前文的研究结论，表明举家迁移对农民工城镇落户意愿的影响是真实可信的。

五　结论与启示

加快推进户籍制度改革的首要任务是推动农业转移人口落户，尤其是要解决好举家迁移农民工及家属等重点群体的落户问题。利用全国流动人口动

表 5-7　举家迁移对农民工城镇落户意愿影响的内生性检验：CMP 估计 （N=8659）

变量	系数	标准误	Z	sig
第一阶段				
社区平均举家迁移率	0.853	0.162	52.68	0.000
第二阶段				
举家迁移	0.409	0.066	6.20	0.000
atanhrho_12	-0.101	0.028	-3.60	0.000

注：囿于篇幅，未列出两阶段回归结果中控制变量的系数。

态监测调查数据，系统考察举家迁移对农民工城镇落户意愿的影响。研究结果表明，与非举家迁移农民工相比，举家迁移者的城镇落户意愿显著提升。在使用倾向得分控制样本选择性偏误、利用 CMP 方法控制潜在内生性问题后，该结论依然成立且稳健。举家迁移在不同群体中呈现较大差异，举家迁移对一线城市农民工城镇落户意愿的影响效应显著大于其他城市；对于在本地拥有自有住房的农民工来说，举家迁移在一定程度上弱化其城镇落户动机，非举家迁移者反而更愿意落户城镇，这可能与未随迁成员本地公共服务需求未得到满足有关，因此更愿意落户城镇以获取均等化公共服务。随着本地活动参与度逐步提升，举家迁移对农民工城镇落户意愿的影响逐步增强。对于拥有失业保险和住房公积金的农民工来说，举家迁移带来的城镇落户意愿效应更明显。此外，举家迁移还会通过促进农民工的城市融入，强化农民工的城市生活现代化、城市归属感，间接增强农民工的落户动机。上述研究结论具有下列政策启示。

第一，排除家庭化迁移障碍，促进农民工举家迁移。鉴于农民工举家迁移到城镇生活工作显著增强其城镇落户意愿，政府应该鼓励举家迁移模式，助推这种城镇落户意愿向城镇落户行为转化，加快户籍城镇化进程。在政策制定过程中政府应努力排除阻碍农民工家庭化迁移的相关因素，在城乡社区层面完善家庭整体福利，比如继续优化随迁子女教育、完善养老保障和"老漂族"养老服务等；通过公共政策将家庭化迁移成本外生化，增强农民工家庭化迁移的经济效用和社会效用，降低家庭化迁移风险，助力举家迁移。

第二，完善农民工家庭政策体系，提升农民工的家庭发展能力。举家迁移农民工的城镇落户意愿是基于其家庭发展能力的决策。因此，在促进农民工举家迁移之后，应进一步着力加强对举家迁移农民工家庭发展能力的培育和支持。政府应基于举家迁移农民工的家庭需求和社会需求，如随迁子女的教育需求、随迁老人的养老和医疗需求，完善以家庭为单位的公共服务规划与供给，促进基本公共服务均等化，提升农民工家庭在城市的生存发展能力。强化针对农民工的职业技能培训和创业支持，提升农民工的城镇收入水平，增强其城镇住房支付能力。优化城市居住空间规划，减少农民工的居住隔离，促进农民工与本地居民的融洽交往，降低城镇居民对外来农民工的歧视（聂伟，2017），为农民工参加本地活动提供多元机会，强化农民工的家庭社会交往能力。完善农民工家庭的社会保障，妥善处理好农民工及随迁人员的医疗、养老、失业、工伤、住房公积金等社会保障需求，提高农民工家庭的风险抵御能力。

第三，增加农民工家庭的黏合性社会资本，促进农民工家庭的城市融入。举家迁移农民工定居城镇之后是否愿意进一步在城镇落户，不仅取决于内部的家庭发展能力，还与外部城市环境是否包容休戚相关。上文研究发现，举家迁移不仅直接影响农民工城镇落户意愿，还会通过强化城市生活现代化与城市归属感间接提升农民工的城镇落户意愿。而本地的社区活动参与、社会组织参与等与农民工的城市融入密切关联（王晓莹、刘林平，2020）。因此，直面举家迁移农民工家庭的现实需求，城镇社区建设过程中应增强社区包容，开展面向农民工家庭的多样化社区活动，吸引农民工家庭参与社区治理，习得城镇现代化生活观念和行为，缩小农民工和本地居民之间的文化距离和社会距离。强化社会组织服务农民工家庭的功能，为农民工家庭提供多元公共服务，提升农民工城市归属感。

第六章　方言技能与农民工落户意愿

几亿进城农民的市民化是举世瞩目的改革发展议题,也是以人为核心的城镇化的首要任务。2014年,国务院发布《关于进一步推进户籍制度改革的意见》,启动新一轮户籍制度改革;2016年2月,国务院印发《关于深入推进新型城镇化建设的若干意见》,再次强调加快落实户籍制度改革政策,进一步放开落户限制,力争到2020年实现1亿左右农业转移人口和其他常住人口落户城镇。为此,不少地方纷纷制定差别化的落户政策,旨在把有能力在城镇稳定就业并且有意愿的进城农民及其家属转换为城镇居民(魏万青,2015)。

语言是人际交流的重要媒介,语言能力是进城农民综合素质的重要体现,尤其习得当地语言是进城农民融入当地社会文化的重要渠道,对其落户城镇具有重要的影响。通过习得当地方言,与当地居民用方言交流,不仅可以弱化外地人的身份,而且能深入了解当地民俗文化;在工作过程中与不同人群交往,掌握当地方言,有助于创设良好的交际网络,提升工作效率,帮助个体实现较好的经济融入和社会融入(魏下海等,2016);因而方言技能对进城农民落户意愿的影响不言而喻。

国内既有方言对进城农民落户(定居)意愿的研究限于以下文献。蔡禾、王进(2007)认为熟悉打工地语言者更愿选择制度性永久性迁移,不太熟悉打工地语言者更愿意选择行为性永久迁移。王兴周(2011)认为,进城农民的方言适应程度越高,越能提升其流入地永久定居意愿。林李月和朱宇等（2016）认为，方言技能有助于增强进城农民对流入地生态环境、制度环境和综合环境的感知；王玉君（2013）认为，方言技能有助于增强进城农民的城市归属感，进而增加其城镇落户倾向。

尽管以上研究证实方言技能有助于提升农民工城镇定居意愿，但这些研究还存在拓展空间：一是以上学者都是将方言技能作为辅助变量或者控制变量进行分析，而不是分析重点，尚缺乏系统的理论解释视角。二是既有研究仅从流入地感知和归属感角度分析了语言对落户意愿影响的中介路径，语言是否会通过其他中介变量（如收入、社会交往、社会认同等）间接影响进城农民的定居决策，有待进一步分析验证。三是当前研究基本以珠三角、福建等地区为主，缺乏全国性的抽样调研，研究结论的普适性有待进一步考察。因而本研究试图从上述三个方面出发，借助2014年全国流动人口动态监测数据，以方言技能为主要自变量，探讨方言技能对进城农民落户意愿的直接影响和间接影响机制，以期为新户改背景下促进进城农民的城镇落户提供启示。

一 理论与假设

（一）语言作为人力资本：工资收入机制

语言能力是人力资本的重要表现形式之一。与教育和健康等人力资本投资一样，学习和掌握一门语言需要投入大量的时间精力和金钱成本，这种投资一旦见效，个体在劳动力市场中的收入回报率将更高（Chiswick & Miller, 2003）。一方面，劳动者的语言能力本身传递着一种自身能力的信号，语言技能越强，在劳动力市场中竞争优势越大。且语言技能能够增强就业信息获取能力，减少就业信息不对称，降低工作搜寻时间，增加就业机会，进而提升劳动者的市场议价能力，促进工资收入的增加（Guo & Sun, 2014）。另一方面，对当地语言越熟悉，越能促进劳动者在工作场所中有效的沟通与交流，提高工作效率，继而提升收入水平（Chiswick & Miller, 2015）。此外，较强的语言能力能使劳动者扩大社会网络，促进人脉与信息资源的有效配置，实现个体收入的逐步增加（赵颖，2016）。

国内外多项实证研究结果证实语言能力对收入发挥显著促进作用。国外研究表明，在发达国家（如美国、加拿大、澳大利亚等）能熟练掌握移民国语言的外籍劳动者，其工资收入水平显著较高，其中澳大利亚会说英语的移民比不会说英语的移民的工资水平高出约40%（Chiswick & Miller，2007）。在发展中国家，该结论同样成立。如在玻利维亚，与只会一种语言者相比，同时掌握西班牙语和当地语言的劳动力，其工资水平显著高三到四成（Godoy et al.，2007）。在中国上海，劳动力对上海方言的掌握程度会显著影响收入水平，对制造业和建筑业而言，上海方言听和说的能力每提升1个等级，收入回报率增加13%~15%；而对销售服务业来说，说的能力增加1个等级，会增加23.9%的回报率（Gao & Smyth，2011）。而收入是影响进城农民做出迁移决策的重要考量因素。成本—收益理论认为，个体迁移决策是基于效用最大化的理性计算结果，只有在投资成本大于收益时才会做出（Sjaastad，1962）。只有当进城农民在城市的收入水平能够支付城市生活所需的各项成本时，才能增加对城市生活未来的预期，进而实现户籍身份的转换（黄乾，2008；聂伟、风笑天，2016）。因此，方言技能可能通过收入机制对进城农民的落户意愿产生间接影响。基于此，设立如下假设。

假设1：方言技能通过提高收入水平间接提升进城农民的落户意愿。

（二）语言作为交往工具：社会网络机制

语言是重要的交际工具，其内含的一套具有地域特征的声音和文字符号体系，承载着信息传递和情感表达的基础功能；语言作为信息通达机制影响社会交往，熟练使用当地语言，能够促进与当地人有效传递信息，促进相互沟通与理解，从而增进彼此社会交往，建立紧密的社会关系（Carley，1991）。在陌生环境下，语言的共通性有助于增强情感表达和归属，迁移群体的居住与生活空间往往具有高度重合性，社会交往网络同质性高（秦广强、陈志光，2012）。从国际来看，流入美国的墨西哥人，英语能力较差者的社会交往圈子和生活空间主要局限在说西班牙语的同质性群体中（Chiswick & Miller，2007）。从国内来看，调查结果显示，67%的农民工与本地市民很少（偶尔）交往，13.2%的农民工与本地市民从不交往（田北海、耿宇瀚，2013）。会讲当地方言者与当地人相处较好的等级增加29%，与当地人交朋友的意愿增加6%（魏下海等，2016）。

而社会交往是进城农民做出迁移决策的重要考量因素。移民网络理论认为，移民与当地居民有广泛的社会互动会对他们的迁移决策产生正向影响（Korinek et al.，2005），移民在流入地广泛的社会交往，有利于降低社会交往的"内卷化"程度，便于习得当地的生活方式和价值观念，消除文化隔阂，减少自愿性隔离，促进社区融入，进而提高进城落户意愿。实证结果显示，与没有本地朋友相比，有本地朋友者的城镇定居意愿提高38%；且与本地人的互动，能促进其提升城市归属感并在城镇落户（刘于琪等，2014）。综上，方言技能可能通过社会交往机制对进城农民的落户意愿产生间接影响。基于此，设立如下假设。

假设2：方言技能通过促进社会交往间接提升进城农民的落户意愿。

（三）语言作为身份标识：社会认同机制

语言不仅是一套声音、符号、语义系统，而且是一种符号表征，标志着不同群体的社会身份和等级，由此引发社会分类以及群体认同或歧视。

语言认同理论认为，同一语言共同体的群体内部在态度、情感、认知等方面具有较大的相似性；且对外具有较大的排斥性（Giles & Johnson，1981）。在中国文化中，方言具有重要的社会身份识别功能，常常是判断本地人或外地人的重要标准，表征言说者的社会（地域）认同。此外，语言还是文化的镜子，即语言投射个体的文化背景，表征文化身份（Kramsch，1998）。对城市当地居民而言，本地和外地方言分别对应先进与落后两种文化，农民流入城市，其落后文化将对自身的先进文化产生碰撞或侵蚀，从而可能增加对进城农民的排斥与歧视，降低进城农民的城市归属感和认同感。

美国实证研究结果显示，拉丁美洲移民因为不会说英语或者浓厚的口音，感受到美国本地居民强烈的歧视或排斥，社会认同感和归属感低

（Alarcón & Novak，2010）。而在中国广东，"在粤语环境中，当流动人口在公共生活中能够流利使用粤语，心理会产生优越感，觉得自己更接近当地人"（陈晨，2012）。与不熟悉广东话相比，熟悉广东话的农民工认为"自己属于城市"的比例约高出25个百分点（蔡禾、王进，2007）。方言流利程度越高，感受到本地人口的歧视越弱（魏下海等，2016）。而社会认同感是流动人口定居决策的关键考量因素。外来人口受本地居民的歧视越少，与城市居民的心理距离越近，越能降低心理压力，提升城市归属感和认同感，强化流动人口的城镇定居意愿（蔡禾、王进，2007；王玉君，2013；夏怡然，2010）。综上，方言技能可能通过社会认同机制对进城农民的城镇落户意愿产生间接影响。基于此，设立如下假设。

假设3：方言技能通过增进社会认同间接提升进城农民的落户意愿。

二 数据、变量与分析策略

（一）数据来源

本章所使用的数据来源于2014年全国流动人口动态监测"流动人口心理健康与社会融合"专项调查，该调查在北京、嘉兴、厦门、青岛、郑州、深圳、中山、成都等8个城市展开，采用分层和多阶段PPS抽样方法在每个城市选取15~59岁的2000名流动人口进行调查，最终有效问卷为15999份。根据研究主题筛选出进城农民样本10700个。

（二）分析变量

1. 因变量

落户意愿，主要根据受访者对"按当地政策，您是否愿意把户口迁入本地"问题的回答，分为"是"和"否"两种类型，分别赋值为1和0。

2. 自变量

方言技能，主要根据受访者对本地语言的掌握程度"听得懂也会讲"

"听得懂也会讲一些""听得懂一些但不会讲""不懂本地话"四个等级进行测量，分别赋值为 4~1 分。

3. 中介变量

收入，根据受访者对"您个人上个月（或上次就业）收入多少"进行测量，收入为非正态分布，故最终以收入对数纳入分析模型。

社会交往，主要通过与本地人的"交往意愿"和"实际交往"进行测量，其中交往意愿通过博格达斯社会距离量表进行测量，流动人口是否愿意"与本地人同住社区、做同事、做邻居、交朋友、通婚"，根据完全不同意至同意的回答赋值为 1~4 分。最终通过主成分分析①，拟合成一个交往意愿因子，纳入分析模型。实际交往根据受访者对"您觉得自己或家人与本地人相处得好不好"进行测量，分为"很融洽、比较融洽、一般、不融洽、来往很少"五个等级，分别赋值为 5~1 分。

社会认同，主要通过城市认同和社会歧视进行测量，其中城市认同主要通过"我感觉自己是属于这个城市的""我是这个城市的成员""我把自己看作城市的一部分""愿意融入社区或单位，成为其中一员"四项进行测量，分为完全不同意至同意（1~4 分）四个等级。通过主成分分析②，拟合成一个城市认同因子。社会歧视主要通过"我觉得本地人愿意接受我成为其中一员""我感觉本地人看不起我"两项进行测量，分为完全不同意至同意（1~4 分）四个等级（前者反向计分，后者正向计分），通过主成分分析③，拟合成社会歧视因子。

4. 控制变量

结合已有文献，选取性别、年龄、受教育年限、流动时间、流动范围、婚姻状况、住房等作为控制变量。所有的变量特征情况见表 6-1。

---

① 交往意愿因子分析 KMO 值为 0.882，累计方差贡献率 73.6%，因子载荷 0.696~0.874，Alpha 信度系数为 0.903。

② 城市认同因子分析 KMO 值为 0.810，累计方差贡献率 75.9%，因子载荷 0.792~0.913，Alpha 信度系数 0.894。

③ 社会歧视因子分析 KMO 值为 0.5，累计方差贡献率 63.5%，因子载荷均为 0.797，Alpha 信度系数为 0.424（处于勉强可接受范围内）。

表 6-1　变量特征情况

变量	均值/比值	标准差	变量	均值/比值	标准差
因变量:落户意愿			年龄(岁)	32.4	8.7
是(%)	47.1		受教育年限(年)	10.1	2.6
否(%)	52.9		流动时间(年)	4.2	4.6
自变量			流动范围(%)		
方言技能	2.9	1.07	跨省流动	50.4	
中介变量			省内跨市	45.6	
收入对数	8.1	0.53	市内跨县	4.0	
交往意愿因子	-0.001	0.98	已婚(%)	70.5	
实际交往	3.9	0.94	购房/自建(%)	8.0	
城市认同因子	0.008	1.00	就业地点(%)		
社会歧视因子	0.008	0.98	市区	56.2	
控制变量			城乡结合部	21.3	
性别(男)(%)	57.7		县城/乡镇	22.5	

(三)分析策略

首先采用二元 Logistic 回归模型分析方言技能对落户意愿的直接影响,若方言技能对落户意愿存在显著影响;在此基础上,使用 OLS 回归模型确定方言技能与收入、社会交往、社会认同的关系;若存在显著影响,再在直接模型基础上引入中介变量,建立联合模型,确立中介变量的作用。

三　结果与分析

(一)方言技能与落户意愿的交互分析

根据表 6-2 可知,进城农民的本地方言掌握程度一般,听得懂也会讲的比例占 40.70%,听得懂也会讲一些占 23.55%,22.52% 的进城农民听得懂一些但不会讲,还有 13.23% 的进城农民完全不懂本地话。不同方言流利程度的进城农民落户意愿存在显著差异,听得懂也会讲的进城农民落户意愿为43.02%,比听得懂一些但不会讲和不懂本地话的进城农民分别高出约21个和32个百分点。这一结果初步说明,方言流利程度越高,进城农民的城镇落户意愿越强烈。

表6-2 方言技能与落户意愿的交互分析

单位:人,%

方言技能	入户意愿 是	入户意愿 否	合计
听得懂也会讲	43.02	38.63	40.70
听得懂也会讲一些	24.05	23.11	23.55
听得懂一些但不会讲	22.09	22.89	22.52
不懂本地话	10.83	15.37	13.23
样本量	5051	5648	10699

$\chi^2 = 55.92$, Gamma $= 0.097$, $p = 0.000 < 0.05$

(二)方言技能对落户意愿的影响机制

方言技能对进城农民落户意愿影响的回归分析结果见表6-3。在控制其他变量的情况下,方言流利程度对落户意愿存在显著影响,回归系数为0.168,说明方言流利程度每提升1个等级,进城农民的落户意愿提升18.3%。其他控制变量结果与相关研究保持较大一致性。年龄越大、受教育程度越低者,在城市的可持续生计能力越弱,城镇落户意愿越弱。相对于跨省流动,省内跨市、市内跨县的进城农民落户意愿更低。流动时间越长,城市适应能力越高,进城农民落户意愿越强烈。已婚者和购房者的城镇落户意愿显著高于未婚者和未购房者。与在市区工作的进城农民相比,城乡结合部的进城农民落户意愿高出12.2%,但县城/乡镇的进城农民落户意愿降低约30%。

表 6-3　方言技能对落户意愿影响的 Logit 模型（N = 10699）

模型 1	系数	exp(b)	标准误
方言流利程度	0.168***	1.183	0.021
男性(女 = 0)	0.015	1.016	0.040
年龄	-0.016***	0.984	0.003
已婚(未婚 = 0)	0.317***	1.374	0.055
受教育年限	0.064***	1.066	0.008
省内跨市(跨省流动 = 0)	-0.348***	0.706	0.005
市内跨县(跨省流动 = 0)	-0.775***	0.460	0.010
流动时间	0.045***	1.047	0.004
购房/自建房(其他 = 0)	0.471***	1.601	0.008
城乡结合部(市区 = 0)	0.118**	1.122	0.051
县城/乡镇(市区 = 0)	-0.351***	0.704	0.051
Constant	-0.934***	0.393	0.148
LR chi^2	455.1***		
Pseudo R^2	0.031		

注：简单的 OLS 回归可能会导致内生性问题。一方面，方言技能会影响农民工落户意愿；另一方面，有落户意愿的农民工相对更有动力去主动掌握方言，因此，方言技能自变量与落户意愿因变量可能存在逆向因果的内生性问题。借鉴以往的研究（魏下海，2016），将流动范围作为掌握当地方言的工具变量，结果显示，利用工具变量后，当地方言流利程度仍然具有统计显著性，表明方言技能确实对进城农民落户意愿发挥显著影响，限于篇幅，文章结果未给出。*** $p < 0.01$，** $p < 0.05$，* $p < 0.1$。下同。

1. 收入机制

根据表 6-4 模型 2 可知，方言流利程度对落户意愿发挥显著正向影响，其系数为 0.009，方言流利程度每提升 1 个等级，进城农民的月收入增加约 10%。进城农民的方言流利程度越高，越有助于获得更广泛的就业信息，提升就业竞争力；在工作过程中，熟练使用当地语言能够促进与同事、领导等更好地交流，增强工作适应能力，提升工作效率；同时，有利于扩大社会网络，促进知识和技能的积累，提升收入水平。表 6-4 模型 3 结果显示，收入水平每增加 1 个对数单位，落户意愿提升 28.3%。综合表 6-3 和表 6-4 结果，加入收入变量之后，方言流利程度依然显著，且方言流利程度系数小幅下降，意味着方言技能显著提升进城农民的收入水平，而收入水平提升显著增强进城农民的落户意愿，假设1得到证实。

表6-4　方言技能对落户意愿的收入影响机制（N=10699）

变量	模型2月收入 系数	标准误	模型3落户意愿 exp(b)	标准误
方言流利程度	0.009*	0.005	1.176***	0.024
收入			1.283***	0.054
控制变量	yes		yes	
常数	7.664***	0.038	0.057	0.020
F/LR chi^2	125.60		492.46	
R^2/Pseudo R^2	0.114		0.030	

2. 社会交往机制

根据表6-5的模型4a和模型4b可知，无论是交往意愿因子还是实际交往，方言流利程度对社会交往均发挥显著正向影响，方言流利程度每提升1个等级，进城农民与本地居民的交往意愿因子提升0.033分，实际交往的融洽程度提升0.131分。也就是说，熟练掌握当地语言的进城农民，也愿意与当地人交朋友，相处融洽程度更高。方言流利程度高，有助于准确传达信息和情感，减少进城农民与本地居民的差异，进而产生更多社会交往和互动。进一步从联合模型来看，模型5a和模型5b的方言流利程度和社会交往变量仍然对落户意愿产生显著正向影响，交往意愿因子每增加1个标准差单位，落户意愿提升16.4%，与本地人实际交往融洽程度每提升1个等级，落户意愿提升22.0%。与模型1相比，模型5a和模型5b的方言流利程度系数从1.183下降到1.179和1.154，说明随着社会交往的增加，方言技能对进城农民的落户意愿影响逐渐减弱。也就是说方言技能通过社会交往间接影响进城农民落户意愿。方言技能水平越高，进城农民越愿意与本地居民交往，实际交往融洽程度越高，从而缩小两者之间的社会距离，增强进城农民的城镇落户意愿，研究结果支持假设2。

表 6-5 方言技能对落户意愿的社会交往影响机制 (N=10699)

变量	社会交往		入户意愿(exp)	
	模型 4a 交往意愿因子	模型 4b 实际交往	模型 5a	模型 5b
方言流利程度	0.033***	0.131***	1.179**	1.154***
交往意愿因子			1.164**	
实际交往				1.220***
控制变量	yes	yes	yes	yes
Constant	-0.286***	3.100***	0.407***	0.209***
F/LR chi^2	25.42	71.43	510.89	536.95
R^2/Pseudo R^2	0.026	0.068	0.035	0.036

3. 社会认同机制

表 6-6 的模型 6a 和模型 6b 结果表明，方言技能对进城农民的社会认同具有显著影响，方言流利程度每提升 1 个等级，进城农民的城市认同因子提升 0.056 分，感受到当地人的歧视降低 0.025 分。语言具有索引功能，进城农民方言技能较低，启动了本地居民对进城农民作为"外群体"的识别，降低进城农民的城市归属感和认同感。模型 7a 和模型 7b 表明，城市认同有助于提升落户意愿，城市认同因子每增加 1 个标准差单位，进城农民的落户意愿提升 20.4%，社会歧视对落户意愿有较大的负向作用，社会歧视因子每增加 1 个标准差单位，进城农民的落户意愿下降 11.6%。比较模型 1 和模型 7a、模型 7b 结果可以发现，在加入城市认同、社会歧视中介变量后，方言流利程度的系数显著变小，说明方言技能对落户意愿的影响在很大程度上是通过社会认同实现的，假设 3 得到证实。

（三）方言技能对落户意愿影响的异质性

在上述影响机制的基础上，进一步分流动范围和流动地点考察方言技能对落户意愿的影响是否具有异质性。表 6-7 模型 8a、8b、8c 研究结果显示，方言流利程度对跨省流动者发挥显著正向影响，而对于省内跨市流动者而言，方言技能虽有显著影响，但 exp 值小于 1，方言技能对落户意愿产

表 6-6　方言技能对落户意愿的社会认同影响机制（N=10699）

变量	社会认同 模型 6a 城市认同因子	社会认同 模型 6b 社会歧视因子	入户意愿(exp) 模型 7a	入户意愿(exp) 模型 7b
方言流利程度	0.056***	-0.025***	1.173**	1.180***
城市认同因子			1.204**	
社会歧视因子				0.884***
控制变量	yes	yes	yes	yes
Constant	-0.528***	0.070***	0.429***	0.209***
F/LR chi^2	57.99	43.33	537.51	491.50
R^2/Pseudo R^2	0.055	0.042	0.037	0.033

生负向影响；方言技能对市内跨县流动人口的落户意愿影响不显著。这可能与整个方言区相关，省内跨市流动者和市内跨县流动者可能同处一个方言区，同方言区内部进城农民的家乡话和本地话相似，语言带来的社会交往、社会认同等溢出效应有限（魏下海等，2016）。在本章的数据中，省内跨市流动者和市内跨县流动者与本地人交流时使用家乡话（包含视情况而定）的比例分别达到 40.4% 和 43.7%；而跨省流动者使用家乡话的比例仅 9.7%，能够熟练使用本地方言，给进城农民带来较高的收入，促进社会交往和社会认同，其落户意愿更强。

方言技能对进城农民落户意愿的影响，在不同流动地点发挥的作用存在差异。模型 9a、9b 和 9c 结果表明，方言技能对市区进城农民的落户意愿影响不显著，但对城乡结合部和县城/乡镇进城农民的落户意愿具有显著促进作用。这可能与不同地区的人口异质性有关，市区经济发展程度高，不同地区的人会聚于此，人口异质性大，普通话渐渐成为主流语言，而方言成为一种亚语言。而在城乡结合部和县城/乡镇，经济发展程度相对落后，以本地居民为主，语言环境相对封闭，传统方言仍然是人际交往的重要选择。因此，熟悉当地方言的进城农民更了解当地文化，融入当地圈子，进而有利于增强落户意愿。

表 6-7　不同流动地点和范围的方言技能对落户意愿的影响模型

变量	流动范围(exp)			流动地点(exp)		
	模型 8a 跨省流动	模型 8b 省内跨市	模型 8c 市内跨县	模型 9a 市区	模型 9b 城乡结合部	模型 9c 县城/乡镇
方言流利程度	1.437***	0.812***	0.783	1.033	1.399***	1.321***
控制变量	yes	yes	yes	yes	yes	yes
中介变量	yes	yes	yes	yes	yes	yes
Constant	0.764***	0.098***	0.051	0.092***	0.077***	0.027
LR chi^2	531.51	272.02	31.26	295.53	173.05	158.42
R^2/Pseudo R^2	0.071	0.040	0.055	0.036	0.055	0.049
N	5389	4884	426	6012	2276	2411

四　结论与讨论

利用2014年全国流动人口动态监测数据，考察方言技能对进城农民落户意愿的影响机制，得出以下结论。

第一，总体而言，进城农民的落户意愿随着本地方言技能水平的提高不断攀升。方言技能水平越高，落户意愿越强。习得普通话和本地方言有利于进城农民拓展社会交往网络，获得城市身份认同，进而促进城市融入（龙国莲等，2015）。

第二，方言技能对进城农民落户意愿的影响是通过收入、社会交往、社会认同实现的。方言技能水平在劳动力市场中能带来"收入溢价"效应，帮助进城农民融入当地圈子，增强相互之间的信任，提升城市认同感与归属感，从而增强进城农民的落户意愿。

第三，方言技能对落户意愿的影响随着流动范围和就业地点的改变而呈现异质性。方言技能对落户意愿的影响在跨省流动范围存在显著影响，但在省内跨市流动范围存在负向影响，在县内跨市流动中影响不显著。另外，方言技能对落户意愿的影响在市区不存在显著影响，但在城乡结合部和县城/

乡镇存在显著影响。

  研究结论表明：除了关注制度安排对进城农民落户城镇的影响外，还需要注意到方言技能对进城农民落户意愿发挥着不可或缺的作用。对跨省流动者以及城乡结合部与县城/乡镇的进城农民而言，应主动习得当地方言，减少与当地居民的语言交流障碍；提升方言技能等人力资本优势，拓展社会交往网络，降低社会交往的内卷化程度；加强城市认同，提升心理归属感，以便于全方位融入城市，提升其城镇落户意愿。政府层面应该更注重提升当地文化的开放性和包容性，以加强宣传为主，拓宽文化融入路径，给当地务工的"外地人"更多接触学习当地文化的机会，从而增强流动人口对当地的归属感。尤其是城乡结合部地区和县城/乡镇等方言使用较多地区，可以开展更多社会活动，使进城农民参与到本地居民生活中，以融入当地社会。

第七章 就业质量、获得感与农民工落户意愿

长期以来，由于城镇户籍难以获得以及城乡差距的客观存在，很多人都想当然地认为或者假设，只要制度和政策允许，农民工是愿意转变为市民的。然而，随着积分入户政策在全国多个地方的推行，农民工获得城镇户籍变得比以往任何时候都更加容易，为何他们加入城镇户籍的比例仍然不高呢？落户行为是由落户意愿转化而来的，因此对这一问题的回答需要从农民工的真实落户意愿方面寻找答案。影响农民工真实落户意愿的因素涉及多个层面，其中就业具有根本性的推动作用。就业既关乎生计，又关乎尊严；既是农民工获取城市生活资料的主要途径，又是其提升社会身份、实现自我价值的重要方式。高质量的就业不仅能够直接改善农民工的生活境遇，还会促使其对城市生活实际所得形成积极感知，从而可能对落户决策产生影响。虽然已有少量研究从就业质量视角入手探讨农民工的落户意愿问题，但在数据范围、指标完备性等方面都还有进一步提升空间。有鉴于此，利用2014年全国流动人口调查数据，分析就业质量、获得感和农民工落户意愿之间的关系，一方面有助于从理论层面进一步厘清就业质量影响获得感的内在机制；另一方面，在户籍制度改革背景下，对农民工落户意愿及其影响因素展开系统分析，可以较好地预测并通过改善就业质量从而影响农民工的实际落户行为，这对于推动城镇化健康发展、实现1亿左右农业转移人口在城镇落户的新型城镇化目标具有现实意义。

一 文献与假设

（一）农民工落户意愿及其影响因素

农民工的城市定居意愿与城市落户意愿共同构成了农民工的永久性迁移意愿，前者对应着永久性迁移意愿的行为性层面，而后者则对应着制度性层面（蔡禾、王进，2007）。如果说户籍制度放开之前，学术界主要考察的是前者，那么当户籍制度的藩篱被打破之后，对农民工落户意愿的研究就具有了基本前提。当前学术界对农民工落户意愿的研究主要集中在现状描述和影响因素两个方面，多数研究均指出，农民工的落户意愿并不强烈，具有落户意愿的农民工比例从20.49%到50.5%不等（郭未、鲁佳莹，2018；王晓峰、温馨，2017）。这提醒我们，关注"能不能落户"固然重要，但"愿不愿落户"同样值得深究，后者将在很大程度上决定农民工的市民化结果。为什么在采取积分入户类的户籍改革政策之后，多数农民工仍然不为所动，有哪些重要因素影响了农民工的落户意愿？学术界对于这一问题的答案可以归纳为四类：一是土地、住房、收入等经济因素，一般而言，在城市有自购住房的农民工落户意愿更强（刘林平、胡双喜，2014），在农村拥有承包地和宅基地则不利于落户意愿的产生（李俊霞，2016），而较高的收入既有可能降低城市户籍的吸引力（郭未、鲁佳莹，2018），也有可能催生更强的户籍转换意愿（秦立建、王震，2014）。二是农民工的人力资本、社会资本、心理资本因素，人力资本（受教育程度、职业技能、方言技能等）水平越高、社会资本越丰富，农民工的落户意愿越强，消极的社会心理感知则不利于落户意愿的产生（陈延秋、金晓彤，2014；郑爱翔，2018）。三是个体社会特征因素，农民工落户意愿存在性别、年龄、婚姻状况等方面的差别。四是城市特征因素，城市规模越大、层级越高、经济发展水平越高，对农民工落户的吸引力越大（秦立建、王震，2014；陈昭玖、胡雯，2016；张文武等，2018）。

有少量研究关注到了就业质量对农民工落户意愿的影响。如聂伟、风笑天（2016）运用长三角和珠三角农民工调查数据，分析了就业质量和社会交往对农民工落户意愿的作用机制。龚紫钰（2017）基于苏州、东莞、厦门三城市农民工数据，讨论了就业质量、社会公平感与农民工落户意愿的关系。章洵等（2018）探讨了就业质量对农民工城市落户意愿的作用机制及其代际差异。还有部分学者分别探讨了就业时间（石志雷、彭慧，2015）、工作权益保障（王晓峰、温馨，2017）等因素的影响作用。综观已有研究可以发现，专门从就业质量角度出发展开的农民工落户意愿研究尚不多见，仅有的少量研究都是很好的尝试，但是仍然存在以下不足：第一，已有研究要么利用区域性调查数据，要么只考虑就业质量的一个或几个指标，缺乏对就业质量与农民工落户意愿之间关系的综合与全面考察。第二，已有研究主要考察了就业质量对农民工落户意愿的直接效应，对间接效应的探讨尚未得到足够重视。然而在实际生活中，就业质量还可能通过其他变量间接作用于落户意愿，这些间接作用的具体机制值得充分探讨。有鉴于此，本章拟利用全国范围的农民工调查数据，分析就业质量的多个维度与农民工落户意愿之间的关系；不仅讨论就业质量对落户意愿的直接效应，还将分析就业质量通过获得感对落户意愿产生的间接效应。

（二）就业质量与农民工的落户意愿

对就业质量的研究发端于 19 世纪末期的西方社会，经过百余年的发展，已经形成关于就业质量的微观、中观和宏观定义。微观就业质量主要体现为薪酬激励、工作匹配度等（Schoder，2007）。中观就业质量指的是劳动力市场的运行状况和配置效率（Mincer，1958）。而在宏观方面，就业质量则主要源自国际劳工组织于 1999 年提出的体面劳动概念，指的是男女劳动者在自由、平等、安全和享有人类尊严的条件下获得体面的、富有成效的工作的机会（ILO，1999）。本章关注的农民工就业质量主要属于个体层次。

在农民工就业质量的测量指标上，学界已经展开了大量研究（唐美玲，2013；马继迁、张宏如，2014）。学者们提出的具体指标虽不完全相同，但基本都包括工作特征、薪资福利、工作权益保障、职业发展等客观维度和对工作的感知与评价等主观维度，这些都与农民工的城市落户意愿存在一定关系。工作特征，如职业层级、工作时间、单位所有制和职业身份等，与薪资报酬一样，都是衡量就业质量的核心指标，也是日常生活中判断一个工作是好是坏的基本标准。工作时间对落户意愿的作用机制已经得到多个研究的支持，即超时劳动不利于农民工产生落户意愿（王晓峰、温馨，2017），因为长时间的劳动使得农民工身心疲劳，无暇享受城市生活，从而减弱了城市户籍的吸引力。职业层级、职业身份总体上也能显著影响农民工的落户意愿，表现为从事体力劳动的农民工城市落户意愿相对较弱，而自我雇用的农民工更倾向于定居城市（李楠，2010；罗恩立，2012）。获得较高的劳动报酬是农民工进入城市务工的主要动力，虽然工资收入对落户意愿的影响在不同研究中具有异质性，但是较高的经济收入能为城市生活提供稳固的物质基础，因此总体上应当有助于催生农民工更为强烈的落户意愿。工作权益保障主要反映劳动者参与社会保险、工会和劳动合同签订等方面的状况。社会保险为农民工应对城市生活中面临的疾病、年老、失业等风险提供了重要保障，促使农民工更倾向于留在城市并转变为市民（王桂新、胡健，2015）。加入工会为农民工提供了利用组织力量维护合法劳动权益的机会，有助于增进工作福祉进而更有可能激发城市落户意愿（章洵等，2018）。劳动合同对落户意愿的作用比较特殊，表现出两面性，既有可能因为增加了农民工的就业稳定性，一定程度上避免劳动者的合法权益受到侵害而增强其落户意愿（梅建明、袁玉洁，2016），也有可能因为合同流于形式以及存在不公平条款而对落户意愿产生消极影响（聂伟、风笑天，2016）。职业发展衡量的是受访者参与由政府提供的职业技能培训的状况，职业技能培训作为农民工人力资本的重要产生途径，已经被多项研究证实能够显著提升农民工的留城和落户意愿（李楠，2010）。就业是一个劳动者与生产资料相结合而展开的活动，因此除了劳动时间、工资收入等与就业活动相关的客观特征之外，劳动者对于就业活动的主观评价也是就业质量不可或缺的组成部分。农民工对从事的职业主观评价越高，越有助于产生对城市生活的满足感以及对未来城市生活的积极预期,因此落户意愿越强(潘泽泉、邹大宽,2016)。根据以上对就业质量各维度与农民工落户意愿关系的思考,提出第一个研究假设。

假设1:农民工的就业质量水平越高,具有城市落户意愿的可能性越大。

(三)获得感与农民工的落户意愿

高质量的就业不仅意味着较为可观的经济收入,与之相伴的通常还有较高的职业声望以及社会经济地位等,这些都有助于提升农民工的获得感(聂伟,2019;杨金龙、王桂玲,2019)。所谓获得感,指的是多元利益主体在改革和发展的客观过程中对实际所得的主观评价(王浦劬、季程远,2018),是人们基于改革带来的利益而产生的实际感受。农民工的获得感是其在城市工作生活过程中逐渐积累起来的积极情感体验,而农民工对城市生活的认知和情感会影响其市民化意愿(姚植夫、薛建宏,2014)。虽然尚未有学者专门就获得感与农民工落户意愿之间的关系进行研究,但是关于相对剥夺感等变量和落户意愿之间关系的研究结论仍能够为我们提供启发。相对剥夺感是理解获得感的一个关键概念,可以看作获得感的反面,已有研究指出,加入城市户籍、实现市民化可以为农民工带来社会福利保障以及排除就业歧视等利益,而相对剥夺感越强,通过转变户籍来改善当前处境的期望就越大,因此无论是与本地居民比较而产生的组间相对剥夺感,还是与其他农民工比较产生的组内相对剥夺感,都会强化农民工的落户意愿(胡军辉,2015)。然而,另有学者指出,当农民工与城市居民进行比较时,如果相对剥夺感较弱,会倾向于采取向城市居民靠近的行为,反之,相对剥夺感太强,则不利于落户意愿的产生(张笑秋,2015)。可见,相对剥夺感的效应可能存在两面性。笔者认为,这种两面性作用也可能存在于获得感与落户意愿的关系模式中。一方面,获得感代表着一种积极的情感体验,有助于农民工形成对于未来城市生活的乐观期待,进而催生落户意愿。另一方面,获得感也可能会使农民工产生相对于原来所属的农民群体的优越感,并降低城市户籍的吸引力,从而无助于产生落户意愿。据此提出关于获得感影响农民工落户意愿的两个竞争性假设。

假设 2.1：农民工的获得感越强，具有城市落户意愿的可能性越大。

假设 2.2：农民工的获得感越强，具有城市落户意愿的可能性越小。

与此同时，笔者认为，就业质量对农民工落户意愿的影响作用是一个复杂多变的过程，同样的就业质量可能带给不同个体迥异的获得感受，进而影响落户意愿。据此提出第三个研究假设。

假设 3：农民工就业质量会通过获得感的中介作用对落户意愿产生影响。

二 数据与变量

（一）数据来源

本章所使用的数据来自 2014 年全国流动人口动态监测"流动人口心理健康与社会融合"专项调查。调查采用多阶段分层 PPS 抽样方法在北京市朝阳区、山东省青岛市、福建省厦门市、浙江省嘉兴市、广东省深圳市和中山市、河南省郑州市和四川省成都市展开，调查对象为在本地区居住一个月及以上、非本区（县、市）户口、2014 年 5 月年龄为 15~59 岁的流动人口，每个城市（区）样本量均为 2000 人，共得到有效样本 15999 个。其中男性占 55%；1980 年以后出生的新生代流动人口占 61.5%；受教育程度为小学及以下、初中、高中、大学专科、本科及以上的比例分别为 9.4%、50.5%、25.3%、9.9%、4.8%；户籍性质为农业的占 87.1%；处于就业状态的占 91.7%。调查内容涉及基本情况、就业与收入支出、社会融合、心理健康等。根据研究需要，保留了其中大专及以下、农业户籍且处于就业状态的样本，最终进入分析的有效样本为 12370 个。

（二）变量测量及描述

1. 落户意愿

落户意愿的测量方法是直接询问受访者"按照当地政策，是否愿意把户口迁入本地",回答"是",赋值为 1,代表具有落户意愿,愿意落户城市;"否"赋值为 0,表示不愿意在城市落户。从数据结果来看,农民工落户意愿总体不高,表示愿意落户的受访者占 45.7%,明显高于王桂新、胡健(2015)等人的研究结论,与龚紫钰(2017)等人的研究发现非常相近。

2. 就业质量

农民工就业质量是对农民工就业状况的综合反映,在对农民工就业质量进行评价时,应当坚持两项基本标准:一是采用主客观相结合的评价方法;二是运用多元化的评价指标,综合反映农民工就业的多维特征。参考学者们提出的农民工就业质量测量方法,结合数据可得性,拟从工作特征、薪资福利、劳动权益保障、职业发展、工作稳定性和主观职业地位六个维度对农民工就业质量加以操作化。工作特征的测量指标包括工作时间、单位所有制、职业身份。工作时间的测量方法是每周工作小时数,以较为全面地反映农民工加班频繁、休息日少的工作特征。单位所有制是询问受访者的就业单位性质,然后进行后期编码,将"机关、事业单位"及"国有和国有控股企业"归类为国有部门,赋值为 1,其余单位归类为非国有部门,赋值为 0。职业身份分为"雇员""雇主""自营劳动者""其他"四类。薪资福利包括工资收入和单位是否包吃住两个二级指标。工资收入通过月收入来测量,纳入回归模型时取对数。单位包吃住,赋值为 1,不包吃住赋值为 0。劳动权益保障维度的二级指标是社会保险种类、住房公积金、劳动合同及工会参与。社会保险种类的测量方法是分别询问受访者对城镇医疗保险、养老保险、工伤保险、失业保险和生育保险的参与情况,"参与"记为 1,"未参与"记为 0,然后将各项相加,得到一个社会保险种类变量。住房公积金分为有和没有,分别赋值为 1 和 0。劳动合同签订情况分为"有固定期限合同""无固定期限合同""未签订或不清楚"三类。工会参与是直接询问受访者是否为务工城市工会组织的成员。职业发展主要通过农民工参与技能培训和职业层级的情况来反映,若近三年在务工地参与过由政府提供的免费培训,赋值为 1,未参与过赋值为 0。职业层级根据职业类型划分为管理人员、专业技术人员和普通人员三类。工作稳定性通过本地工作年限和职业预期稳定性来测量，本地工作年限为调查时间减去流入当地的时间，职业预期稳定性为未来五年打算在哪工作生活，分为"本地、回乡和其他"。主观职业地位对应的问题是："如果一个人收入最高、职业最好，就处在 10；如果一个人收入最低、职业最差，就处在 1。与老家亲友、本地亲友、全社会的人相比，您分别处在哪个位置"，累加分值越大，主观职业地位越高。

3. 获得感

获得感的测量方法是提供两条有关获得感的论述，由受访者给出对于论述的同意程度，1 代表最不同意，7 代表最同意。这两条论述分别是："我的生活在大多数方面都接近于我的理想""迄今为止，我在生活中已经得到了我想要得到的重要东西"。将两条论述的得分相加，得到分值介于 2~14 的获得感得分，分值越高，表示获得感越强。

此外，根据已有研究结论，性别、年龄、受教育程度、婚姻状态、在城市拥有房产情况以及在农村拥有土地状况、流动范围、城市类型也会影响农民工的落户意愿，本章对这些变量同样加以控制。各变量的基本情况如表 7-1 所示。

表 7-1　变量的描述性统计

变量	赋值及定义	均值	标准差
因变量			
落户意愿	愿意 = 1，不愿意 = 0	0.46	0.49
自变量			
工作时间	每周工作小时数	59.50	15.81
单位所有制	国有部门 = 1，非国有部门 = 0	0.03	0.17
职业身份	雇员 = 1，雇主 = 2，自营劳动者 = 3，其他 = 4	1.58	0.88
工资收入	月收入对数	8.06	0.49
单位是否包吃住	包吃住 = 1，不包吃住 = 0	0.20	0.40
劳动合同	无固定期限 = 1，有固定期限 = 2，未签订/不清楚 = 3	2.46	0.63
社会保险种类	参与社会保险种类，最小值 0，最大值 5	1.22	1.88

续表

变量	赋值及定义	均值	标准差
住房公积金	有=1,没有=0	0.08	0.27
加入工会	加入=1,未加入=0	0.08	0.27
技能培训	近三年接受过政府提供的免费培训=1,未接受=0	0.30	0.45
职业层级	管理人员=1,专业技术人员=2,普通人员=0	0.13	0.48
本地工作年限	调查年份-流入务工地时间	4.18	4.42
职业预期稳定性	未来五年打算到哪工作生活,本地=1,回乡=2,其他=0	1.20	0.51
主观职业地位	与家乡亲友、本地亲友、全社会的人相比,自己的收入和职业地位主观评价之和,最小值3,最大值30	15.85	4.25
中介变量			
获得感	最小值2,最大值14	8.80	2.66
控制变量			
性别	男性=1,女性=0	0.58	0.49
年龄	调查年份-出生年份	32.67	8.80
受教育程度	文盲=1,小学=2,初中=3,高中=4,专科=5	3.30	0.78
婚姻状态	在婚(已婚或再婚)=1,不在婚(未婚、离异或丧偶)=0	0.72	0.44
务工地房产	在务工地有自购房=1,无自购房=0	0.07	0.24
老家土地	老家拥有田地亩数	4.26	12.17
流动范围	跨省流动=1,省内跨市=2,市内跨县=3	1.50	0.57
城市类型	一般城市=0,省会城市=1,特大城市=2	0.67	0.79

三 分析与发现

笔者假设较高的就业质量不仅会直接提升农民工的落户意愿,还会通过获得感进而对落户意愿产生间接效应,为了检验这一假设是否成立,本章拟采用中介分析法。根据温忠麟等人提出的中介作用检验流程[①],需要建立三个模型:第一,建立就业质量对落户意愿的回归模型,得到模型1;第二,

---

[①] 篇幅所限,不详细介绍中介作用的检验流程,具体可参见温忠麟、叶宝娟《中介效应分析:方法和模型发展》,《心理科学进展》2014年第5期。

以获得感为因变量,就业质量为自变量,建立模型2;第三,在模型1的基础上,加入获得感变量,建立模型3。在3个模型中,对受访者的人口学特征、流动特征以及拥有房产和土地状况都加以控制。由于落户意愿是二分变量,获得感是连续性变量,所以模型1和模型3采用二元Logistic模型进行估计,模型2采用OLS模型。模型详细情况见表7-2。

表7-2 农民工落户意愿的影响因素分析

类型	变量	模型1:就业质量 B	S.E.	exp(b)	模型2:获得感 B	S.E.	模型3:就业质量+获得感 B	S.E.	exp(b)
控制变量	男性(女性)	-0.017	0.041	0.983	-0.161***	0.046	-0.014	0.041	0.986
	年龄	0.036*	0.019	1.036	-0.052**	0.021	0.036*	0.019	1.037
	年龄²/100	-0.061**	0.027	0.941	0.087**	0.029	-0.062**	0.027	0.940
	受教育程度(大专)								
	小学及以下	-0.447***	0.104	0.639	-0.010	0.117	-0.447***	0.104	0.639
	初中	-0.384***	0.080	0.681	-0.097	0.090	-0.383***	0.080	0.682
	高中	-0.206**	0.082	0.814	-0.123	0.092	-0.204**	0.082	0.815
	在婚(不在婚)	-0.220***	0.064	0.803	0.480***	0.072	-0.227***	0.064	0.797
	自有住房(否)	0.312***	0.078	1.366	0.440***	0.089	0.306***	0.078	1.358
	老家土地	-0.004**	0.002	0.996	0.0004	0.002	-0.004**	0.002	0.996
	流动范围(市内跨县)								
	跨省流动	-0.146	0.116	0.864	0.043	0.128	-0.146	0.116	0.864
	省内跨市	0.237**	0.112	1.267	0.061	0.123	0.236**	0.112	1.266
	城市类型(一般城市)								
	特大城市	-0.895***	0.056	0.409	0.062	0.062	-0.896***	0.056	0.408
	省会城市	0.911***	0.056	2.486	0.011	0.062	0.910***	0.056	2.485
工作特征	工作时间	-0.005***	0.001	0.995	-0.007***	0.002	-0.005***	0.001	0.995
	国有部门(否)	0.348**	0.122	1.416	0.196	0.137	0.345**	0.122	1.412
	雇员(雇主)	0.100	0.090	1.105	-0.463***	0.102	0.106	0.090	1.112

续表

类型	变量	模型1:就业质量 B	S.E.	exp(b)	模型2:获得感 B	S.E.	模型3:就业质量+获得感 B	S.E.	exp(b)
工作特征	自营劳动者	0.207**	0.083	1.230	-0.146	0.095	0.209**	0.083	1.232
	其他	0.130	0.231	1.138	-0.133	0.260	0.130	0.231	1.139
薪资福利	工资收入	0.082**	0.045	1.085	0.140**	0.050	0.080*	0.045	1.083
	包吃住（否）	-0.182***	0.053	0.833	0.060	0.059	-0.183***	0.053	0.832
劳动权益保障	劳动合同（未签订或不清楚）								
	无固定期限	-0.219**	0.083	0.804	-0.084	0.093	-0.218**	0.083	0.804
	有固定期限	-0.220***	0.060	0.803	0.076	0.067	-0.221***	0.060	0.802
	社会保险种类	0.031**	0.014	1.031	-0.026	0.016	0.031**	0.014	1.031
	住房公积金（否）	-0.084	0.084	0.920	-0.343***	0.093	-0.079	0.084	0.924
	加入工会（否）	-0.012	0.079	0.988	0.099	0.088	-0.013	0.079	0.987
职业发展	技能培训（否）	0.169***	0.045	1.184	0.208***	0.051	0.166***	0.045	1.181
	职业层级（普通人员）								
	管理人员	0.007	0.217	1.007	0.076	0.245	0.005	0.217	1.006
	专业技术人员	0.078	0.086	1.081	0.004	0.097	0.078	0.086	1.081
工作稳定性	本地工作年限	0.028***	0.005	1.028	0.008	0.172	0.028***	0.005	1.028
	职业预期稳定性（流动到其他城市）								
	本地	0.906***	0.096	2.474	0.260***	0.102	0.902***	0.096	2.464
	回乡	-0.842***	0.124	0.431	0.060	0.120	-0.842***	0.124	0.431

续表

类型	变量	模型1:就业质量 B	S.E.	exp(b)	模型2:获得感 B	S.E.	模型3:就业质量+获得感 B	S.E.	exp(b)
	主观职业地位	0.022***	0.005	1.022	0.216***	0.005	0.019***	0.005	1.019
	获得感						0.014*	0.008	1.014
	常量	-1.79***	0.496	0.167	5.116***	0.553	-1.858	0.497	0.156
	-2LL	15199.9					15196.8		
	Chi²/F	1857***			76.0***		1860***		
	Nagelkerke R²	0.186			0.160		0.187		
	N	12370			12369		12370		

注：括号内为参照组；* $p<0.1$，** $p<0.05$，*** $p<0.01$。

（一）就业质量对农民工落户意愿的直接效应

第一，工作特征与落户意愿。从模型3可以看出，就业特征维度三个指标的效应都通过了显著性检验。工作时间对落户意愿具有显著的负向影响，其可能的作用机制在于，长时间劳动限制了农民工的社会交往和社会融入，并降低了农民工的闲暇生活品质，从而不利于落户意愿的产生。描述统计结果表明，农民工的周平均工作时间达到59.50小时，严重超过了劳动法的相关规定，可见，超时劳动已经成为阻碍农民工产生城市落户意愿的显性因素。与在非国有部门就业的农民工相比，在国有部门就业者落户意愿高出41.2%，国有部门受到的监管较为严格，在这类单位就业，发生拖欠工资、不签订劳动合同等侵害劳动者权益事件的可能性较低，这会增强农民工对城市的积极体验，从而愿意落户。成为自营劳动者也可以显著增加农民工产生落户意愿的可能性。

第二，薪资福利与落户意愿。薪资福利维度的两个指标是工资收入和单位是否包吃住。就工资收入与落户意愿的关系而言，已有研究呈现"无关论""提升论""削弱论"之别，而数据支持了提升论，即工资收入有助于提升农民工的落户意愿。一方面较高的工资收入意味着农民工具备了成为城镇居民所需要的职业能力，他们能够在劳动力市场竞争中拥有一席之地，无须保留农村户籍作为退路；另一方面工资收入直接反映了经济实力，城市生活各项支出远高于农村，唯有具备较好的经济基础才可以生存下去，高收入的农民工有能力负担这些支出，因此较高的工资收入会伴随着更强烈的落户意愿。与预想相反，单位包吃住的农民工具有落户意愿的可能性要比单位不包吃住的农民工低16.8%，对此的一个可能解释是，单位包吃住虽然节省了农民工的日常开支，但是现阶段，工厂等用工单位提供的食宿条件不尽如人意，主要停留在提供栖身之所的水平，并不利于农民工发展社会资本及获得高质量休闲生活，因此并未对农民工的落户意愿发挥促进作用。

第三，劳动权益保障与落户意愿。已有研究指出，合同越是完善，合同期限越是长久，农民工成为真正市民的愿望就越强烈（梅建明、袁玉洁，2016），然而数据结果显示，与未签订或者不清楚是否签订劳动合同的农民工相比，签订固定期限合同的农民工具有落户意愿的可能性反而显著更低，且签订无固定期限合同也具有负向影响。数据结果在一定程度上回应了有关劳动合同与落户意愿之间关系的争论，表明农民工在劳动力市场上处于弱势地位，尽管签订了劳动合同，但合同不规范、存在不平等条款等问题消解了劳动合同对落户意愿可能存在的积极影响。加入工会虽对农民工落户意愿影响不显著，但呈负向影响，与研究预想相反。其原因可能在于，大部分农民工没有充分认识到工会的价值及参与工会的意义，因此不愿意加入工会，描述分析结果显示农民工参与工会的比例仅为8%即表明了这一点；而那部分愿意加入工会的农民工，又因为需要缴纳会费、基层工会功能尚未充分发挥等因素，对于参与工会的收益评价较低，由此导致工会参与变量反而呈现负向影响。社会保险种类与落户意愿之间存在显著的正向关系，表现为农民工在务工地拥有的社会保险种类越多，愿意落户的可能性越高。农民工的人力资本和社会资本存量较低，所从事的又大多是"脏累险"的工作，因此其城市生活面临的风险较大，而自身抵御风险的能力又不强，工伤、疾病、失业等生活事件很容易导致农民工及其家庭的生活陷入困境，而社会保险能够发挥安全网的功能，增强农民工应对生活风险的能力，进而对其落户意愿产生积极影响。住房公积金对农民工的落户意愿影响不显著，但呈现负向影响，大部分农民工不具备在城市买房的首付能力和偿还能力，缴纳住房公积金反而降低农民工的现金收入，进而降低落户意愿。

第四，职业发展与落户意愿。长期以来，农民工的受教育水平低，人力资本和职业技能缺乏，市民化能力弱，是阻碍农民工市民化的关键因素；教育培训可能对农民工的市民化具有至关重要的作用。数据结果显示，与未参加过政府组织的免费培训的农民工相比，参加过培训的农民工落户意愿提升18.1%。技能培训是人力资本的重要体现，尤其是在本地接受的职业技能培训，"干中学"能够增加农民工的专用型人力资本，提高工作能力和工作效率，增加劳动收入，进而提升其落户意愿。一般来说，职业层级越高，职业发展前景越好，但对于农民工而言，不同层级农民工落户意愿不具有显著差异。

第五，工作稳定性与落户意愿。农民工在本地工作年限越长，越愿意落户本地城镇，农民工在一个城市连续工作的时间越长，越有利于拓展本地社会网络，提高对该城市的熟悉度和确定性，减少不安全感和陌生恐惧感，而且越有机会享受城市的公共服务，感受与农村相比的优越感，提升城市亲近度，进而增强落户意愿。职业预期稳定性对农民工落户意愿具有显著影响，与未来五年打算在不同城市漂泊的农民工相比，继续留在本地农民工的落户意愿增加146.4%，而准备回乡工作者的落户意愿降低56.9%；这说明农民工的落户意愿不仅受职业现状的影响，还受职业预期稳定性的影响，职业预期越稳定，意味着对本地的适应度越高，落户带来的收益就越高，落户的概率才会增加。

第六，主观职业地位与落户意愿。与老家亲友、居住地亲友、社会其他成员相比，对自己收入和职业地位评价越高的农民工，越有可能愿意落户城镇；主观职业地位评价每增加1分，落户意愿提升1.9%。作为社会人，与他人进行比较是天性，农民工在工资待遇、职业地位等方面都可能遭受不公正待遇，在"不患寡而患不均"心态的影响下，容易引发不公平感，进而对城市生活产生消极评价；相反，如果通过与他人比较，发觉自身的收入和职业地位都较高，则更可能对城市生活持积极乐观态度，进而愿意转换户籍，成为真正的市民。总体而言，研究假设1只得到了部分验证。

（二）获得感对农民工落户意愿的影响

农民工加入城市户籍不仅是一个经济理性行为，还是一个社会理性行为，会受到很多非经济因素的影响。换言之，理性选择并不仅仅指收入最大化，还要求发生转变之后生活水平及生活感受要高于或者至少不低于原有水准。数据结果表明，农民工的获得感水平越高，越可能具有城市落户意愿，即假设2.1得到验证，相应的，假设2.2未能得到数据支撑。Stark 等（1988）曾经运用社会剥夺感概念来解释人们的迁移决策，认为如果迁移能够带来剥夺感的降低和满足感的提升，则可以称其为具有强烈的迁移动机，也就是说具有较强相对剥夺感的人更有可能做出迁移决策，数据结果似乎与这一论断并不相符。事实上，在我国的现实情境下，Stark 等的理论更适合解释农民工离开农村进入城市工作的决策过程，而对于进一步的市民化问题，则解释力较弱，因为转换户籍、成为市民不仅意味着能够得到一些城市居民才有的资源，还意味着要断开原有的社会关系纽带、与城市居民建立起新的关系网络、放弃农村的土地和房产、在城市购买住房等，这其中的很多需求并非改变户籍就能直接得到满足的，而是主要依靠农民工自己的能力和努力。因此，农民工在进行落户决策时会在可能获得的和一定会失去的东西之间进行比较权衡，只有那些在当下获得感较强、剥夺感较弱的个体，才会有信心做出转换户籍的决定，落户对他们而言更主要的是发挥一种"锦上添花"的作用；而那些获得感较弱而剥夺感较强的农民工，因为户籍转换不一定能够为其带来"雪中送炭"的效果，为了防止损失的进一步扩大，更倾向于选择保留农村户口。正因如此，不能忽视对实际获得的主观感受变化给农民工落户意愿带来的影响。

(三)获得感的中介作用检验

根据温忠麟等提出的新中介检验流程,在自变量对因变量(模型 a)、自变量对中介变量(模型 b)、自变量及中介变量对因变量(模型 c)三个模型中,若模型 a 的自变量系数显著,模型 b 和 c 的自变量系数和中介变量系数都显著,则表明存在部分中介效应;若模型 b 的自变量系数显著而模型 c 自变量系数不显著,则表明存在完全中介效应;若模型 b 的自变量系数和模型 c 的中介变量系数至少有一个不显著,则需要使用 Bootstrap 法检验是否存在中介效应或遮掩效应。若模型 a 的自变量系数不显著,模型 b 的自变量系数和模型 c 的中介变量系数至少有一个不显著,则需要使用 Bootstrap 法检验是否存在遮掩效应。

根据表 7-2 结果,工作时间、工资收入、技能培训、留在本地发展、主观职业地位的系数在模型 1~3 中都显著,且获得感系数在模型 3 通过显著性检验,表明这些变量对农民工落户意愿影响的获得感中介效应成立。每周工作时间越长,虽然能提高农民工的劳动收入水平,但同时也挤压农民工的闲暇娱乐、社会交往和自我提升时间,损害农民工对城市生活的积极评价,降低获得感,进而降低落户意愿。随着收入水平的提高,农民工的获得感进一步增强,进而强化落户意愿。在农民工群体整体受教育水平以初中和高中为主的现实背景下,技能培训对其人力资本提升具有至关重要的作用,参加政府组织的免费职业技能培训,显著强化农民工的获得感,增强其对自身是务工城市一员的身份认同(徐延辉、邱啸,2019),进而提升落户意愿。而职业预期稳定性中,未来五年继续留在本地发展的农民工,对本地的工作生活适应度更高,产生更多获得感,进而强化户籍转换意愿。获得感状况不仅源于个人利益在改革开放前后的状态对比,也源于个人利益与他人获得利益的对比;与老家亲友、本地亲友、全社会其他人相比,对自身就业和收入状况评价积极的农民工,获得感显著强化,进而提升农民工的落户意愿。

针对其他的就业质量变量,均需要通过 Bootstrap 检验中介效应或者遮掩效应是否存在，通过 Bootstrap 法抽样 1000 次对国有部门、就业身份、包吃住、劳动合同、社会保险种类、加入工会、职业层级、本地工作年限、回乡发展的间接效应进行检验，得到的 95% 置信区间均包含 0 且双尾检验不显著，即中介效应均不显著。总结起来，假设 3 得到部分验证。

四　结论与启示

（一）研究结论

数以亿计的农民工带着对美好生活的向往进入城市，为我国的工业化和城镇化建设做出了重大贡献，但是城市生活并非总如预期般美好，各种困境和挑战时常动摇着农民工在城市长期居留进而落户城市的决心，即便在户籍制度改革极大降低户籍转换难度的情况下，依然有很高比例的农民工不愿意落户城镇。那么农民工落户意愿的现状究竟如何呢？有哪些因素会影响农民工的落户意愿，其作用机制如何？带着这些问题，利用 8 个城市农民工调查数据，实证分析了就业质量、获得感与农民工落户意愿之间的关系。主要研究结论如下：第一，农民工的落户意愿总体不高，愿意落户的农民工比例不到一半。第二，就业质量是农民工落户意愿的有效预测变量，较高的就业质量能够直接带来落户意愿的提升。在国有部门就业、职业身份为自营劳动者的农民工具有落户意愿的可能性更高；月收入和社会保险水平越高、参加过职业技能培训、本地工作年限越长、职业预期越稳定、主观职业地位评价越积极，农民工的落户意愿越强；超时劳动、单位包吃住、签订劳动合同则不利于落户意愿的产生。第三，就业质量能够通过获得感间接作用于农民工的落户意愿。获得感的中介效应主要通过工作时间、工资收入、技能培训、留在本地发展、主观职业地位等变量发挥作用，工资收入越高、参加职业技能培训、职业预期稳定性越高、主观职业地位越高，其获得感越强，进而强化落户意愿；每周工作时间越长，获得感越弱，进而降低落户意愿。

（二）政策启示

以上研究结论表明，农民工不仅符合"经济人"假设，还符合"社会人"假设，吸引农民工做出落户决策的不仅有户籍背后捆绑的物质收益和福利待遇，还有情感和精神的满足。结合数据分析结果，在继续深化户籍制度改革的同时，可以从提升农民工就业质量、增强获得感角度，助力农民工市民化进程的有序推进。

首先，切实提升农民工的就业质量，这是促使农民工产生落户意愿的关键途径。具体可以从以下几方面着手：第一，消除就业市场中的户籍歧视，推进就业机会和就业服务均等化。数据分析结果表明，现实生活中人们评价一个好工作的常用标准，如收入多、国有部门、职业层级高等，均被证明有助于激发农民工的落户意愿，而囿于城乡分割的劳动力市场，农民工很难获得这类岗位，这是造成他们就业质量不高的首要原因。因此，要真正卓有成效地提升农民工的就业质量，必须营造公平的就业环境，逐步消除就业市场中的户籍歧视，并建立起覆盖城乡的就业服务体系，确保农民工不至于因为户籍身份而失去进入国有部门及某些待遇较好、收益较多的行业和岗位的机会。

第二，加强对企业的监督和对农民工的宣传教育，保障农民工的合法劳动权益。农民工的劳动权益指的是农民工在企业内部履行劳动义务的同时享有的权益，劳动报酬、工作时间、休息休假、社会保险等都是劳动权益的重要内容，而数据分析发现这些因素都关系到农民工落户意愿的生成，应当引起关注：一是加强劳动保护相关法律法规的落实和对企业的监督，确保同工同酬并完善农民工的工资增长机制，稳步提高农民工的收入水平。二是合理控制劳动时间，保障农民工的休息权利。严重的超时劳动对于农民工实现深层次社会融入形成了诸多障碍，不仅直接挤压休息时间影响身心健康，而且导致农民工无暇积累人力资本实现向上职业流动，并造成其社会交往"内卷化"。对此，应当加强对企业特别是重点行业企业的监管，保障广大农民工的合法休息权利，并关心农民工的闲暇生活质量，让农民工有条件享受闲暇时光，更好地感受城市文化。三是完善农民工的社会保险制度，扩大社会保险覆盖面，提升农民工的社会保险水平。在企业方面，应当强化对企业的教育和监督，促使其按照法律和政策的规定，将农民工纳入城镇职工社会保险体系，对城镇职工和农民工一视同仁；在农民工方面，要加大宣传教育力度，帮助农民工认识到社会保险的重要作用，避免其与企业形成"合谋"，为了眼前的直接收益而少缴或者不缴社会保险费用。通过社会保险建设加大对农民工城市生活的保障力度，增强其城市生活信心。四是健全劳动合同关系，提高劳动合同签订率及公平性。数据分析发现，仍有超过一半的农民工未与用工单位签订劳动合同，或者不清楚是否签订了劳动合同。不仅劳动合同签订率有待进一步提升，而且由于劳动监察部门未能做到严格执法，对企业监管不力，劳动合同的效力也未得到有效发挥。对此，一方面要进一步督促企业和农民工签订劳动合同，另一方面劳动监察部门要严格按照《劳动合同法》的规定，做到有法必依、执法必严，提高劳动合同的公平性。五是加强基层工会建设，促使工会切实发挥维护农民工合法权益的功效。一方面要积极探索农民工加入工会组织的多种形式，提高农民工工会参与率；另一方面要针对当前农民工群体面临的突出和现实问题，协同相关部门，共同承担起维护他们合法权益的职责，如帮助农民工与企业签订规范的劳动合同并监督企业严格执行、监督企业将农民工纳入社会保险范围等，改善工会行政化、虚化的状况，使工会真正成为员工利益代言人而不仅仅扮演调解人角色。

第三，完善针对农民工的职业技能培训，拓展其职业发展空间。职业技能培训对农民工职业发展的重要作用再怎么强调都不为过。一方面，要提升以农民工为对象的技能培训的针对性和实效性，设计出符合农民工工作特征的培训内容和培训形式，明确政府、企业和各类就业培训机构在农民工技能培训中的角色。另一方面，应建立并完善农民工职业培训成果认证体系，由专门组织负责对农民工的学习成果进行官方认定，使职业培训与人力资本积累及职业发展之间的关系以一种更为可见的形式呈现，增强农民工参与培训的积极性，从职业发展角度强化农民工落户城市的意愿。

第四，助力农民工增强职业稳定性，形成积极的职业预期。为了追求更好的工资待遇和发展空间，农民工频繁地跨区域跨行业转换工作，短工化趋势明显。但是研究表明，无论是行业间还是行业内、城市间还是城市内的频繁流动都会对就业质量产生消极影响（明娟，2018）。因此，应该加强宣传教育，帮助农民工形成科学的就业观念，使其认识到盲目且频繁的流动不仅不利于其积累工作经验并提升人力资本，而且不利于发展城市社会资本，也无助于形成对城市的深度认同，进而影响其城市生活质量。力争在提高农民工职业预期稳定性、减少盲目流动的同时，逐步增强其城市落户意愿。

其次，增强农民工的获得感，减少剥夺感，强化市民化的心理基础。农民工的获得感是农民工对自身所得的全方位感受，不仅涉及现实的生活状态，还涵盖了其对未来生活的预期，即拥有较强获得感的农民工不仅对现状较为满意，且对城市生活的未来有积极预期，进而有更大的可能落户城市。因此，应当增强农民工的获得感，充分发挥获得感的中介作用，推动农民工的深层次社会融入。使农民工共享平等的发展机会，是促进其获得感提升的基本前提，而这一平等的发展机会需要以权利公平、规则公平和机会公平为核心的制度安排和政策体系作为支撑（李锋，2018）。具体而言，应该增强社会体系的开放性，使得包括农民工在内的每一位社会成员都有参与竞争的机会；政府应该进一步转变职能，提高公共服务均等化供给水平，确保教育、医疗、住房等直接关系农民工生活质量的公共服务资源能够覆盖到农民工群体，缩小农民工与城镇居民之间的差距，减轻因横向比较而产生的剥夺感。总而言之，应该明确户籍转换对于农民工而言究竟意味着什么，农民工的主要顾虑是什么，进而有针对性地设计和实行相关政策，同时实现农民工获得感的增强和相对剥夺感的减弱。

第八章 就业质量、生活控制感与农民工的获得感

一 问题的提出

改革开放事业推进的不同时期需要有不同的衡量改革成效的标准。2016年2月,习近平总书记在全面深化改革领导小组第二十一次会议上指出:要把是否促进经济社会发展、给人民群众带来实实在在的获得感,作为改革成效的评价标准。党的十九大再次提出,要"保证全体人民在共建共享发展中有更多获得感",并"使人民的获得感、幸福感、安全感更加充实、更有保障、更可持续"。现阶段,更加充实、有保障、可持续的获得感已成为全体人民的殷切期盼。获得感具有两个基本特征,首先,它不是个别人的获得感,而是所有人的获得感,因此应该公平公正;其次,获得感必须具有"包容性"特征,边缘群体的获得感特别重要(曹现强、李烁,2017)。农民工是中国经济社会发展的重要推动力量,然而,在一系列双重制度的刚性约束下,农民工群体尽管实现了工作和生活场域的转换,却在主观认知及实际享受的社会待遇方面远远落后于"城里人",严重影响了其获得感及幸福感,进而不利于城市融入。因此,如何提升农民工群体的获得感是改革进入新阶段一个亟待解决的社会问题。

现阶段关于获得感的研究成果虽逐渐增多,但关注的重点对象是大学

生、城镇居民等，基于农民工视角的获得感研究仍显得较为薄弱。作为占人口总数近 1/5 的弱势群体，农民工的获得感状况不仅关乎自身生活质量，而且事关整体经济社会发展水平，关注并把握农民工的获得感状况，是提升人民群众获得感的重要内容。那么他们的获得感状况如何？有哪些主客观因素会影响其获得感？对这些问题的系统回答，既能够丰富学术界关于获得感及其影响因素研究的学术成果，又能为政府制定公共政策提供经验依据。鉴于获得感包括客观获得与主观感知两个基本面向，本章将在已有研究的基础上，从主客观相结合的视角来探究农民工获得感的影响因素，重点分析就业质量、生活控制感与获得感的关系。在此基础上，尝试从就业质量角度提出提升农民工获得感的对策思考。

二 概念厘清与文献回顾

学术界关于获得感的研究尚未形成系统化的理论体系，作为一个本土性极强的中国概念，国外更是不存在与之直接对应的概念指称。所谓获得感，指的是多元利益主体在改革和发展的客观过程中对自身实际所得的主观评价（王浦劬、季程远，2018），是人们基于改革带来的利益与权益而产生的实实在在的、切身的感受，包括"客观获得"和"主观感觉"两个层次。就客观获得而言，不仅包括经济利益、物质利益，还涵盖了社会权利、政治权利、尊严及价值等，这是主观感受得以存在的基础；同时，获得感的产生还需要经过一系列社会心理过程的调节，同样的物质获得对不同群体可能意味着不同的获得体验，这是获得感的主观面向。国外文献中与获得感较为接近的概念包括"幸福感""主观生活质量"等，但后者更偏重主观感受。少数实证研究结果表明，当前我国民众总体获得感一般，且随着时间的推移和阶层地位的上升而不断提升（王浦劬、季程远，2018；文宏、刘志鹏，2018）；但并未随物质生活水平同步提升，呈现边际效用递减规律下的"钝化"倾向（辛秀芹，2016）。但少有研究基于实证资料探究农民工的获得感。

有关获得感影响因素的观点可归纳为社会结构地位模型、心理认知模型和宏观政策模型三类。社会结构地位模型认为获得感是主客观社会地位共同作用的结果，且客观社会地位的效应低于主观社会地位，阶层自我定位是影响获得感的主要因素（孙远太，2015；陈云松等，2016）。心理认知模型指出进取性和人际主动性心理资本有助于提升流动人口获得感；公平认知框架对于获得感的生成存在诱导效应（曾维希等，2018；黄艳敏等，2017）。宏观政策模型则认为经济激励、公共服务供给、扶持政策等都是获得感的有效预测变量（阳义南，2018；李斌、张贵生，2018）。囿于学术界关于农民工群体获得感影响因素研究缺失的困境，本章将借鉴其他社会群体获得感研究及农民工幸福感研究的相关成果，探究农民工获得感的影响机制。如前所述，获得感包括主观和客观两个层次，其影响因素也必然包括主观和客观两个层面。在客观层面，就业是农民工在城市安身立命的基础，也是其社会地位的根本决定力量，对农民工的幸福感和生活满意度有重要影响；而在主观层面，对于掌控自身命运能力的认知也会作用于农民工的生活安排，也应该纳入获得感的分析框架中来。前者可视为农民工获得感的物质触发机制，而后者可以归结为心理调节机制。

（一）就业质量与农民工获得感

就业质量是一个多维度的综合性概念，是劳动者就业状况的综合反映，源自国际劳工组织的"体面劳动"理念，即劳动者在自由、公平、安全和有尊严的条件下获得体面和有成效的工作机会。现阶段对就业质量的测量在具体指标上并未达成统一意见，但基本都包含了工作报酬、工作强度、工作福利、工作稳定性、职业发展空间等客观维度，并日渐普遍地将工作满意度等主观维度考虑在内（李中建、袁璐璐，2017）。将主客观指标相结合是当前就业质量测量的普遍趋势。

改善就业质量或许是最直接最有效的提升农民工获得感的途径。从获得感的具体内容来看，工资收入是就业质量的核心因素，是农民工进入城市社会的重要动力，也是最能够代表"实际所得"的客观获得物，收入的增加能够显著降低农民工的经济剥夺感（欧阳博强、张广胜，2018）。过长的工作时间不仅会造成身体的疲劳和精神的压抑，还挤压了劳动者用于休闲娱乐、发展人际关系、自我提升等活动的时间，因而会显著降低农民工的幸福感（卢海阳等，2017）。与超长的工作时间一样，缺失的社会保障、不规范或流于形式的劳动合同、频繁的职业转换等也是农民工就业的显著特征，而这些都被证明不利于农民工幸福感的产生（刘靖等，2013）。在客观就业特征之外，农民工对就业状况的满意程度也会影响其对城市生活的总体感受，进而影响未来生活安排（聂伟、风笑天，2016）。就业让农民工的生活更美好，但是这种就业应该是高质量的。

国内学术界虽然没有系统探讨就业质量对获得感的影响，但是对与就业质量相关的经济社会因素和获得感的关系有一定讨论。为数不多的关于获得感的实证研究指出，客观阶层地位（以职业类型测量）和客观经济地位（以收入水平反映）越高的居民，其获得感水平越高，且居民对于社会地位的主观评价也对获得感具有显著影响；较强的创业能力能够提升农民的创业获得感（苏岚岚等，2016）；就业机会对于获得感的生成具有正向促进作用（黄艳敏等，2017）；绝对收入、相对收入以及社会保障都能够显著影响居民的获得感（冯帅帅、罗教讲，2018）。这些发现进一步支持了将就业质量纳入农民工获得感解释框架的理论合理性。

（二）生活控制感与获得感

就业不仅能够提供物质收益，还是个体发展社会关系、建立自我认同、获得尊重及价值感的重要途径（Winkelmann et al.，1998）。高质量的就业有助于个体形成积极的自我评价，增加掌控自身环境和对自我行为负责的信心，即形成生活控制感。大量研究表明，控制感是幸福感、健康水平和学业成就的有效预测变量（郭昫澄、郭永玉，2012）。控制感高的个体通常有较高的自主性和效能感，对于生活中的逆境也能够更好地应对（Frazier et al.，2011），这对于农民工处理生活中的各类挑战，在城市更好地生存、发展、最终融入城市社会而言，是不可或缺的重要特质；而宿命感强的个体则容易将现有的不合理制度安排认为是理所当然，削弱当事人的抗争性，从而降低对新环境的适应性（曾维希等，2018）。控制感无疑是积极正向的情感之一，许多研究反复证实了这一结论：积极情感和农民工的主观幸福感存在正向关系，而消极情感则不利于幸福感的产生（张波、周恩毅，2017）。笔者认为情感和心理因素与幸福感之间的关系模式同样适用于农民工的获得感。既然获得感是个体在实际获得的基础之上经过心理过程加工所形成的感受，那么那些具有较高生活控制感的个体，更有可能对改革发展带来的成果有更真切鲜明的体验，进而触发更强烈的获得感。

通过文献回顾可以发现，首先，现有的少量关于农民工获得感的研究，基本停留在思辨性的规范探讨层面，实证研究还相当缺乏。其次，关于就业质量和获得感关系的探讨，现有文献多关注就业质量的某个维度（特别是收入）对获得感的影响，缺乏对就业质量各维度效应的全面考察。最后，在探究获得感影响因素时，多数学者虽然将客观因素和主观因素同时考虑在内，但主要分析的是其直接效应，忽视了对中介作用的检验，而在现实生活中，就业对劳动者主观体验的影响很可能依赖于其他变量的作用。综上，笔者将在已有研究的基础上，利用大规模农民工调查数据，重点回答农民工的就业质量对其获得感是否有影响？如果有影响，其直接影响和间接影响机制分别是什么？生活控制感在就业质量与获得感之间发挥了什么作用？

与已有文献相比较，本研究的贡献主要体现在：一是丰富了针对农民工群体获得感的实证研究成果，对以往以规范性探讨为主的研究文献形成有益补充；二是扩展了对获得感影响因素的研究，从就业质量和生活控制感两方面探究主客观因素对获得感的影响；三是深化了对获得感影响机制的探讨，同时将直接效应和间接效应考虑在内。

三　数据、变量与模型

（一）数据来源

本章所使用的数据来源于 2014 年全国流动人口动态监测"流动人口心

理健康与社会融合"专项调查。调查采用多阶段分层 PPS 抽样方法在北京、嘉兴、厦门、青岛、郑州、深圳、中山、成都 8 个城市展开，调查对象为在流入地居住 1 个月以上、非本区（县、市）户口的 15~59 岁流动人口，共获取有效样本 15999 个。根据研究需要，只保留了其中户口类型为农业且处于就业状态的样本，最终进入分析的有效样本为 12616 个。

（二）变量测量及描述

1. 获得感

因变量是获得感，限于数据可得性，对获得感的测量方式是给出 5 条关于生活状况的评价，其中既包括对客观生活条件及实际所得的评价，也包含对生活质量的主观判断。由受访者判断对这些评价的同意程度，从"非常不同意"到"非常同意"共分为 7 个等级，分值越大，表示受访者对该条陈述的同意程度越高。然后进行因子分析，得到一个获得感因子，结果见表 8-1。

表 8-1 农民工的获得感因子

项目	获得感因子	共量
我的生活在大多数方面都接近于我的理想	0.821	0.674
我的生活条件很好	0.851	0.724
我对我的生活是满意的	0.853	0.728
迄今为止，我的生活中已经得到了我想要的重要东西	0.809	0.655
假如生活可以重新再过一次的话，我基本上不会做任何改变	0.700	0.490
特征值	3.272	
解释方差	65.435	

注：Cronbach's a=0.858，KMO=0.854。

2. 就业质量

就业质量反映劳动者与生产资料的结合状况，既包括与就业活动相关的一切客观特征，也包括劳动者的主观评价等内容。从就业质量基本定义出发并参照以往农民工就业质量研究，将就业质量操作化为工作特征、工资收入、工作权益保障、职业发展和主观职业地位 5 个维度共 12 个指标。工作特征的测量指标是工作时间、单位所有制、职业身份和职业类型。工作时间通过每周工作小时数来测量；单位所有制是询问受访者就业的单位性质，然后将"机关、事业单位"及"国有和国有控股企业"归类为国有部门，其余单位归类为非国有部门；职业身份是直接询问受访者的职业身份，答案分为"雇员""雇主""自营劳动者""其他"4 类；职业类型的测量方法是询问受访者的职业，然后根据职业声望和薪资福利等方面的差别进行后期编码，分为高水平职业和低水平职业两类。工资收入通过月收入来测量，纳入分析模型时取对数。工作权益保障维度包括 4 个二级指标，涵盖受访者参与城镇医疗保险、城镇养老保险、劳工合同签订及工会参与方面的状况。职业发展衡量受访者参与由政府提供的免费培训的情况。主观职业地位有两个测量指标，分别询问受访者将自己的收入和职业与老家亲友比较及与本地亲友比较的情况，共分为 10 个等级，自我评价收入最高、职业最好，赋值为 10，收入最低、职业最差赋值为 1。

3. 生活控制感

控制感是人类的一个基本的内在动机，表现为个体希望通过自己的能力来选择和影响环境，在涉及健康、生活质量、工作绩效等多个领域的研究中，心理学家们都将控制感作为一个积极的心理中介因素，笔者认为生活控制感也有助于激发农民工的获得感。生活控制感对应的问题是"请问您觉得您在多大程度上可以选择和掌控自己的生活"，从"根本无法掌握"到"完全可以掌握"，赋值 1~10 分，分值越高，代表受访者认为自己越有能力选择和掌控自己的生活。

4. 控制变量

根据以往研究文献，获得感还会受到性别、年龄、婚姻状况、受教育程度等个体特征因素的影响，并且流动时间对于农民工的城市融入也会产生显著影响，因此对这些变量同样加以控制。

各变量的具体定义及描述性统计结果见表 8-2。

表 8-2 变量描述

变量	定义	均值	标准差
因变量			
获得感	因子值,最大值2.131,最小值-2.746	0	1
就业质量			
工作时间	每周工作小时数	59.291	15.809
单位所有制	国有单位=1,非国有单位=2	0.030	0.171
职业身份	雇员=1,雇主=2,自营劳动者=3,其他=4	1.580	0.879
职业类型	高水平职业=1,低水平职业=0	0.235	0.424
工资收入	月收入对数	8.070	0.492
医疗保险	参与城镇职工医疗保险=1,未参与城镇职工医疗保险=0	0.270	0.443
养老保险	参与城镇职工养老保险=1,未参与城镇职工养老保险=0	0.280	0.449
劳动合同	无固定期限=1,有固定期限=2,未签订或不清楚=3	2.463	0.638
工会参与	参与工会=1,未参与工会=0	0.080	0.273
技能培训	参与政府提供的免费培训=1,未参与=0	0.299	0.458
与老家亲友相比职业地位	1~10分,分值越高,与老家亲友相比收入和职业地位越高	5.780	1.619
与居住地亲友相比职业地位	1~10分,分值越高,与居住地亲友相比收入和职业地位越高	5.470	1.580
控制感			
生活控制感	1~10分,分值越高,对生活的掌控感越强	6.740	1.762
控制变量			
性别	男=1,女=0	0.577	0.494
年龄	调查年份-出生年份	32.569	8.767
婚姻状况	已婚=1,未婚、离异或丧偶=0	0.719	0.449
受教育程度	未上过学=1,小学=2,初中=3,高中=4,大学专科=5,大学本科=6,研究生=7	3.350	0.860
流动时间	调查年份-流入时间	4.162	4.408

(三)模型选择

借鉴温忠麟等(2014)提出的新中介效应检验流程,分别建立自变量对因变量、自变量对中介变量、自变量和中介变量对因变量的多元线性回归模型,所有变量都要进行标准化处理,具体公式如下:

$$Y = cX + e_1$$
$$M = aX + e_2$$
$$Y = c'X + bM + e_3$$

其中，X 为自变量就业质量，M 为中介变量生活控制感，Y 为因变量获得感。该中介效应检验流程分为五步：第一步，检验回归系数 c，若显著，按中介效应立论，若不显著，则按遮掩效应立论。第二步，依次检验回归系数 a 和 b，如果都显著，则间接效应显著，进行第四步，如果至少有一个不显著，进行第三步。第三步，用 Bootstrap 法检验 $H_0: ab = 0$，若显著，则间接效应显著，进行第四步；若不显著，则间接效应不显著，停止分析。第四步，检验系数 c'，若不显著，说明直接效应不显著，只有间接效应，若显著，即直接效应显著，进行第五步。第五步，比较 ab 和 c' 的符号，如果同号，则属于部分中介效应，报告 ab/c 的值，即中介效应占总效应的比例；如果异号，属于遮掩效应，报告间接效应与直接效应的比值的绝对值 $|ab/c'|$。

四　结果与分析

农民工的就业质量不仅对获得感具有直接效应，还会通过生活控制感这一中介变量对获得感产生间接影响，因此需要进行中介效应检验。根据中介效应的检验方法，相关分析按照如下步骤展开，首先，建立基准模型，考察控制变量对获得感的影响，得到模型 1。其次，建立就业质量对于农民工获得感的回归模型，得到模型 2。再次，将就业质量和生活控制感同时纳入获得感回归模型，得到模型 3。最后，建立就业质量对于中介变量生活控制感的回归模型，得到模型 4。各模型详细情况见表 8-3。

（一）就业质量的直接效应

1. 就业质量的直接效应

首先分析就业质量对获得感的直接效应。模型 3 结果表明，工作时间是农民工获得感的有效预测变量，工作时间越长获得感水平越低。对于农民工

表 8-3 就业质量、生活控制感对农民工获得感的主效应分析 (N=12616)

变量		模型1 获得感	模型2 获得感	模型3 获得感	模型4 生活控制感
控制变量	性别[a]	-0.038**(0.018)	-0.078****(0.017)	-0.081****(0.016)	0.014(0.031)
	年龄	-0.017**(0.008)	-0.028****(0.008)	-0.023***(0.008)	-0.027*(0.014)
	年龄²/100	0.029**(0.012)	0.044****(0.011)	0.038****(0.010)	0.034*(0.019)
	已婚[b]	0.256****(0.028)	0.168****(0.025)	0.147****(0.125)	0.115**(0.047)
	小学及以下[c]	0.048(0.071)	0.235***(0.068)	0.244****(0.064)	-0.051(0.121)
	初中	0.075(0.065)	0.201***(0.062)	0.219****(0.058)	-0.101(0.110)
	高中	0.086(0.066)	0.176***(0.062)	0.188****(0.059)	-0.064(0.111)
	大学专科	0.105(0.071)	0.193***(0.066)	0.179***(0.063)	0.078(0.118)
	流动时间	0.008****(0.002)	0.006***(0.002)	0.001(0.002)	0.028****(0.004)
工作特征	工作时间		-0.003****(0.001)	-0.003****(0.001)	9.503E-005(0.001)
	单位所有制[d]		0.075(0.049)	0.030(0.047)	0.249***(0.088)
	职业身份[e]				
	雇员		-0.210****(0.039)	-0.158****(0.037)	-0.291****(0.069)
	自营劳动者		-0.085**(0.035)	-0.053(0.034)	-0.180***(0.063)
	其他		-0.105(0.098)	-0.103(0.193)	-0.013(0.174)
	职业类型[f]				
	高水平职业		0.035(0.022)	0.018(0.021)	0.096**(0.039)
工资收入	月收入对数		0.080****(0.018)	0.067****(0.017)	0.070**(0.033)
工作权益保障	医疗保险[g]		0.004(0.045)	-0.001(0.042)	0.082(0.080)
	养老保险[h]		-0.064(0.044)	-0.066(0.042)	0.011(0.079)
	劳动合同[i]				
	无固定期限		0.003(0.035)	0.000(0.033)	0.018(0.062)
	有固定期限		0.026(0.025)	0.023(0.023)	0.020(0.044)
	工会参与[j]		0.009(0.032)	-0.021(0.030)	0.167***(0.057)
职业发展	技能培训		0.087****(0.018)	0.073****(0.017)	0.075***(0.032)
主观职业地位	与老家亲友比	0.079****(0.008)	0.049****(0.008)	0.165****(0.014)	
	与居住地亲友比	0.148****(0.008)	0.109****(0.008)	0.221****(0.015)	
生活控制感				0.179****(0.005)	

续表

变量	模型1 获得感	模型2 获得感	模型3 获得感	模型4 生活控制感
常数项	-0.056(0.152)	-1.154****(0.208)	-2.319****(0.198)	4.490(0.371)
F值	28.747****	94.563****	158.207****	80.126
调整后的 R^2	0.019	0.151	0.238	0.131

注：①a、b、c、d、e、f、g、h、i、j 的参照类别分别为"女性"、"未婚、离异或丧偶"、"大学本科及以上"、"非国有部门"、"雇主"、"低水平职业"、"没有城镇职工医疗保险"、"没有城镇职工养老保险"、"未签订或不清楚"和"未参与工会"；
②括号外数值为非标准化回归系数，括号内数值为标准误；
③ **** $p<0.001$, *** $p<0.01$, ** $p<0.05$, * $p<0.1$。

群体来说，通过延长工作时间来增加收入多是出于无奈，农民工劳动时间长、工作强度大已是共识，所谓的"自愿加班"现象十分常见。然而，劳动时间的增加虽能提高收入水平，但同时也意味着休息、娱乐和自我提升时间被进一步挤压，这必然会损害其对于生活状态的积极评价。描述统计结果表明农民工的每周工作时间均值为 59.29 小时，大大超过《劳动法》"劳动者每日工作时间不超过 8 小时，每周工作时间不超过 44 小时"的规定，这不利于农民工获得感的产生。单位所有制性质对农民工的获得感无显著影响，一个可能的原因是，仅有 3% 的受访者在国有部门工作，这在一定程度上影响了分析结果。职业身份的影响作用主要表现在雇员与雇主这两类人群身上，与雇主相比，雇员的获得感较低。进城创业是农民工融入城市社会的重要方式（孙文中，2018），成为雇主不仅意味着经济收入的增加，还标志着社会地位的提升，这些都是看得见、摸得着、感受得到的实际所得，因此有助于催生获得感；自营劳动者与雇主之间，以及其他职业身份的农民工与雇主之间在获得感上不存在显著差异。同样，职业类型的影响作用也未通过显著性检验。

出现在幸福感研究中的"伊斯特林悖论"，即财富增加并未带来更大的幸福，没有在本章出现，而是表现为农民工的获得感随着工资收入的增加而提高。收入对获得感的影响可能也是非线性的，这在对其他群体获得感的研究中已经得到证实，但是在本章中工资收入之所以还会产生显著的积极影响，原因可能在于现阶段农民工的收入水平还未达到"拐点"，只有超过拐点，收入对获得感的负向作用才会显现出来。近年来，农民工的收入虽然显著增加，但是与其他社会群体相比还是处于较低水平，农民工对获得感的感知能力依旧敏锐，获得感的"钝化"困境还未在这一群体身上出现。因此，增加农民工的工资收入仍然是提升其获得感的有效途径。

工作权益保障维度各变量的作用均未通过显著性检验。能够被纳入城市社会保障体系、享受城市社会保险是农民工应对各类风险和冲击、融入城市生活的重要保障，但数据结果表明，无论是否参与城镇职工医疗保险、养老保险，均对获得感没有显著影响，这与已有的关于农民工幸福感研究的结论并不一致（李潇晓，2016），也在一定程度上说明对幸福感的考察分析不能代替对获得感的研究。参与城镇社会保险这一行为本身就能激发幸福感，但是只有当社会保险切实提升了农民工的生活质量时，才能催生获得感。合同签订情况的影响效应并不显著，与未签订劳动合同的研究对象相比，无论是签订固定期限合同还是无固定期限合同的农民工，其获得感状况并无显著提升。这一结果和预想有一定出入，因为劳动合同代表一种较为稳定的就业预期，也是农民工证明劳动关系存在的最有利的证据，有助于维护农民工的合法权益，减少劳资争议，提高农民工的生活满意度，从而提升获得感；但也并不难理解，因为即使用人单位与农民工签订了劳动合同，但是合同不规范、合同条款得不到落实等情况也很常见，致使劳动合同的权益保障作用未能充分发挥出来。是否加入工会也无显著作用。已有研究发现，工会对于外来工的最低工资符合率、强迫劳动、社会保险等方面具有保障作用（孙中伟、贺旭霞，2012），就此而言，加入工会应该能够提升农民工的获得感。然而，一方面由于农民工加入工会的比例不高，本章所得数据为8%；另一方面，我国工会主要保障的是外来工的"底线型权益"而非"增长型权益"，因此对农民工获得感的推动作用有限。工作权益保障各指标的影响均不显著这一结果提醒我们，社会保险、工会、劳动合同等本应对农民工发挥重要保障作用的各类机制的运行效果并不理想。

职业发展维度的技能培训是农民工获得感的积极影响因素。与正规教育相比，技能培训是农民工实现正规就业的更直接、更有效的人力资本因素，特别是在农民工群体受教育水平整体不高的背景下，技能培训的作用就更加突出。但是在实践中，企业出于节省成本考虑，为农民工提供的培训有限，农民工自己花钱去参加培训的动力也不强，因此由政府出面提供免费的技能培训就显得尤为重要。通过数据分析发现，参与政府提供的技能培训的农民工，其获得感要显著高于未参与者，因此提供更多有针对性的、符合农民工工作特点的免费职业技能培训是提升农民工获得感的一个重要着力点。

获得感的状况既源于个人利益在改革开放前后状态的对比，也源于个人利益与他人获得利益的对比，即获得感内在地含有比较的特性。就农民工群体而言，老家亲友与居住地亲友都是其重要的参照群体，囿于现有数据，本章无法考察就业质量的纵向比较对于获得感的影响作用，但发现横向比较结果确实能够显著影响农民工获得感。无论是与老家亲友还是与居住地亲友相比较，对自身就业及收入状况评价越积极的农民工，其获得感水平越高。这一结论表明，有关农民工市民化的各项政策不仅要注重提升农民工的绝对收入水平，还应该不断缩小其与本地市民的差距，减少就业市场上基于户籍等因素的歧视，使农民工通过比较而产生更多获得感。对就业质量各维度的分析表明，物质触发机制与农民工获得感关系密切。

2. 生活控制感对获得感的影响

对比模型2和模型3可以看出，生活控制感的引入使得模型的解释力显著提升，调整后的 R^2 从 0.151 上升到 0.238；在控制其他变量的情况下，农民工的生活控制感越强，获得感水平越高，这与已有研究得出的农民工的宿命感正向预测城市剥夺感的结论相呼应（曾维希等，2018）。丧失获得感有损个体身心健康（Infurna et al., 2014），极端的获得感丧失甚至会导致习得性无助。相反，认为自己有能力对生活做出选择和施加控制，则有助于个体保持良好的情感和行为状态。农民工的城市融入分为经济融入、社会融入、心理融入等不同层次，其中，对城市文化价值观念的内化和城市生活方式的认同等心理层面的适应,是农民工真正融入城市社会的标志。拥有较高生活控制感的农民工,无论是在经济收入、社会交往还是文化和身份认同等方面,都能表现出较强的胜任力,而不是成为命运、权力以及其他一些不可控因素的消极承受者,经济社会发展对于他们而言不再只是一句口号,而是切切实实地改变了他们的生活处境,如此,客观获得方能更容易地转化为获得感。以上分析表明,农民工获得感的心理调节机制也是成立的。

最后简要分析控制变量与获得感的关系。农民工的获得感存在显著的性别差异,表现为男性的获得感低于女性;年龄与获得感的关系呈现"U"形,即获得感先是随着年龄的增长而降低,到达一定年龄之后,年龄越大,获得感越强烈,这可能与农民工生命周期不同阶段的任务压力、参照群体及心境不同有关;与未婚、离异或丧偶者相比,已婚农民工的获得感状况更佳,可见优化农民工的婚姻结构、推进和谐家庭建设是提升农民工获得感的有效方法;与研究预想以及受教育程度能够提升社会公平感进而推动获得感提升的逻辑演绎相反,数据分析发现,受教育程度提高不仅未能提升获得感,反而表现出本科及以上学历的农民工获得感均显著低于各受教育程度较低群体的状况,这再次反映出横向比较对于获得感生成的重要性。受教育程度越高的个体,其参照群体的社会经济地位越高,而农民工作为一个整体处于劣势地位,作为其中的一员,尽管较高的受教育水平给他们带来了相对较高的收入,但与其他同等受教育水平的人相比,在社会评价、户籍地位、心理归属等方面还是相对弱势,这极易催生消极的自我感知,从而对获得感产生损害。流动时间的影响作用在引入生活控制感之后不再显著。

(二)就业质量的间接效应

1. 就业质量与生活控制感

控制感是人的一种重要的基本需求,受到个体的气质、基因及社会环境等先天和后天因素的影响,通过实证分析发现,就业质量也是控制感的重要来源。从模型4可以看出,从事高水平职业的农民工,其生活控制感在5%的水平上显著高于低水平职业者。较高的职业地位不仅意味着福利待遇较好，也是对个体综合能力的一种社会肯定，有助于激发主体形成能够掌控自身生活的积极感知。类似的，与职业身份是雇员和自营劳动者、就业单位为非国有部门的农民工相比，雇主、国有部门从业者也表现出更强的生活控制感。与对获得感的影响一致，工资收入也对农民工的生活控制感具有正向推动作用。与农村相比，城市生活的方方面面都离不开金钱，即使有再强的主观能动性，离开了金钱的支撑也只能束手无策。工会参与是农民工生活控制感的积极预测变量。技能培训能够显著提升农民工的生活控制感，控制感描述的是人们认为结果是基于自己的行为及选择而产生的状态（Rotter，1966），俗语道"艺高人胆大"，技能可以激发出信心和勇气，使人们相信自己有能力选择和掌控生活境遇。与老家亲友及居住地亲友相比较而形成的主观职业地位越高，农民工的生活控制感越强。就业质量其余变量对控制感的影响不显著，在此不展开分析。

在控制变量中，年龄对生活控制感的作用呈"U"形；已婚的农民工其生活控制感高于未婚、离异或丧偶等未处在婚姻状态的受访者；不同受教育程度的农民工之间在生活控制感水平上不存在显著差异；流动时间每增加1年，农民工的生活控制感因子分值提高0.028。

2. 生活控制感对就业质量和获得感的中介作用分析

根据前述中介效应的检验方法，笔者重点关注模型2、3、4。首先来分析总效应c显著时的情况。从模型2可知，就业质量各变量中对获得感具有显著影响的因素包括工作时间、雇员身份、自营劳动者身份、工资收入、技能培训、与老家亲友相比产生的主观职业地位，以及与居住地亲友相比产生的主观职业地位。笔者发现工作时间对生活控制感的影响不显著（即a不显著），因此需要运用Bootstrap检验来确定生活控制感是否为工作时间和获得感的中介变量。通过Bootstrap法抽样1000次后计算得到ab的估计值为-0.00001，95%可信度下的置信区间为[-0.00042，0.00039]，置信区间包含0且双尾检验不显著（p=0.961）。这表明，生活控制感对工作时间与农民工获得感不具有显著的中介效应。就雇员身份而言，模型2中，雇员身份的标准化回归系数为-0.098（p<0.001），模型3中，雇员身份、生活控

制感对获得感的标准化回归系数分别为-0.074（p<0.001）和0.315（p<0.001），而雇员身份对生活控制感的标准化回归系数为-0.077（p<0.001），即a、b、c、c′均显著且ab与c′同为负，可知生活控制感对雇员身份和获得感具有部分中介效应，中介效应占总效应的比例为24.8%。同样的道理，生活控制感对工资收入与获得感、技能培训与获得感、与老家亲友相比产生的主观职业地位与获得感，以及与居住地亲友相比产生的主观职业地位与获得感均具有部分中介效应，中介效应量分别为0.162、0.158、0.377、0.267[①]。自营劳动者的回归系数值在引入生活控制感变量后从显著的-0.085变为模型3中不显著的-0.053，即c′不显著，可知自营劳动者身份对获得感只存在间接效应。

接下来进行c不显著时的中介效应检验，即先按照遮掩效应立论。单位所有制对生活控制感具有显著的正向影响，即a显著为正，而生活控制感对获得感的回归系数b同样显著，通过Bootstrap检验得到ab的置信区间为[0.014，0.077]，且双尾检验显著（p=0.005），可知单位所有制对获得感具有显著的间接效应，进一步检验单位所有制对获得感的直接效应c′发现其不显著，根据中介效应检验模型，可以判断单位所有制对于农民工的获得感仅有间接的正向影响。与在非国有部门工作的同伴相比，作为国有部门员工的农民工能够享受到相对稳定的工资和福利待遇，从而对生活有更强的掌控感，而后者会直接作用于获得感的提升。职业类型与获得感之间的关系与单位所有制类似。另一个对生活控制感表现出显著影响的变量是工会参与状况，同样采用Bootstrap检验得到ab的置信区间为[0.0095，0.0506]，双尾检验显著，直接效应c′不显著，即工会参与和获得感之间只存在以生活控制感为桥梁的中介效应，但是稍显特殊的是，在模型2中，工会参与的回归系数为正，但是引入生活控制感变量的模型3中工会参与的系数变为负数，这一结果可能意味着对于那些非工会成员的农民工来说，其获得感更易

---

① 对中介效应的检验需要使用标准化回归系数，因为篇幅所限，未报告各变量的标准化回归系数值。

受到生活控制感的影响。生活控制感对城镇医疗保险、城镇养老保险、无固定期限劳动合同、有固定期限劳动合同等变量的中介效应均未通过显著性检验[①]。

五 结论与讨论

农民工的城市融入有其心理维度，表现为城市剥夺感和城市获得感两种并存的心理状态，推动农民工的城市融入、使他们更多更好地分享改革发展带来的成果，要点之一就是增强其获得感。农民工获得感的评价主体是农民工，评价内容是"客观获得"，而评价标准则是"主观感受"。基于8个城市农民工调查数据，通过对农民工获得感的物质触发机制、心理调节机制的直接效应以及物质触发机制通过心理调节机制的间接效应进行分析，得到如下研究发现：第一，就业质量能够显著提升农民工的获得感。良好的职业身份、合理的收入待遇、政府提供的技能培训及通过横向比较产生的职业地位评价对于获得感具有正向促进作用，单位所有制、职业类型以及医疗保险、养老保险、合同签订、工会参与等工作权益保障变量的直接影响不显著，较长的工作时间则不利于农民工获得感的产生。第二，农民工感知到的对自己生活的选择和掌控能力有助于激发获得感。第三，较高的就业质量能够通过强化农民工的生活控制感，进而催生获得感。由此可知，提高就业质量、改善实际所得仍是提升农民工获得感不可替代的基础路径，与此同时，生活控制感的中介作用也被证实。以上发现具有鲜明的政策内涵。

鉴于就业质量的基础效应，应在就业领域推动包容性的政策设计，切实提升农民工就业质量。就业虽是幸福生活的重要源泉，但并非所有工作都带来幸福生活，只有高质量的就业才能够激发获得感，否则，仅仅就业这一事

---

① 运用Bootstarp方法对城镇医疗保险、城镇养老保险、无固定期限劳动合同、有固定期限劳动合同的间接效应进行检验，得到95%可信度下ab的置信区间分别为［-0.0138，0.0437］、［-0.0274，0.3212］、［-0.0170，0.0242］、［-0.0123，0.0202］，即中介效应均不显著。

实本身并不能保证获得感的产生，甚至会对获得感造成损害。然而，由于城乡之间、地域之间和城市内部各部门之间的多重分割，农民工在城市劳动力市场上处于相对弱势的地位，工资水平低、工作待遇差、工作环境差、非正规就业广泛存在，这些都是低质量就业的表现，需要加以改变。有学者提出，通过推动包容性发展来提升获得感是一个可行途径，因为包容性发展和获得感针对的都是经济社会发展过程中的不公平问题，目的都是使每个人都能参与到发展进程之中。受此启发，笔者认为应该在就业领域推行包容性的政策设计，助力农民工实现体面就业。就业领域的包容性政策设计，应当把劳动者看作平等的主体，通过减少就业机会的不平等，来促进社会公平和经济社会发展成果的共享。具体而言，第一，应逐步破解城乡二元体制的阻碍，建构公平的就业市场，提升农民工的收入水平。收入依然是农民工获得感的强劲预测变量，现阶段仍应该千方百计提高农民工的收入水平。通过政策法规、宣传教育等方式，消除用人单位的就业歧视，确保农民工不再因为户籍身份而无缘那些工资待遇水平较高的行业和岗位；促进均等的就业服务覆盖更多农民工，加强对农民工的就业保障。第二，通过立法、教育、经济激励等方式，培养各类企业的社会责任意识，使其更好地履行职责，尊重农民工的劳动权益，改善劳动环境，确保社会保险、工会、劳动合同等权益保障机制能够真正发挥改善农民工就业处境的作用，不再流于形式。第三，要在实际走访调研的基础上，提供更多符合农民工需求的免费职业培训，并督促农民工积极参与，提升其就业能力，避免农民工因为自身技能水平不足而在就业市场进一步向下流动，直至面临失业的命运。包容性发展的一个重要启示在于要通过能力开发使弱势群体参与社会发展进程，在发展中实现社会地位的改善，对于正规教育水平有限的农民工来说，技能培训就是一个重要的能力开发机会。第四，完善针对农民工的创业扶持政策，鼓励农民工创业并提高其创业绩效。雇主身份的农民工获得感水平更高，因此可以着力加强对农民工的创业培训和指导，提升其经营能力和人际交往能力；营造公平和谐的市场竞争氛围，优化农民工的创业环境；帮助解决农民工创业过程中的资金、技术等难题，保持其创业积极性。

此外，还应该强化农民工的生活控制感，充分发挥生活控制感的中介作用，从而提升获得感。具体可通过以下途径实现：倡导包容、开放、公平、公正的舆论氛围，帮助农民工形成积极向上的社会心态和良好的心理预期；进一步推进公共服务均等化，使农民工能够更便捷、更公平地享受教育、医疗、家庭照料等方面的公共服务，减轻家庭负担，实现工作家庭平衡；加强对农民工心理和精神状态的关注，对生活失去目标感和意义感的农民工及时提供咨询及其他干预。总而言之，应该重视农民工获得感物质和精神层面的综合改善，提高其就业质量，激发其生活控制感，进而提升获得感。

第九章　互联网使用与农民工市民化

一　问题的提出

城镇化及工业化的迅速发展催生了数量庞大的农业转移人口，截至2019年末，我国农民工总量已达到2.9亿人，其中有1.7亿人外出务工（国家统计局，2020）。推动农民工市民化是新型城镇化战略的重点目标，对此，学术界已从户籍制度改革、就业质量、公共服务均等化等方面提出了多种解决方案，而互联网的快速发展为农民工市民化研究提供了另一个切入点。自1994年中国接入国际互联网、正式成为具有全功能互联网的国家开始，我国互联网经历了从无到有、从小到大的发展历程，从最初的沟通交流工具，逐步演变为电子商务、网络游戏、社交娱乐等多种应用全面开花的局面。以互联网为代表的现代信息通信技术，全方位渗透我国经济社会发展的各个领域，并深刻地改变了人们的生活方式。身处这样的互联网时代，农民工不仅需要继续应对城市融入等老问题，还不得不面对新技术带来的从劳动就业、日常生活到身份认同的全面冲击。在此背景下，农民工的市民化进程也势必会受到影响。

那么，互联网对于农民工群体的市民化而言究竟发挥了什么作用？是因为"数字鸿沟"等因素的客观存在而使得这一群体的处境更为边缘化，还是其具备成为一种重要的赋权工具的潜力，能够助力农民工更好地适应城市生活、实现市民化？这正是本研究的核心关注。然而，已有文献中对如何利用互联网发展推动农民工市民化的研究并不多见。互联网等信息通信技术归根结底只是人们达到特定目的的技术手段和工具，它究竟会发挥积极功能还是消极作用，取决于主体如何使用它。为此，笔者拟利用问卷调查数据，实证分析农民工的互联网使用对其市民化的影响作用，进而为如何通过以互联网为核心的信息化建设来有效突破农民工市民化的传统和现代障碍、提升农民工群体的获得感和幸福感提供参考。

二 文献综述

（一）农民工的互联网使用现状

现如今，互联网已广泛而深入地嵌入人们日常生活的方方面面，在这一大背景下，无论是网络接入率，还是互联网使用方式，都存在鲜明的城乡差别。那么对于流动在城乡社会的农民工群体而言，他们的互联网使用有何特征，是否会兼具城乡网民的特点？对此，已有文献从多方面做出了回答：周葆华、吕舒宁（2011）基于上海市问卷数据指出，上海市新生代农民工网络普及率为75.4%，显著高于上海市民和普通公众的平均水平，但是与都市同龄人相比，在网络采纳上存在"数字鸿沟"，且在网络使用方式上以人际交往和休闲娱乐为主。类似地，何晶（2014）在对广州市新生代农民工的调查中同样发现，互联网在新生代农民工的城市工作与生活中扮演着堪称"第二伴侣"的不可或缺的角色，但是，这一群体对互联网的使用仍处于初级阶段，主要局限于娱乐、联络感情、获取信息等基本功能，缺乏对互联网的多元和深入利用。由于电脑成本较高，手机上网成为农民工的现实选择，在北京市青年农民工的手机上网功能使用上，42.9%使用聊天工具，23.8%浏览新闻，14.3%浏览网络小说，14.3%听音乐使用娱乐功能，3.2%的受访者使用其他功能（李红艳，2011）。虽然上述研究调查时间较早且缺乏全国范围内的数据，但是从中仍然可以得出两个基本判断：第一，互联网使用在农民工群体、特别是新生代农民工群体中的普及率较高；第二，由于工作时间较长、文化程度偏低以及流动性大等原因，农民工更看重互联网的娱乐和人际交往功能，对金融理财、技能提升等多元化功能的利用有待加强。

（二）互联网使用对农民工的作用

作为一种相对而言较新的事物，互联网的广泛普及对农民工而言意味着什么？它是一种有力的赋权工具，能够显著改善农民工在城市社会的边缘化处境，还是只扮演了帮助农民工暂时逃脱现实苦闷的"安慰剂"角色？这一问题涉及互联网使用对农民工群体的作用或意义，对此学者们的研究主要聚焦就业创业、社会关系建立与维护等方面。互联网使用对就业创业的影响是农民工互联网使用相关研究的热门主题。分析发现，互联网使用总体而言能够显著提升农民工的创业概率（袁方、史清华，2019；张剑等，2021），但是对农民工就业的影响则较为复杂，一方面，互联网发展降低了对农民工就业的需求，不利于就业数量的增加；另一方面，其能够显著增强农民工就业稳定性，提升就业质量（王子敏，2017）。除了探究互联网使用对农民工创业就业的主效应，学者们还探讨了其中介效应与调节效应，发现互联网使用是教育人力资本影响新生代农民工职业选择的作用途径（赵建国、周德水，2019），并且能够显著放大社会资本对创业机会识别的价值（杨学儒、邹宝玲，2018）。维护和发展社会关系是农民工使用互联网的重要诉求，而研究表明，互联网使用的确可以降低农民工维持原有社会网络的成本，并激发其发展新社会关系的动机，从而从两方面扩大农民工的社会关系网络（杨学儒、邹宝玲，2018），并增强农民工在建立人际关系方面的自主性（郑松泰，2010）。此外，互联网使用如何影响农民工意见表达意愿（晏齐宏，2016）、如何推动劳工阶层的公共领域生成（李艳红，2016）等议题也得到讨论。

农民工的市民化和社会融入问题既是农民工城市生活的核心主题，又是学术研究的重要选题，近年来，信息化、网络化时代的到来给这些重要事项带来的变革和冲击引起了部分学者的关注。研究发现，互联网使用的不同层面对不同维度的社会融入影响有别。具体而言，上网频率越高，农民工的城市社会融合状况越差，但是网络操作技能越强，社会融合水平越高（何晶、晏齐宏，2016）；农民工的信息人力资本（以受教育年限、对网络的了解程度及上网渠道衡量）对经济融合和社会融合均有显著正向影响，但是对心理融合的影响不显著（郭江影等，2016）。虽然互联网业已成为农民工闯荡城市、追求个人发展的重要载体，但是由于缺乏精力和相应技能，农民工尚未使这一载体的强大优势充分释放出来，以助力市民化的实现（何晶，2014）。

已有研究对把握农民工的互联网使用及其市民化效应具有一定的参考价值，但就这一主题而言，无论是在变量选取还是研究方法选择方面，都存在有待进一步提升之处：第一，囿于数据可得性，已有研究对农民工互联网使用行为的测量主要体现为是否使用互联网以及上网时长，尽管"是否使用"具有关键性意义，但是笔者认为，在此基础上进一步探究"如何使用"同样很有必要；第二，已有研究较为精细地探讨了互联网使用（是否使用）对农民工就业创业、社会网络建立等方面的影响效应，这些都是市民化的题中应有之义，但是缺乏从整体层面探究互联网使用与农民工市民化之间的关系，不利于读者把握二者之间的关系全貌；第三，少量探究互联网使用对农民工社会融入、市民化发展作用的文献，均采用个案研究方法，极少运用大规模问卷调查数据建立模型并进行分析论证，所得结论缺乏可推广性。有鉴于此，笔者将利用四城市农民工问卷调查数据，实证分析农民工的互联网使用时长和使用方式对其市民化进程的影响作用，进而为探求农民工在信息化社会的发展路径、提升其市民化水平提供参考。

三 研究设计

（一）数据来源

本章所使用的数据来源于"社会质量视角下的农民工市民化研究"课

题。课题组于 2016 年 1~3 月对深圳、东莞、苏州、厦门四城市的农民工展开抽样调查，调查对象为在流入地居住一个月以上、调查时段年龄在 15~65 岁的农民工。深圳是我国第一个经济特区，我国发展最快、经济最活跃的城市之一，同时也是著名的移民城市；东莞制造业发达，外来务工人员众多，有"世界工厂"之称；苏州位于长江三角洲东部，是苏南模式的发祥地，开放型经济的领军城市，其发展优势在于开放型经济居于领先地位、县域基础好，并且制造业规模较大，因此外来人口众多；厦门是国内最早实行对外开放的四个经济特区之一，也是中国（福建）自由贸易试验区三片区之一，良好的经济条件、自然风光和人文环境使其成为农民工进城务工的一个重要目的地。选择这四个城市作为调查地点具有一定的代表性。受制于农民工的高流动性和分散性，无法获得完整的抽样框，因此课题组采用分层配额抽样方法，按照流入城市、性别和职业进行配额，最终发放问卷 1370 份，回收 1350 份，有效问卷 1291 份，有效回收率约 94%。由于部分变量存在缺失值，最终进入模型的样本为 861 个。

（二）变量测量

1. 因变量：农民工市民化

因变量是农民工市民化，采用市民化进程指数来度量。所谓农民工市民化，指的是农民工获得市民资格、适应城市生活方式、发展出相应能力、具备城市性，最终实现由农村居民向城市居民的实质性转变的现象，至少涉及经济生活、就业状况、生活保障、社会关系/社会网络、心理认同等多个方面的变化。从这五个维度出发，采用客观构权法，构建农民工市民化进程指标体系，据此计算农民工市民化进程指数。第一步是确定农民工市民化进程指标体系的内容，包括农民工市民化进程指数、5 个测量维度以及具体测量指标三个层次（见表 9-1）；第二步是建立农民工市民化进程指数数学表达式。首先对 13 个指标进行去量纲化处理，转化为 0~1 之间的得分；然后对 13 个指标进行因子分析，得到 5 个公因子，对应 5 个市民化维度；最后根

据每个公因子特征值占总特征值的比重进行加权,得到农民工市民化进程指数①。其表达式为:

I=0.233×就业状况市民化(W)+0.206×心理认同市民化(P)+0.203×生活保障市民化(L)+0.192×社会关系市民化(R)+0.166×经济生活市民化(E)。

其中,W=0.238×每周工作天数+0.382×是否有社会保险+0.380×是否签订劳动合同②;

P=0.492×城市定居意愿+0.508×户口获得意愿;

L=0.352×室内生活设施+0.257×周边生活设施+0.391×个人月支出;

R=0.359×与本地人交往程度+0.420×新生社会网络+0.221×遇到困难求助谁;

E=0.471×个人月收入+0.529×家庭收入对比。

表 9-1 农民工市民化评价指标体系

	维度(5)	指标(13)	目标值
农民工市民化进程指数(I)	经济生活(E)	个人月收入(E1)	城市居民平均水平
		家庭收入对比(E2)	平均水平及以上
	就业状况(W)	每周工作天数(W1)	5天
		是否有社会保险(W2)	有
		是否签订劳动合同(W3)	是
	社会关系(R)	新生社会网络(R1)	有
		与本地人交往程度(R2)	经常来往
		遇到困难求助谁(R3)	本地朋友
	生活保障(L)	个人月支出(L1)	城市居民平均水平
		室内生活设施(L2)	每一类都有
		周边生活设施(L3)	每一类都有
	心理认同(P)	城市定居意愿(P1)	想长久定居
		户口获得意愿(P2)	想获得户口

---

① 囿于篇幅,因子分析结果未呈现。
② 为了便于理解,在三级指标合成二级指标时,对三级指标的权重进行归一化处理。

2. 自变量：是否使用互联网、互联网使用时长和使用方式

对是否使用互联网和互联网使用时长的测量是通过问卷中的同一道题目实现的，即直接询问受访者每天通过计算机、手机、平板电脑等设备上网的时间，答案分为"从不上网""小于1小时""1~2小时""3~5小时""5~10小时""10小时以上"。选择"从不上网"即意味着不使用互联网，赋值为0，将其余选项合并，赋值为1，代表受访者使用互联网，由此得到一个测量是否使用互联网的二分类变量。与此同时，每个选项对应的上网时长又可以具体刻画受访者投入互联网的时间。

在对互联网使用方式的测量上，根据以往研究，人们对互联网的使用方式主要包括三种类型：信息获取、娱乐互动、学习工作。基于此，笔者运用李克特量表测量了农民工对11种互联网项目的使用情况，测量尺度为"从不使用""偶尔使用""经常使用"，分别赋值1~3分，然后进行因子分析，经过最大方差法旋转后得到3个因子，分别命名为平台工具型使用、娱乐互动型使用和信息获取型使用，如表9-2所示。其中，互联网的平台工具型使用包括收发电子邮件、网络销售、网络金融服务、网络教育与培训等模块；娱乐互动型使用包括玩网络游戏、看帖回帖、使用社交网站等项目；而信息获取型使用则包括信息搜索[1]、看新闻和聊天。

表9-2 农民工互联网使用行为的主成分因子分析

互联网使用项目	平台工具型	娱乐互动型	信息获取型	共同度
信息搜索	0.446	0.013	0.498	0.448
看新闻	0.110	0.065	0.797	0.652
玩网络游戏	0.026	0.733	0.034	0.538
在网上看帖	0.229	0.772	0.283	0.728
在网上回帖	0.291	0.760	0.102	0.673
聊天	-0.009	0.278	0.669	0.526

---

[1] 信息搜索在平台工具型使用和信息获取型使用两个因子上的负荷值相差不大，这比较符合理论预期，因为信息搜索既有可能纯粹出于个人兴趣，也可能是为了自我提升、就业创业等更为明确的工具性目的。

续表

互联网使用项目	平台工具型	娱乐互动型	信息获取型	共同度
使用社交网站	0.454	0.533	0.200	0.531
收发电子邮件	0.653	0.200	0.345	0.586
网络销售	0.717	0.261	-0.120	0.597
网络金融服务	0.578	0.213	0.322	0.484
网络教育与培训	0.794	0.085	0.033	0.638
解释方差比例(%)	22.371	20.340	15.483	58.193

注：Cronbach's Alpha=0.826；KMO=0.854。

此外，根据已有研究成果，性别、年龄、婚姻状态、受教育程度、务工地居住时间、流动范围等因素也会影响农民工的市民化水平，因此对这些变量同样加以控制。自变量、因变量和控制变量的具体情况见表9-3。

四 研究发现

(一)农民工的互联网使用时长及方式

1.农民工的互联网接入比例及使用时长

厘清"是否使用互联网"是进一步讨论"如何使用互联网"的前提。表9-3数据分析结果显示，互联网在四城市1291名农民工中的普及程度较高，达89.1%，即只有约1/10的受访者回答自己"从不上网"，这一互联网使用率远高于2016年全国互联网普及水平①。为了探究哪些因素可能影响农民工的互联网接入，以出生年份1980年为界，将样本划分为新生代农民工和第一代农民工，然后与"是否上网"进行交互分析，结果显示，在917名新生代农民工中，从不上网者的比例仅为2.5%，而在第一代农民工中，这一比例达到31.8%。类似的，将受教育程度与是否上网进行交互分

---

① 根据中国互联网络信息中心（CNNIC）发布的第39次《中国互联网络发展状况统计报告》，截至2016年12月，我国网民规模为7.31亿，互联网普及率为53.2%。

表 9-3 变量描述性统计

类别	变量	N	定义	均值	标准差
控制变量	性别	1271	女=0,男=1	0.486	0.500
	年龄	1288	2016年-出生年份	31.982	9.056
	婚姻状态	1270	未婚=1;已婚=2;离婚=3;丧偶=4	1.730	0.491
	受教育程度	1271	小学及以下=1;初中=2;高中或中专=3;大专=4;本科及以上=5	2.560	0.896
	务工地居住时间	1271	2016年-流入时间	6.800	5.753
	流动范围	1261	省内流动=1;跨省流动=0	0.246	0.431
互联网使用	是否使用互联网	1291	未使用互联网=0,使用互联网=1	0.891	0.312
	互联网使用时长	1281	从不上网=1;小于1小时=2;1~2小时=3;3~5小时=4;6~10小时=5;10小时以上=6	3.030	1.106
	平台工具型使用	1126	因子值,-2.028~3.214	0	1
	娱乐互动型使用	1126	因子值,-2.218~3.332	0	1
	信息获取型使用	1126	因子值,-3.375~2.106	0	1
市民化进程	总体市民化进程	897	复合指标,0.07~0.94	0.563	0.155
	经济生活市民化	1245	复合指标,0~1	0.449	0.189
	就业状况市民化	1117	复合指标,0~1	0.711	0.319
	社会关系市民化	1266	复合指标,0~1	0.383	0.257
	生活保障市民化	1112	复合指标,0.09~1	0.764	0.164
	心理认同市民化	1209	复合指标,0~1	0.449	0.438

析发现,在小学及以下、初中、高中或中专、大专、本科及以上5个群体中,从不上网者的比例分别为47.1%、11.2%、4.1%、0.8%和0。据此可以初步判断,在网络接入层面,农民工群体和其他群体之间的差距较小,第一道"数字鸿沟",即"接入沟"已经得到较大程度弥合;而在农民工群体内部则存在较明显的分化,老一代农民工和受教育程度较低者更有可能主动或被动地被排斥于互联网使用之外。

具体来看农民工的互联网使用时长[①]。在所有上网的农民工中，18.2%的人每天上网时间在 1 小时以内；每日上网时长占比最大的是 1~2 小时，45.7%的样本选择了该选项；28.3%的样本每日上网 3~5 小时；每日上网 6~10 小时以及 10 小时以上者占比较低，分别为 5.8%和 2.0%。可能因为大部分农民工的工作时间较长，可供自由支配的时间不多，因此，约 2/3 的农民工每日上网时长都在 2 小时以下。

2. 农民工的互联网使用方式

表 9-4 列出了农民工在 11 个互联网使用项目上的均值，根据变量操作方法，均值越大，代表农民工对该项目的使用频率越高。从表 9-4 可以看出，农民工最常使用的互联网功能是聊天，其次是看新闻，两者的均值均超过 2，即介于"偶尔使用"和"经常使用"之间；而使用频率最低的则是网络销售和网络教育与培训，均值都低于 1.5。这一发现与已有研究成果保持一致，即农民工对互联网的使用主要局限于聊天和娱乐，极少有意识、有针对性地利用互联网服务于自身的职业发展（周葆华、吕舒宁，2011；王逊，2013）。然而，对于互联网发挥现实效应而言，"触网"只是第一步，更具有决定性意义的则是网络用户的操作技能及随之而来的使用方式。正是基于这一点，笔者认为，第二道"数字鸿沟"（Hargittai，2002），即"使用沟"，才是互联网影响农民工市民化的真正作用渠道。

表 9-4　农民工的互联网使用方式（N=1126）

互联网使用项目	均值	互联网使用项目	均值
信息搜索	1.93	使用社交网络	1.72
看新闻	2.39	收发电子邮件	1.75
玩网络游戏	1.68	网络销售	1.41
在网上看帖	1.81	网络金融服务	1.81
在网上回帖	1.67	网络教育与培训	1.49
聊天	2.58		

[①] 囿于篇幅，未在文章中呈现农民工上网时长的描述性分析表格。

（二）互联网使用对农民工市民化的影响

由于因变量是连续的数值型变量①，因此选择多元线性回归模型来估计互联网使用对农民工市民化的影响，结果见表9-5。模型1和模型2是全样本模型，其中模型1只放入了控制变量，模型2在模型1的基础上加入了"是否使用互联网"变量，以考察是否使用互联网对市民化进程的影响；模型3和模型4只包含使用互联网的样本，分别考察了互联网使用时长和使用方式的影响作用。

表9-5 互联网使用对农民工市民化的影响

变量	模型1	模型2	模型3	模型4
控制变量				
男性[a]	0.186 (0.993)	0.133 (0.987)	0.402 (1.034)	-0.104 (1.053)
年龄	1.542**** (0.420)	1.337*** (0.422)	1.606*** (0.520)	1.433*** (0.523)
年龄^2/100	-2.173**** (0.564)	-1.749*** (0.575)	-2.106*** (0.743)	-1.748** (0.746)
初中[b]	8.213**** (1.893)	6.327*** (1.965)	6.078** (2.484)	5.035** (2.469)
高中	10.835**** (1.966)	8.876*** (2.042)	8.914**** (2.536)	7.338*** (2.536)
大专及以上	17.533**** (2.270)	15.457**** (2.341)	14.888**** (2.781)	12.611**** (2.820)
已婚[c]	0.972 (1.418)	0.978 (1.410)	-0.009 (1.463)	-1.078 (1.477)
离异或丧偶	2.023 (4.236)	1.253 (4.217)	3.678 (4.574)	2.395 (4.537)

---

① 按照上文的农民工市民化进程指数计算方法，农民工市民化水平的取值范围为0~1，为了增强数据可读性，在放入回归模型时，将市民化进程指数乘以100，使其分值转化为0~100。

续表

变量	模型 1	模型 2	模型 3	模型 4
务工地居住时间	0.516**** (0.103)	0.487**** (0.103)	0.568**** (0.112)	0.526**** (0.112)
省内流动[d]	5.423**** (1.185)	5.254**** (1.179)	5.133**** (1.219)	5.130**** (1.223)
互联网使用				
使用互联网[e]		6.651*** (1.998)		
互联网使用时长			0.931 (0.608)	0.081 (0.631)
平台工具型使用				1.890**** (0.551)
娱乐互动型使用				0.738 (0.558)
信息获取型使用				2.278*** (0.541)
常数项	15.548** (7.011)	13.493* (6.997)	12.588 (8.772)	19.535** (0.089)
F	17.414****	17.026****	14.155****	13.028****
N	861	861	775	750
Adj R²	0.160	0.170	0.157	0.183

注：①**** $p<0.001$，*** $p<0.01$，** $p<0.05$，* $p<0.1$；②括号内为标准误；③参照组，a 女性，b 小学及以下，c 未婚，d 跨省流动，e 不使用互联网。

1. 是否使用互联网及使用时长对市民化的影响

模型 2 数据结果表明，互联网使用显著提升了农民工的市民化水平，与完全不使用互联网的农民工相比，互联网使用者的市民化得分高出 6.651 分。这意味着在不考虑具体使用何种互联网功能的前提下，"触网"行为本身就具有推动市民化的可能性。然而，并非上网时间越长，市民化水平就越高。模型 3 显示，在网络用户内部，互联网使用时长对市民化的影响并不显著，一个可能的原因在于，样本中农民工对互联网的使用以娱乐互动功能为主，因此其个人资本和能力并未随着上网时间的增加而明显提升，反而有可能因为过多沉溺于聊天、交友和游戏，而影响了线下生活中对就业创业、专业技能、生活知识等信息的获取，也相对忽略了对这些活动的实际投入，从而无益于市民化水平的提高。这一点从王亮和甘满堂对福建省三城市农民工的调查中也得到印证：农民工的工作时间越短，上网时间越长，休闲娱乐类和日常生活类的网络使用频率就越高，但是上网时间对工作需要取向的互联网使用并无显著影响（王亮、甘满堂，2018）。

2. 互联网使用方式对市民化的影响

模型4考察了三种互联网使用方式对农民工市民化的影响作用，可以看出，与模型3相比，互联网使用方式的引入使模型拟合度明显提升，调整后的R^2从0.157增加到0.183。总体而言，互联网使用方式是市民化水平的有效预测变量，而不同使用方式的作用方向及影响力大小则存在差别。

首先，平台工具型使用能够显著提升农民工的市民化水平。平台工具型使用包括收发电子邮件、网络销售、网络金融服务、网络教育与培训等内容，农民工对这些功能的使用通常是在较为明确的目标指引下展开的：电子邮件作为一种沟通工具，比微信、电话等更为正式，多用于发送求职简历、接收面试通知等；网络销售是一种直接的就业或创业方式；网络金融服务可用于理财、借贷等，与农民工对收入的安排密切相关；而网络教育与培训则是提升自身技能、增加人力资本存量的途径，其灵活的时间安排、免费或相对低廉的收费契合农民工群体的需求。对这类功能的使用，意味着农民工有意识地将互联网作为学习手段、就业和创业工具，一定程度上实现了对互联网的深入利用。而这类深入利用，一方面有助于直接增加农民工收入、促进其职业发展；另一方面，社会经济地位的改善，能够激发农民工对城市社会的认同感，从而在物质与心理两个层面推动市民化发展。

其次，娱乐互动型使用对农民工市民化无明显作用。无论是通过网络游戏打发时间，还是在各种论坛、贴吧看帖回帖，抑或是在形形色色的社交网站浏览信息、评论转发，虽有助于帮助农民工发泄情感，为枯燥的业余生活带来一些乐趣，却无法在实质上帮助其更好地适应城市社会。究其原因，一是这些网络功能并不能助力农民工实现自身技能提升,增强其在劳动力市场的竞争力,从而无法使农民工在就业、经济收入等市民化维度获得明显改善;二是农民工使用这些互联网功能时,由于戒备心理较重,多与熟人保持密切互动,而与匿名性较强的陌生人之间的交往则停留在较浅层次,难以发展出有价值的社会关系网络来增加自己的发展机会。对于手机、互联网等ICT给农民工生活带来的影响,有学者持悲观态度,认为其似乎增强了农民工在建立人际关系方面的自主性,同时也反映了他们对打工生活的无奈,"一方面让农民工抒发个人情感,另一方面教他们学会埋葬记忆并以虚无的心态对待人和事"(郑松泰,2010),沉醉于虚无的享乐中。数据分析结果同样表明,对互联网的娱乐互动型使用无法真正带来农民工城市生活处境的优化。

再次,信息获取型使用对农民工市民化具有显著的积极影响。信息获取在人们的日常生活中发挥着重要功能,信息问题解决(Information Problem Solving,IPS)是一种重要的能力,指的是个人能够根据面对的问题识别所需信息、找到信息源、组织和提取信息、整合信息并用于解决问题(Brand-Gruwel et al.,2005)。农民工群体离开乡村社会后,传统的口耳相传的信息获取方式对他们已不适用,互联网就成为获取各类有效信息的重要渠道。浏览新闻能够了解国家和务工地政府的重要方针政策、各类奇闻轶事,其中不乏与农民工群体切身利益相关的积分入户、就业创业、社会保险、技能培训等内容;与被动浏览新闻相比,在网络上搜索信息是更为主动的信息获取方式,能够更直接地服务于农民工生活所需;与朋友通过QQ、微信等工具聊天,也是获取信息的重要方式,很多农民工都会加入基于地缘和业缘关系成立的微信群或者QQ群,在其中不仅能够发展社会关系,还可以获得重要的工作、租房等信息。这些信息关乎农民工及其家人生活、工作、学习的方方面面,而对互联网的使用使得农民工对这类信息的获取更为方便、快捷和广泛,有助于他们更好地融入城市社会。

最后,简要讨论控制变量的影响。无论是在全样本模型中,还是在互联网用户样本模型中,控制变量均表现出相似的影响作用。男女之间在市民化方面无显著差别;年龄的影响呈现倒"U"形,在农民工城市生活的前期,市民化程度会随着年龄增加而提升,但是当到达一定年龄之后,年龄增加将不再单纯意味着工作经验多、物质积累丰富、城市认同感强,同时还意味着在劳动力市场上处于弱势地位、对互联网等新技术的接受能力较低等,于是年龄开始对市民化表现出消极影响;受教育程度对市民化进程影响显著,与受教育程度为小学及以下的农民工相比,其他受教育程度者的市民化水平显著更高;婚姻状态不是市民化进程的显著影响因素;在务工地居住时间越长的农民工其市民化状况越好;省内流动农民工的市民化状况优于跨省流动者。

五　结论与讨论

信息化和城镇化同属"新五化"范畴,其中,信息化对新型城镇化的发展十分关键,它既可以与城镇化相互支撑,又能够使城镇化与工业化、农业现代化实现互联互通(孙友然等,2016),在讨论农民工市民化这一城镇化的核心问题时,理应纳入信息化视角。基于四城市农民工问卷调查数据,实证分析了农民工互联网使用现状及其对市民化的影响作用,得到如下研究发现:首先,农民工的互联网接入率较高,达到89.1%,仅有约1/10的受访农民工未使用互联网,受教育程度为初中以下者以及老一代农民工更有可能从不使用互联网;其次,农民工的互联网使用方式以聊天、看新闻、娱乐为主,较少将互联网作为一种提升自身人力资本和促进职业发展的有用平台或工具加以使用;再次,与不使用互联网的农民工相比,作为互联网用户的农民工市民化水平显著更高,但并非上网时间越长,市民化进程得分就越高;最后,平台工具型和信息获取型使用能够显著推动农民工市民化进程,而娱乐互动型使用对市民化进程无明显推动作用。总体而言,第一道数字鸿沟,即"接入沟",对农民工群体来讲已经不是一个迫切的问题,但是第二道数字鸿沟,即"使用沟",仍旧客观存在,并且显著影响农民工的市民化进程。

以上研究发现具有鲜明的政策内涵,为我国通过信息化建设渠道推动农民工有序实现市民化指出了具体着力点。既然阻碍农民工市民化的诸多问题,都与信息采集不足、信息流通不畅、信息利用不充分等信息化水平不高问题密切相关(孙友然等,2016),那么未来就要在进一步提高农民工互联网接入率的基础上,重点干预农民工的互联网使用方式,消弭"接入沟",并逐步缩小"使用沟",使互联网更好发挥助力农民工市民化的关键作用。

第一,加强网络基础设施建设和互联网知识教育,提高农民工互联网使用率。中国互联网络信息中心发布的第44次《中国互联网络发展状况统计报告》显示,截至2020年12月,我国网民规模达9.89亿,其中农村网民规模为3.09亿,占网民整体的31.2%,而农村非网民数量则占到全国非网民总数的62.7%,互联网普及的城乡差异依然较大。而在制约非网民使用互联网的因素中,排名前四位的分别是互联网技能缺乏、受教育程度过低、年龄过大/过小以及缺乏上网设备(中国互联网络信息中心,2021)。对此,应该进一步加强农村地区互联网基础设施建设,持续推进互联网在农村地区的普及工作,推动"提速降费"深入开展;与此同时,应组织面向农村居民的互联网基础知识教育,让更多计划外出的农民工掌握互联网技能。在农民工整体互联网使用率已经较高的情况下,帮助剩余的少部分农民工加入网民大军中来,使其享受到互联网使用给生活带来的便利。

第二,提升农民工信息素养,优化互联网使用方式。已有研究指出,社会阶层会显著影响网络用户的使用行为,高社会经济地位的网民更倾向于利用互联网获取信息,而低社会阶层网民特别是低受教育程度者则更青睐互联网的娱乐互动功能(陈福平,2013)。结合上文的两个发现,即农民工阶层的互联网使用行为以聊天互动最为频繁、较少利用互联网促进能力提升和职业发展,以及只有平台工具型和信息获取型互联网使用行为才有助于推进市民化,可以合理推断,必须对农民工的互联网使用行为进行引导,提升农民工的信息素养,方能使互联网对市民化的提升功能得以充分发挥。否则,因为客观社会阶层差别的存在,农民工和城市居民会表现出不同的互联网使用模式,进而这两个群体之间的既有差距会被不同的互联网使用行为进一步放大，从而使农民工市民化整体处于更加不利的境地。

在具体的政策措施上，可重点推动农民工以互联网为手段，实现就业状况市民化与社会关系市民化：第一，有计划、有针对性地开展针对农民工的互联网技能培训，重点培养其互联网意识，提升其利用互联网进行职业搜寻、创业、网络教育、社会参与等方面的能力。第二，优化对农民工的互联网信息供给。2013年，全国首家针对农民工的综合信息服务平台——湖北省打工综合信息服务平台成立，针对农民工的信息需求，全方位地提供信息、培训、维权、生活等服务，落实了"信息化也要为农民工服务"的口号。这是一种很好的尝试，后续应该有更多这类平台上线，服务农民工生活的方方面面。第三，开发适合农民工的应用程序和手机浏览器。手机是农民工最主要的上网设备，针对农民工休闲时间较少、受教育程度相对偏低、消费能力有限的现实情况，可开发便利、便宜、信息搜索难度小的各类手机应用程序，方便其信息搜索、人际交往、网络学习等。第四，鼓励并推动农民工通过互联网参与务工城市的各类社会活动，并举办多种线下活动，将线上活动与线下活动相结合，巩固农民工在虚拟社区形成的社会关系，强化互联网在农民工流入地社会网络形成中的地位和功能。

本章从互联网使用角度探讨了农民工的市民化问题，丰富了农民工市民化量化研究的分析视角，所得结论也有一定的政策启发意义。但是还存在两个有待未来研究进一步拓展深化之处：第一，囿于数据可得性等，本章仅分析了是否使用互联网、互联网使用时长和使用方式对农民工市民化的直接影响，未来将进一步探讨互联网使用影响农民工市民化的其他作用机制，如引入互联网使用效能感等变量，考察其中介或调节效应。第二，本章仅分析了农民工互联网使用状况及其市民化效应，缺乏与同时期城镇居民的对比，无法客观比较城镇居民与农民工之间在互联网使用频率、功能偏好等方面是否存在明显差别，未来可加入适量城镇居民样本作为参照。

第十章　城市融入与农民工精神健康

一　问题的提出

《中华人民共和国 2012 年国民经济和社会发展统计公报》显示，我国农民工总量已接近 2.6 亿，其中外出农民工数量为 1.6 亿左右，且数量呈现日益上升的趋势，农民工成为城市就业的主体，是中国经济社会发展的重要推动力量之一。然而，一方面，流动的不确定性给农民工的精神健康带来了新的风险和问题，2010 年"富士康事件"之后，农民工精神健康问题引起了社会各界的广泛关注。另一方面，农民工在城市生活和工作中面临着巨大挑战，由于一系列制度和非制度因素，农民工游离于城市正式制度和社会组织之外，构成了城市的异质体和边缘化群体，难以融入城市问题突出。农民工的城市融入会给其精神健康带来怎样的影响？全面评估城市融入对农民工精神健康的作用具有重要的理论和现实意义。

国外研究表明，精神健康问题是移民社会融入后果研究的重要关注点；移民的社会融入对精神健康具有促进作用，社会融入度越高，越能通过社会参与获取社会支持，获得物质和精神资源，精神健康状况越好（Fothergill et al., 2011; Cohen, 2004）。然而，我国从城市融入这一视角系统探讨农民工精神健康的研究还很少见。目前，农民工群体的城市融入总体呈现"半城市化"趋势，且群体内部分化，日渐分为"温饱型""小康型""发展型"(陈旭峰等，2011)，城市融入状况的差异是否会影响农民工的精神健康？本章利用珠三角3086名农民工调查数据，在总结此前的研究基础上，对农民工的城市融入与精神健康的关系做初步的探讨。

二 文献与假设

2006年国内学者开始在不同城市对农民工精神健康开展实证调查（胡荣、陈斯诗，2012）。何雪松等（2010）研究发现，城乡迁移群体中25%的男性和6%的女性精神健康状态不好。其他相关学者通过实证研究得到相似的结论，外来务工人员的精神健康欠佳（廖传景等，2010；刘东，2008），精神健康问题突出。就影响因素而言，在内在因素上，既有研究表明，性别、婚姻状况、年龄等个体特征对农民工的精神健康具有显著影响（胡宏伟等，2011）。在外在因素上，相关学者主要从单一制度结构、关系网络、生存体验等视角（郭星华、才凤伟，2012）对农民工精神健康进行探讨，但都缺乏系统地从城市融入的角度探讨农民工的精神健康。

农民工城市融入是一个多维度概念，强调农民工进入城市后的继续社会化过程，在城市确立经济地位，适应城市的互动规范，并获取市民身份、享受市民待遇，最终实现在城市舒适生活的融入过程（王佃利等，2011）；主要包含经济层面、社会层面、心理层面的全方位融入（刘建娥，2010；朱力，2002）。不同学者在城市融入的具体指标测量上存在一定的差异，但基本得到关于城市融入的相似结论，当前农民工的城市融入处于初级阶段。总体而言，在此次实证研究中，为避免心理融入的相关变量（城市归属感、留城意愿、身份认同等）导致模型的内生性问题，所以放弃了主观臆断且难以测量的心理融入相关变量，主要以客观指标考察城市融入（经济融入和社会融入）对农民工精神健康的影响。国内部分学者零星的实证研究认为城市融入对移民的精神健康有显著的正向影响，城市融入程度越高，其精神健康状况越好。

（一）经济融入与农民工的精神健康

经济融入强调农民工在城市中的劳动力就业、劳动权益保护、住房等方面的融入状况，是农民工个体经济地位的综合反映（杨菊华，2010）。

1. 劳动力市场融入与精神健康

劳动力市场融入主要强调农民工在劳动力市场中的工作收入以及就业状态。经济和就业压力与移民的精神健康不佳具有直接的关系（何雪松等，2010）。较低的工作收入会给移民带来较大的心理和生活压力，最终影响其精神健康（胡荣华、葛明贵，2008）。就业状态影响移民的精神健康，失业导致个体负面情绪的产生，降低个体的精神健康水平（曾强、徐慧兰，2000）。个体相对社会经济地位对农民工的精神健康具有显著影响（胡荣、陈斯诗，2012）。农民工外出的主要动机在于个人发展与经济取向，经济和就业状况对农民工至关重要（刘玉兰，2011）。劳动力市场融入是农民工在城市中物质生存状态的体现，而农民工精神健康是物质生存状态的反映，于是设立以下假设。

假设1.1：农民工的劳动力市场融入度越高，其精神健康状况越好。

一般认为农民工的月收支比越高、找工作越容易，其经济和就业压力越小，其精神状况越好，因而据此设立下面2个子假设。

假设1.1a：农民工的月收支比越高，其精神健康状况越好。

假设1.1b：农民工找工作越容易，其精神健康状况越好。

2. 劳动权益保护融入与精神健康

劳动权益保护牵涉农民工在就业过程中的劳动强度、工作环境、合同签订、职业福利等权益。劳动权益与外来工的精神健康存在较高的关联度，超时加班、工作环境有危害和强迫劳动会恶化外来工精神状况（刘林平等，2011；郑广怀，2010）；城乡二元社会保障结构对外来工精神健康产生较大的消极影响（刘东，2008）。由此可见，劳动权益状况直接决定农民工的生存状态，进而影响农民工的精神状态。鉴于上述研究，笔者认为工作场所的人身权利侵害，可能会导致个体抑郁，损害其精神健康。劳动合同、社会保险对农民工的工作起着保护伞的作用，促进其精神健康。被扣工资者往往感受到较大的经济压力，是农民工负面应激事件的一个重要来源，可能损害其精神健康。对劳动权益是否有意见，反映了不同外来工对权益状况的敏感程度和主观认识，对劳动权益有意见者的精神健康状况可能更差（刘林平等，2011）。由此形成下列假设和子假设。

假设 1.2：农民工的劳动权益保护融入度越高，其精神健康状况越好。

假设 1.2a：签订劳动合同者，其精神健康状况较好。

假设 1.2b：被扣工资者，其精神健康状况较差。

假设 1.2c：社会保险获得越多者，其精神健康状况越好。

假设 1.2d：人身权利被侵害越多者，其精神健康状况越差。

假设 1.2e：对劳动权益有意见者，其精神健康状况较差。

3. 住房融入与精神健康

住房是农民工在城市安居的前提，居住环境对移民的精神健康具有突出的影响（牛建林等，2011）。聚居者生活在有限的空间内，在集体生活中易产生负面事件，并且压力难以释放；与散居移民相比，聚居移民的精神健康状况更差（郝小艳，2012）。一般认为，农民工的人均居住面积越大，住房质量越高，其居住环境越好，精神健康状况越好。于是设立下列假设和子假设。

假设 1.3：农民工的住房融入度越高，其精神健康状况越好。

假设 1.3a：与居住在集体宿舍者相比，居住在出租屋者、自购房者、其他住房者的精神健康状况更好。

假设 1.3b：农民工的人均居住面积越大，其精神健康状况越好。

假设 1.3c：农民工的住房质量越高，其精神健康状况越好。

（二）社会融入与农民工的精神健康

社会融入是经济融入层次的进一步发展，与经济融入强调收入、劳动权益、住房等经济状况不同，社会融入强调农民工在社会交往、社会组织、社会互动等方面的融入。社会交往既指同群体的交往，也包括异群体的交往，特别指与当地人的交往，近年来被广泛应用于精神健康或心理健康研究，诸多实证研究深入探讨社会交往的各个因素与精神健康的关系。相关学者研究表明，社会关系网络具有情感支持、精神慰藉的正功能，积极的关系网络能够减缓周遭不良环境对精神健康的负面影响（Rose，2000；赵延东，2008）。群体性和实体性交往能够减少农民工抑郁状态的发生，而虚拟性交往却起到了相反的效果（郭星华、才凤伟，2012）。社会网络密度中，与同事和邻居的交往对外来工的精神健康水平有一定的正面影响；但网络的异质性对外来工的精神健康产生消极影响（胡荣、陈斯诗，2012）。与本地人交往是否通畅是影响精神健康的显著因素，生产线上老乡数量较多者，精神健康状况更差（刘林平等，2011）。工会等组织的支持也影响着移民的精神健康。农民工在流动过程中脱离原有乡村的社会网络和社会支持，在城市的社会交往和组织参与对于农民工的物质生活和精神健康都至关重要。鉴于以上研究，可以推测对当地方言越熟悉，其社会交往面越广，越容易融入城市，越可能与当地人成为好朋友，建立新的社会网络，社会排斥感越弱，其精神健康状况可能越好；参与社会组织或其他组织越多，获取的社会支持越多，越不可能出现抑郁或孤独的精神状态。于是设立以下假设和子假设。

假设2：农民工的社会融入度越高，其精神健康状况越好。

假设2a：农民工的亲密朋友数量越多，其精神健康状况越好。

假设2b：新生社会网络对农民工精神健康具有正面影响。

假设2c：对当地语言越熟悉者，其精神健康状况越好。

假设2d：参与组织越多者，其精神健康状况越好。

三　数据与变量

（一）研究数据

本章所使用数据来源于中山大学社会学与社会工作系蔡禾教授主持的

国家哲学社会科学重大招标课题"城市化进程中的农民工问题"（05&ZD034）的问卷调查。调查在珠江三角洲9个城市展开，最后获得正式就业农民工的有效问卷数为3086份，采用SPSS18.0和Stata11.0对数据进行统计分析。

（二）变量设计

1. 因变量

因变量为农民工精神健康，精神健康采用 Hopkins Symptoms Check List（HSCL）量表的简化版来测量，量表由9个问题组成（见表10-1），回答者从"从来没有""偶尔有""说不清""经常有""总是有"选项中进行选择，并分别赋值为1~5分，主要测量焦虑和抑郁的内容。

表 10-1　精神健康因子分析

变量	抑郁因子	躯体化因子	共量
失眠	0.048	0.755	0.428
觉得身心疲惫	0.230	0.734	0.401
烦躁易怒	0.228	0.715	0.437
容易哭泣或想哭	0.263	0.478	0.702
前途茫然	0.612	0.326	0.520
感到很孤独	0.559	0.333	0.577
觉得自己没有用	0.796	0.092	0.358
觉得生活很艰难	0.672	0.276	0.473
觉得活着没意思	0.726	0.091	0.465
特征值	2.474	2.167	
方差贡献率(%)	0.275	0.241	0.516

先用探索性因子分析方法，针对精神健康指标采用方差极大化方法对因子负荷进行正交旋转，共抽取两个因子。KMO 值为 0.866，Bartlett 球形检验 p = 0.000，其方差贡献率达到 51.6%，总量表的 Cronbach's Alpha 为 0.801，将这两个因子分别命名为抑郁因子和躯体化因子，两个因子的

Cronbach's Alpha 信度系数分别为 0.751、0.673。根据因子负载，抑郁因子包括"前途茫然""感到很孤独""觉得自己没有用""觉得生活很艰难""觉得活着没意思"等项目；躯体化因子包括"失眠""觉得身心疲惫""烦躁易怒""容易哭泣或想哭"等项目。为了用一个变量来表示精神健康，笔者把两个因子的值分别乘以其方差贡献率后相加，即总的精神健康因子值=抑郁因子值×0.275+躯体化因子值×0.241，可以将上述综合变量的因子得分作为精神健康指标，得分越高，表明精神健康状况越差。为了在回归模型中更为清楚地分析各个自变量对因变量的影响，运用公式把这两个因子转换为 1~100 的指数[①]。

2. 自变量

本章从经济融入、社会融入角度来考察农民工的城市融入。经济融入主要从劳动力市场融入、劳动权益保护融入、住房融入三个方面来测量。

劳动力市场融入操作化为月收支比、找工作难易程度。月收支比即月收入与月支出的比值；找工作难易程度，回答者从很困难、比较困难、一般、比较容易、很容易中进行选择，对其分别赋值为 0、25、50、75、100 分，得分越高代表找工作越容易。

劳动权益保护融入操作化为是否签订劳动合同、是否被扣工资、社会保险参与、人身权利侵害、是否对企业劳动权益有意见等 5 个指标。其中，社会保险参与从"医疗保险、工伤保险、养老保险、失业保险"中提取公共因子[②]，以公共因子为自变量，社会保险因子的得分越高，代表着享受的社会保险越多，并运用公式把因子转换为 1~100 的指数[③]。人身权利侵害通过询问被访者"在企业内部是否有下列遭遇，包括吃饭时间不够、上班时不允许喝水、上班时未经允许不能上厕所、被搜身或搜包、被怀疑偷窃、被管理人员殴打、被关押、工作环境对身体有危害"，只要有过下列一项遭遇，

---

① 转换公式是：转换后的因子值=（因子值+B）·A。其中，A=99/（因子最大值-因子最小值），B=（1/A）-因子最小值（边燕杰、李煜，2000）。
② 社会保险因子 KMO 值为 0.713，Cronbach's Alpha 信度系数为 0.729，方差贡献率为 56.26%。
③ 转换公式同 2。

计1分，没有计0分，累加后得到人身权利侵害综合指标，得分越高，代表人身权利侵害越严重。是否签订劳动合同、是否被扣工资、是否对企业劳动权益有意见采用直接测量法。

住房融入主要操作化为住房类型、人均住房面积、住房质量。住房类型分为集体宿舍（员工宿舍和工作场所）、出租屋、自购房、其他（借住亲友家或宿舍、临时窝棚等）四类。借鉴边燕杰等（2005）对住房质量的操作化，房屋内是否有热水器、冲凉房、厕所、阳台、厨房、电风扇、衣柜、饮水机、空调、电冰箱等设施，有计1分，没有计0分，累加后得到住房质量指标，得分越高，代表住房质量越好。

社会融入主要从社会交往、组织参与方面进行测量。社会交往具体操作化为在城市中亲密朋友的数量、新生的社会网络、对当地语言的熟悉程度，其中在城市中亲密朋友的数量采用直接测量法。对当地语言的熟悉程度，被访者从"完全可以听说、基本可以听说、能听但不能说、能听一些但不能说、既不能听也不能说"等五个方面进行回答，对上述回答分别赋值为100、75、50、25、0分，得分越高，代表对当地语言的熟悉程度越高。新生的社会网络借鉴蔡禾、曹志刚（2009）的操作化，新生社会网络是指在城市生活中构建的社会网络，主要包括企业内的朋友、主管、上级负责人和企业外的朋友，其中最好朋友为当地人，表明新生的社会网络已经进入当地人的核心层面，新生社会网络较强。因此，在问卷调查中逐一询问"最好三个朋友与本人的关系，是否当地人"。最好的三个朋友为当地人的数量越多，表明农民工的新生社会网络越强。组织参与，包括党组织、工会、共青团、同乡会、其他，参与计1分，没参与计0分，累加后得到组织参与综合指标。

3. 控制变量

主要包括性别、婚姻状况、年龄、受教育程度。

（三）样本情况描述

调查对象中男性偏多，占53.11%，女性占46.89%；以青壮年为主，平均年龄为 27.44 岁；受教育程度较高，初中占 51.31%，高中（包括中专或技校）占 27.21%；在婚姻状况中，未婚者的比例达到 55.14%，已结婚者的比例为 43.51%。自变量和因变量的基本情况如表 10-2 所示。

表 10-2 自变量和因变量的基本情况

维度	指标	描述
因变量	精神健康因子(N=2734)	因子得分，最小值为1，最大值为100，平均值为23.46，标准差为15.76
人口特征（控制变量）	性别(N=3086)	男(53.11%)，女(46.89%)
	年龄(N=3084)	最小值为15，最大值为63，平均值为27.44，标准差为8.64
	婚姻状况(N=3085)	已婚且与配偶住在一起(27.33%)，已婚与配偶不住在一起(16.18%)，未婚(55.14%)，丧偶或离婚(1.36%)
	受教育程度(N=3083)	小学及以下(18.52%)，初中(51.31%)，高中(27.21%)，大专(2.95%)
劳动力市场融入	月收支比(N=3007)	最小值为0.00005，最大值为22.5，平均值为2.41，标准差为1.66
	找工作难易程度(N=2897)	最小值为0，最大值为100，平均值为46.23，标准差为30.60
劳动权益保护融入	劳动合同(N=3057)	签订(42.75%)，未签订(57.25%)
	是否被扣工资(N=3037)	是(18.97%)，否(81.03%)
	社会保险因子(N=3074)	因子得分，最小值为1，最大值为100，平均值为22.46，标准差为28.67
	人身权利侵害(N=3047)	累加得分，最小值为1，最大值为8，平均值为2.02，标准差为0.73
	对企业有没意见(N=3084)	没有意见(24.42%)，有意见(75.58%)
住房融入	住房类型(N=3086)	集体宿舍(59.81%)，出租屋(33.41%)，自购房(1.22%)，其他(5.56%)
	人均住房面积(N=2628)	最小值为1，最大值为110，平均值为10.17，标准差为9.77
	住房质量(N=308)	累加得分，最小值为0，最大值为12，平均值为5.49，标准差为2.40

续表

维度	指标	描述
社会融入	亲密朋友数量（N=3006）	最小值为0，最大值为300，平均值为7.39，标准差为14.77
	最好的三个朋友是否当地人（N=2373）	0个（93.76%），1个（4.93%），2个（0.72%），3个（0.59%）
	组织参与（N=3086）	累加得分，最小值为0，最大值为5，平均值为0.18，标准差为0.53
	对当地语言的熟悉程度（N=3084）	完全可以听说（24.35%），基本可以听说（16.76%），能听但不能说（13.59%），能听一些但不能说（26.78%），既不能听也不能说（18.51%）

四　结果分析

（一）农民工精神健康的现状

总体来看，农民工经常面对的精神健康问题排在前五位的为"觉得身心疲惫""觉得生活很艰难""前途茫然""感到很孤独""烦躁易怒"。除两项指标经常有和总是有的比例之和低于10%以外，其他指标经常有和总是有两项比例之和均高于10%，表明农民工的总体精神健康状况欠佳（见表10-3）。具体来看，由表10-4可知，抑郁因子总体得分高于躯体化因子，表明农民工的自我价值感缺乏问题突出，但农民工的精神健康躯体化问题也不容忽视。从躯体化来看，"失眠""觉得身心疲惫""烦躁易怒"问题应引起重视，三者经常有和总是有的比例分别达到11.6%、19.7%、11.8%。从抑郁因子来看，"觉得生活很艰难""前途茫然""感到很孤独"问题比较突出，三者经常有和总是有的比例分别达到18.6%、15.6%、12.2%，这表明15%左右的农民工具有较强的抑郁情绪。

表 10-3 农民工精神健康的基本情况

单位：%

变量	从来没有	偶尔有	经常有	总是有
失眠（N=3077）	40.4	48.0	10.4	1.2
觉得身心疲惫（N=3066）	26.2	54.1	17.5	2.2
烦躁易怒（N=3057）	36.7	51.6	11.0	0.8
容易哭泣或想哭（N=3038）	66.3	28.2	5.1	0.4
前途茫然（N=2914）	44.9	39.5	13.2	2.4
感到很孤独（N=3052）	51.6	36.3	10.9	1.3
觉得自己没有用（N=3017）	55.0	33.8	9.9	1.3
觉得生活很艰难（N=3032）	40.7	40.8	16.3	2.3
觉得活着没意思（N=3021）	78.0	18.1	3.1	0.8

注："说不清"选项作缺失值处理。

表 10-4 农民工精神健康因子描述分析

类目	躯体化因子	抑郁因子	精神健康因子
均值	33.70	35.28	23.47
标准差	13.27	13.72	15.76

（二）模型及分析

为更好地厘清城市融入状况对农民工精神健康的影响，以精神健康因子为因变量，在有统计控制的条件下使用多元线性回归方法进行分析。在回归模型中，逐一加入自变量，建立三个模型（见表10-5）。总体上看，城市融入对农民工的精神健康具有较强的预测力，控制变量和城市融入变量能够解释农民工精神健康 12.52% 的方差；同时根据三个模型调整后 R^2 以及 R^2 change，可以发现经济融入对于农民工精神健康的影响最大，能够解释农民工精神健康 9.71% 的变异量；其次为社会融入，可以解释农民工精神健康 1.09% 的变异量。

表 10-5 城市融入状况对农民工精神健康影响的多元线性回归模型

变量	模型 1	模型 2	模型 3
性别[a]	−3.973***(0.612)	−3.688***(0.642)	−3.674***(0.711)
受教育程度[b]	−0.708(0.648)	−0.015(0.701)	−0.194(0.763)
婚姻状况[c]			
已婚但与配偶不住一起	1.923**(0.941)	2.002**(1.013)	0.932(1.153)
未婚	0.546(0.930)	−0.128(1.016)	0.0885(1.122)
离婚或丧偶	6.904***(2.637)	10.86***(3.001)	18.15***(3.978)
年龄	0.034(0.053)	0.026(0.058)	0.116*(0.066)
经济融入			
月收支比		−0.355*(0.198)	−0.473**(0.218)
找工作难易程度		−0.087***(0.011)	−0.072***(0.012)
签订劳动合同[d]		−0.160(0.682)	0.094(0.754)
被扣工资情况		5.850***(0.783)	6.181***(0.859)
社会保险因子		−0.043***(0.012)	−0.048***(0.013)
人身权利侵害		0.814*(0.418)	1.323***(0.473)
对企业是否有意见[e]		4.390***(0.728)	3.436***(0.820)
住房类型[f]			
出租屋		−0.120(0.719)	−0.332(0.789)
自购房		6.196**(2.903)	4.372(3.041)
其他		2.012(1.424)	1.509(1.545)
人均住房面积		−2.12e−07**(9.95e−08)	−2.26e−07**(1.10e−07)
住房质量		−0.683***(0.146)	−0.667***(0.164)
社会融入			
最好的三个朋友有一个为当地人[g]			2.644(1.536)

续表

变量	模型1	模型2	模型3
最好的三个朋友有两个为当地人			8.292(4.265)
最好的三个朋友有三个为当地人			-7.652*(4.100)
亲密朋友数量			-0.007(0.020)
组织参与			-1.121*(0.610)
对当地语言的熟悉程度			-0.645***(0.241)
常数	23.61***	27.72***	21.91***
N	2729	2286	1751
调整后 R^2	0.017	0.114	0.125
F	8.94***	17.38***	11.44***

注：括号内为标准误，*** $p<0.01$，** $p<0.05$，* $p<0.1$；a 的参照类别为"女"，b 的参照类别为"初中及以下"，c 的参照类别为"已婚且与配偶住一起"，d 的参照类别为"否"，e 的参照类别为"否"，f 的参照类别为"集体宿舍"，g 的参照类别为"最好的三个朋友没有一个为当地人"。

1. 人口特征与精神健康

模型1的解释力为1.72%，表明人口特征变量对农民工精神健康具有一定的影响，性别、婚姻状况对农民工的精神健康具有显著影响。在控制其他变量的情况下，模型3回归系数表明，年龄与农民工精神健康呈显著负相关，而受教育程度仍不具有统计显著性。

（1）男性的精神状况优于女性

模型1显示，在控制其他变量的情况下，男性与女性相比，男性的精神健康得分低3.973分，而且具有统计显著性，与以往的研究结果保持一致性（胡荣、陈斯诗，2012；詹劲基等，2008）。这可能与女性的心理、生理特点等有关，一是面对激烈的竞争压力时，女性特有的细腻感性心理特点，更容易产生紧张或抑郁的情绪；二是由于女性的生理特点，面临更多的社会排斥，所承受的生存压力更大，致使女性整体的精神健康状况差于男性。

(2) 婚姻状况对于精神健康具有显著影响

回归系数表明，与已婚且与配偶住在一起者相比，已婚但与配偶不在一起者的精神健康得分要高出 1.923 分，表明已婚且与配偶住在一起者的精神健康状况明显较好。在流动的过程中，有配偶的陪伴与支持能够减少农民工的心理压力；因此，家庭式迁移的城市融入对于农民工的精神健康具有显著的积极作用。丧偶或离婚者的精神健康水平明显低于已婚且住在一起的农民工，完整婚姻对于农民工的精神健康具有保护作用，但破裂的婚姻会损害农民工的精神健康。

(3) 年龄对农民工的精神健康有一定影响

模型 3 结果表明，年龄每增长 1 岁，农民工的精神健康得分高 0.116 分，这表明年龄越大的农民工，精神健康状况越差。相关研究认为年龄越大者，越可能建构自身的家庭，面临整体的家庭经济压力越大，或因身体、生理的因素，精神健康疾病问题可能更加突出（胡荣、陈斯诗，2012）。

2. 经济融入与精神健康

模型 2 显示，在加入经济融入相关变量后，解释力提高了 9.71%，表明经济融入对于精神健康起着重要的作用。除签订劳动合同外，其他经济融入变量均对农民工的精神健康产生显著影响，假设 1.1、1.2、1.3 基本得到证实。

(1) 劳动力市场融入对农民工的精神健康有显著影响

以往的研究只单纯考察工资水平，忽略了消费支出对农民工的精神健康作用，构建月收支比辅助变量纳入回归模型，结果显示，月收支比的回归系数为 -0.355，且具有统计显著性，假设 1.1a 得到验证，这表明农民工月收入和支出的比值越高，其经济生活压力越小，精神健康状况越好。找工作难易程度对农民工精神健康具有显著影响，找工作越容易者，其精神健康得分越低，假设 1.1b 得到验证。在低收入和低职业地位中，农民工的职业流动是频繁的（陈媛媛，2013），多数的职业流动只是"平移"，并没有带来职业地位的上升，但能够实现职业流动者，能够排解其职业倦怠，实现自我价值，其价值感较高、自我焦虑较少，精神健康状况较好。

(2) 劳动权益保护融入对精神健康具有显著促进作用

是否签订劳动合同对农民工的精神健康不具有显著影响，劳动合同并未对农民工的精神健康起到保护作用，假设 1.2a 未得到证实。与没有被扣工资者相比，被扣工资者的精神健康得分高 5.850 分（模型 2），被扣工资者的精神状况更差，假设 1.2b 得到证实。农民工外出的主要动机是经济取向和个人发展，被扣工资者，其经济动机实现程度较低，经济压力较大，导致负面情绪产生，危害精神健康。社会保险因子与农民工的精神健康呈正相关，且具有统计显著性，假设 1.2c 得到验证。与以往的研究保持一致性，工厂的福利情况影响农民工的精神健康水平（郑广怀，2010），农民工获得保险福利越多，对于其工作和心理起到保障作用，能够调适其精神健康。遭受人身权利侵害越多，农民工精神健康状况越差，人身权利侵害每多 1 项，农民工的精神健康得分高 0.814 分，假设 1.2d 被证实。高强度的劳动控制限制农民工的自主性，工作场所的强迫、暴力给农民工带来心理不安和恐惧，因独特的工厂体制带来的人身权利侵害极大地恶化农民工精神健康。与对企业没有意见者相比，对企业有意见者的精神健康得分高 4.390 分，精神健康状况较差，假设 1.2e 得到支持。对劳动权益是否有意见反映了劳动者权益意识，权益意识越强，越能够意识到权益问题的存在，越容易产生精神健康问题（刘林平等，2011）。

(3) 住房融入对农民工的精神健康发挥着重要作用

模型 2 表明，与居住在集体宿舍的农民工相比，居住在出租房或其他地方的农民工精神健康没有显著差异，但自购房的农民工精神健康状况更差，假设 1.3a 未得到验证。自购房者在经济上面临着还房贷，维持日常高生活开支，经济压力过大，是其心理压力的直接来源。与住房类型不同的是，人均住房面积和住房质量对农民工的精神健康具有显著正向影响，假设 1.3b、1.3c 得到证实。人均住房面积越大者，其精神健康状况越好，住房质量越高，精神健康状况越好；拥挤局促的居住环境，将影响农民工的身体健康（牛建林等，2011），也不利于农民工构建和谐的人际关系，无形之中给农民工增加心理压力，这表明居住环境对农民工的精神健康产生积极效应。

3. 社会融入与精神健康

在加入社会融入的相关变量后，模型 3 的解释力增加 1.09%，同样表明社会融入对于农民工精神健康发挥着一定的影响。其中，最好的三个朋友全部为当地人、对当地语言的熟悉程度、组织参与通过显著性检验，亲密朋友数量不具有统计显著性，假设 2 基本得到证实，假设 2a 未得到验证。

（1）农民工的新生社会网络有助于农民工的精神健康

模型 3 回归分析结果表明，在控制其他变量的情况下，与最好的三个朋友没有当地人的农民工相比，最好的三个朋友全部为当地人的精神健康得分低 7.652 分，而且具有统计显著性，假设 2b 部分得到证实。最好的三个朋友全部为当地人，表明农民工的新生社会网络逐渐进入当地人的核心层面，弱化对乡土社会网络的依赖，在与本地人的交往中，农民工与本地人增进相互了解，有助于消除原来由经济、社会、文化心理差异带来的隔离，面临的社会排斥感较弱，精神健康状况可能较好。值得注意的是，农民工的新生社会网络总体较弱，最好的三个朋友中没有当地人占到 93.76%，最好的三个朋友全部为当地人仅占 0.59%，这表明农民工的社会交往圈子主要是工友和老乡，难以融入当地人的社会网络，与市民和主流文化相隔绝，生活被固定在"车间—宿舍—食堂"的三点一线上，生活空间被隔离，单调的生活方式和封闭、压缩的社会交往空间，使得出现心理压力的农民工难以消解，易出现精神健康问题。

（2）方言掌握程度对农民工的精神健康具有显著影响

在模型 3 中，对当地语言的掌握程度对农民工精神健康的回归系数为 -0.645，且通过显著性检验，表明对当地语言越熟悉者，精神健康得分越低，精神健康状况越好，假设 2c 得到验证。对当地语言越熟悉，越容易与本地人进行交流，越可能融入当地人的圈子和生活中，面临的排斥和歧视较少，精神状况可能更佳。因而消除农民工与本地人的交往障碍，需要消除具体的语言障碍，促进农民工更好融入当地的城市生活，改善其精神健康状况。

(3) 组织参与显著改善农民工的精神健康状况

数据表明,组织参与每多一个,其精神健康得分低 1.121 分,假设 2d 得到证实;党组织、工会、共青团、同乡会、其他组织在一定程度上能够为其成员提供社会支持或服务,同乡会对农民工起到物质支持和精神慰藉的作用,缓解心理压力,促进精神健康。

五 结论与讨论

研究表明,农民工的精神健康状况总体欠佳。总体来看,城市融入是农民工精神健康的重要预测变量,城市融入程度越高的农民工,其精神健康状况越好。具体而言,劳动力市场融入程度越高,精神健康状况越好;月收支比越高,找工作越容易者,其面临的经济和就业压力相对较小,精神健康水平越高。劳动权益保护融入状况越好,其精神健康水平越高。被扣工资、社会保险获得、人身权利侵害、对企业是否有意见是影响农民工精神健康的重要显著变量。住房融入对农民工的精神健康发挥着显著的积极作用。在流入地的社会融入,包括新生社会网络、方言掌握程度、组织参与等对农民工的精神健康具有较强的保护效应。

研究认为,"流动的劳动体制"致使农民工难以全面融入城市,影响农民工的精神健康。国家继承了相应的制度遗产,强化了基于户口、籍贯、阶级和性别的差异建构,户籍制度奠定了流动的基础,而地方政府利用城乡二元结构从中获益,国家、地方政府、资本共同编织了"流动的劳动体制"(Hu et al., 2002; Fan, 2004; 刘玉兰, 2011)。在流动的劳动体制中,城乡户籍制度使得就业、社会保障、劳动保护制度等社会体制存在严重的二元分割,户籍制度将农民工的身份符号化和标签化,预设农民工的资源和权益,构成了农民工城市融入的体制性障碍,致使农民工难以融入城市主流的劳动力市场;在次级的劳动力市场从事低收入、风险高、稳定性不高的工作,工资、社会保障等劳动权益难以获得与市民同等的待遇,且劳动权益屡受侵犯,经济融入程度低;不平等的经济地位和可支配的资源与精神健康有直接的联系，经济上处于弱势群体地位的农民工在处理负面应激事件时可支配资源少，势必影响其精神健康（胡荣、陈斯诗，2012）。在流动的过程中，原有的社会支持体系被打破，在城市生活主要依赖乡土社会网络，乡土社会网络有助于农民工适应城市生活，但也限制其生成新的社会网络，社会交往群体具有内卷性和封闭性，交往群体被压缩在工友和老乡群体中；与本地居民形成交往隔离，被城市主流群体所排斥，经济和心理排斥感较强，农民工逐渐建构自身的社会空间，形成区隔型融入，自身社会空间内部的同质性和外部社会异质性对农民工的精神健康产生很大的影响（刘东，2008）。面对流动的劳动体制带来的种种差异建构，农民工产生强烈的经济排斥感和社会排斥感，农民工徘徊在城市与制度的边缘，既难以扎根城市，又难以回到农村，在心理上难以融入城市；在频繁的社会空间转换和城乡流动过程中，农民工往往容易丧失自我的空间感和位置感，这种空间感和位置感会极大影响农民工的精神健康（郑广怀，2010）。

上述研究发现具有下列政策意涵：应加速推动农民工的市民化进程，促进农民工全面的城市融入，全面改善农民工的精神健康状况。首先，在户籍制度设计上，应该进行多方位改革，改变因户籍制度而带来的就业、劳动保护、住房保障等差异建构，在制度上为农民工创造更多的制度型社会资本，切实保障农民工的劳动权益，降低农民工的精神健康风险。其次，家庭式融入有助于降低农民工的精神健康风险，但在家庭融入过程中，相关部门应努力改善农民工的住房条件，整体优化农民工的住房环境，减少因过度拥挤和低劣的住房质量而带来的一系列精神健康风险。再次，正确引导和积极推动老乡会等非正式组织以及工会、妇联、共青团等社会组织为农民工提供精神健康和社会支持服务，改善农民工的精神健康状况。最后，应努力消除语言障碍，积极培育农民工新生社会网络，促进农民工的城市融入，提升农民工的精神健康水平。

第十一章　城市融入与农民工环保行为

中国城镇化率由1978年的17.9%提升到2017年的58.52%，庞大的农业人口从农村向城镇聚集，在促进城镇产业转型升级和城乡社会发展的同时也给城市的能源消费和环境保护带来较大压力。面对生态环境问题，党和国家提出了绿色城镇化发展战略，关注农业转移人口生活方式的健康化和绿色化，也意味着农业转移人口的环保行为将有助于缓解城镇化进程中的环保压力。那么农民工在融入城市过程中，其环保行为现状如何？何种融入因素会影响其环保行为？不同融入状况对其环保行为的影响是否存在差异？对上述问题进行探讨，厘清农民工环保行为的现状、特征和影响因素，进而培育农民工绿色生活方式，不仅有助于降低城镇化对城市环境造成的压力，而且"回流"农民的环保意识和行为，对于改善农村环境问题亦具有重要的现实意义。

一　文献与假设

（一）人口迁移与环保行为

国内外学者较少直接关注城市融入与环保行为的关系，但国外学者从人口迁移视角研究移民与本地居民的环保行为差异及影响因素，并形成两种截然不同的观点：一类是环保行为趋同论，该类研究认为，随着融入时间的增加，移民通过与本地居民的接触，习得本土主流生态价值观，获得更多环境知识，环保行为逐渐与主流群体保持一致，形成本土绿色生活方式（Romero et al., 2018），甚至在能源消耗、碳排放方面要低于本地居民（Pfeffer & Stycos, 2002; Hunter, 2000; Squalli, 2009）；另一类为环保行为差异论，该类研究认为，出生地和社会融入是影响环保行为的决定性因素，外来移民比本地居民的环保参与程度更低（Kerr et al., 2016; Liu & Segev, 2017），但是不同移民环保行为并非完全一致，不同融入状况移民的环保意识和行为存在显著差异。与融合型移民相比，边缘型移民被排斥在主流价值观之外，环境保护意识差，环保行为相对少（Grant, 2001; Paraskevopoulos & Korfiatis, 2003）；经济融入程度低的移民，其环保行为更少，来自发展中国家和贫穷落后地区的迁移者，在发达国家中的环保表现更差（Inglehart, 1995）；越认同流出地身份的移民，流入地归属感越弱，相应地越少实施环保行为（Cynthia & Jenni, 2002）。我国学者也发现城市融入对进城农民环保行为具有显著影响，进城农民比留守农民的私域环保行为参与程度高（何兴邦、周葵，2016），遗憾的是该研究只是简单将是否进城作为城市融入的标志，并未有效区分不同融入因素的独特影响。国外研究主要探讨本土居民与国外移民环保行为的趋同或差异，他们的研究发现是否适用于中国特色的城乡二元结构背景，有待进一步分析和验证。

（二）城市融入影响环保行为的路径

农民工城市融入是一个多维度综合概念，反映的是农民在城市确立经济地位，适应城市的互动规范，并获取市民身份、享受市民待遇，最终实现城市舒适生活的动态过程（王佃利等，2011），一般包含经济融入、社会融入、心理融入三个由低到高的层次。环保行为是指人们意图通过各种途径保护环境并在实践中表现出的有利于环境的行为。

1. 直接作用机制

经济融入衡量农民工在劳动力市场、居住与消费等方面的融入情况，其中职业稳定性和收入是核心基础，只有拥有相对稳定的职业和收入，才能在城市立足和发展。在融入过程中，农民工只有满足基本需求之后，才能有更高层次的追求，如要求良好的环境，进而采取有利于保护环境的行为（喻少如，2002）；职业稳定性较高的群体，收入较高，更可能持有后物质主义价值观，更加关注环境治理，采取更多环保行为（Inglehart，1997）。社会融入反映农民工在社会关系、社会互动等方面的融入状况，衡量其在城市交往的广度。根据社会互动理论，公众行为（包括环保行为）会受到其他成员的影响，一方面，居民对互动个体环保行为的观察和学习，会潜移默化地改变个体的私域环保行为（何兴邦，2016）；另一方面，广泛的社会网络关系会增加公众被社会关系动员参与公共环保行为的概率（卢少云，2017）。心理融入反映农民工在心理上对城镇价值观念、生活方式等方面的认同和接纳，衡量其融入的深度，主要通过身份认同等方面测量外来迁移人口对迁入地的认同感和归属感，促进移民更加关注迁入地的环境，促进移民环保行为逐渐向本地居民靠拢（Pfeffer & Stycos，2002）。基于此，笔者认为城市融入（经济、社会、心理）会直接促进农民工环保行为，设立假设1：农民工的城市融入程度越高，环保行为参与频率越高。

2. 间接作用机制

（1）环保知识

农民工获取更多环保知识进而促进其环保行为。较高水平的稳定收入和对城市身份的认同，有助于拓展农民工与城镇居民的社会交往，而与本地居民的社会交往有助于增加农民工的环保知识。与农村居民相比，城市居民拥有环保知识优势（聂伟，2014），相互之间的频繁交流更容易共享环保知识，促进环保知识的传递（何兴邦、周葵，2016；Reagans & McEvily，2003）。环保知识是环保行为的重要驱动因素（Vicente-Molina et al.，2013）。就私域环保行为而言，个体掌握的环保知识越多，越明白环境保护的重要性，就越倾向于实施更多环保行为（Pothitou et al.，2016）。就公域环保行为而言，个体只有具备相应的环保信息和知识，才有机会参与到公共活动中，尤其是公共环保抗争中（王玉君、韩冬临，2016）。因此，农民工的城市融入程度越高，与城市居民的交往广度越宽，越容易获取更多环保知识,如碳排放对大气、人体的影响,垃圾可以分类回收再利用、物种消失会破坏生态系统、PX、垃圾焚烧,等等,这些环保知识可能促进农民工环保行为。基于此,设立假设2:城市融入有助于增进农民工的环保知识,进而间接促进其环保行为。

(2) 媒介接触

农民工因接触到更多环保媒体信息而促进其环保行为。农民工的媒介使用本质上是一种文化消费活动,受到城市融入的影响。从媒介资源来看,城市的传统媒介(电视、报纸)和新媒介(网络)均比农村丰富,其中微信、微博等新媒体使用环境更佳。随着职业稳定性、阶层地位和收入的提高,公众的媒介使用频率显著提升(曾凡斌,2016)。伴随经济融入不断深入,农民工会使用微博、微信等新媒体与居民进行社会交往,提高新媒介的使用频率。市民身份认同本质上是一种生活方式的认同,越是认同市民身份的进城农民,越可能积极融入城市生活方式中,更多使用新媒体。传统媒介的环保宣传教育,潜移默化地培育公众环保意识,激发公众对环保问题的关注和讨论,进而引导公众参与环保行为;以网络为代表的新媒体赋予公众搜索环保信息和参与议题讨论的主动权,也能引发更多公共环保行为参与(金恒江等,2017)。媒介接触还通过传播环保知识来促进公众投入环境友好行为;披露环境问题严重性信息,动员公众参与环境保护活动(张萍、晋英杰,2016)。因此,随着城市融入度提高,农民工媒介接触面会更广,有机会获取更多环保信息,环保意识也得以提升,这些都能够促进其积极参与环保行为。基于此,设立假设3:城市融入有助于增加农民工的媒介接触,进而间接促进其环保行为。

(3) 环境认知

农民工增强环境认知而改善环保行为。与农村相比,城市面临的空气、噪声、水污染等环境问题更为突出,农民工暴露在相对较为严重的环境危害中,会触发更多对环境的关心(范叶超、洪大用,2015)。职业越稳定、收入越高的农民工,对环境的敏感度越高,对居住质量诉求越高,越可能意识到环保问题的重要性,更加关注环保。本地城市居民的环境认知程度高于农村居民（魏勇等，2017）；农民工通过与城市居民的交往，形成正确的环境风险认知，加强对环境问题的关注和了解。城市身份认同强化城市环境关心，增强环境认知（Wolch & Zhang，2004）。若个体意识到环境问题可能会带来健康、物理和社会风险，就可能更加关注环境质量的改善，进而实施更多亲环保行为（Grob，1995）；尤其是当地环境污染严重性认知、环境衰退认知、气候变化认知等会显著影响成员的环保行为（彭远春，2015；聂伟，2016）。因此，笔者认为农民工城市融入度越高，环境风险认知水平越高，实施环保行为越多。基于此，设立假设4：城市融入有助于强化农民工的环境认知，进而间接促进其环保行为。

二　数据、变量与模型

（一）数据来源

本章所使用的数据来源于中国人民大学与香港科技大学联合开展的中国综合社会调查2013年数据（CGSS2013）。该调查采取四阶段分层抽样方法，在全国范围28个省份共抽取100个县（市、区），在每个县（市、区）随机抽取4个社区，每个社区随机抽取25户家庭，每个家庭随机抽取1人进行访问，共获得11438个样本，具有较强的全国代表性。根据研究需要，以目前从事非农工作、农业户口为筛选条件，得到农民工样本1969个。

（二）变量

1. 因变量：环保行为

CGSS2013通过10道题目测量居民的环保行为，并设置"从不""偶尔""经常"选项，分别赋值为0、1、2。经信度检验，Alpha系数为0.721，表明量表具有较好的内部一致性，可以累加，累加得到环保行为总分。

2. 自变量：城市融入

参考以往研究及数据可得性，主要从经济融入、社会融入、心理融入三个方面进行测量。经济融入通过是否签订劳动合同和月收入两项指标进行测量，其中签订劳动合同赋值为1，没有签订赋值为0，月收入取对数后纳入分析模型。社会融入通过与邻居、朋友的交往频率两项指标测量，邻居交往主要考察与邻居社交娱乐活动的频繁程度，分为从来不、一年1次或更少、一年几次（含一月1次）、一月几次（含一周1~2次）、几乎每天，分别赋值为1~5。与朋友的交往通过与朋友聚会的频率来测量，分为从不、一年数次或更少、一月数次、一周数次、每天，分别赋值为1~5。心理融入通过是否认同自己为城里人测量，将"是"赋值为1，"否"赋值为0。

3. 中介变量

环保知识通过10个环保问题认知指标测量①，回答正确计1分，错误计0分。Alpha信度系数为0.773，累加得到环保知识综合分值。媒介接触主要通过询问农民工对报纸、杂志、广播、电视、互联网、手机定制信息等媒介的使用频率，分为从不、很少、有时、经常、非常频繁5种情况，分别赋值为1~5，Alpha信度系数为0.66，处于勉强可接受范围内，累加得到媒介接触综合分值。环境认知主要指农民工对环境污染的认知，询问农民工对空气、噪声、水、工业垃圾、生活垃圾污染严重程度的认知，按严重程度分别赋值为0~5，Alpha信度系数为0.856，累加得到环境认知综合分值。

此外，结合以往研究，控制性别、年龄、受教育程度、婚姻等变量。所有变量的特征描述，见表11-1。

---

① 题目为：①汽车尾气对人体健康不会造成威胁；②过量使用化肥农药会导致环境破坏；③含磷洗衣粉的使用不会造成水污染；④含氟冰箱的氟排放会成为破坏大气臭氧层的因素；⑤酸雨的产生与烧煤没有关系；⑥物种之间相互依存，一个物种的消失会产生连锁反应；⑦空气质量报告中，三级空气质量意味着比一级空气质量好；⑧单一品种的树林更容易导致病虫害；⑨水体污染报告中，V类水质意味着要比I类水质好；⑩大气中二氧化碳成分的增加会成为气候变暖的因素。

表 11-1　变量描述统计（N=1969）

变量	均值	标准差	最小值	最大值
环保行为	14.79	3.10	10	29
性别(男=0)	0.38	0.48	0	1
年龄	39.67	11.86	17	81
受教育年限	9.08	3.36	0	19
婚姻(已婚=0)	0.13	0.33	0	1
收入对数	9.80	1.63	0	13.59
合同签订(否=0)	0.23	0.42	0	1
邻居交往频率	2.91	1.22	1	5
朋友交往频率	2.52	0.86	1	5
认同城里人(否=0)	0.078	0.268	0	1
环保知识	4.87	2.57	0	10
媒介接触	13.95	3.84	6	26
环境认知	13.82	4.36	0	25

（三）模型

环保知识、媒介接触、环境认知、环保行为均是定距变量，采用多元线性回归分析其影响因素及机制。依次通过检验回归系数来判定中介效应是否存在，中介效应基本模型包括：

$$Y = cX + e_1 \tag{1}$$

$$M = aX + e_2 \tag{2}$$

$$Y = c_1 X + bM + e_3 \tag{3}$$

其中，Y 为因变量，X 为自变量，M 为中介变量，若系数 a、b、c 均显著，且 c_1 小于 c，表示存在部分中介效应；若系数 a、b 显著，c 由显著变为不显著的 c_1，表明存在完全中介效应；若 c 显著，a、b 有一个不显著，则需要通过 Sobel 中介检验判断中介效应是否存在，检验公式（4）（温忠麟等，2012）为：

$$z = \frac{a \times b}{\sqrt{b^2 \times S_a^2 + a^2 \times S_b^2}} \tag{4}$$

其中，S_a、S_b 分别为 a、b 的标准误。

三 结果分析

（一）农民工环保行为的现状比较

为了更好地展现农民工的环保行为参与情况，采取交互分类分析比较，初步检验城市融入对环保行为的影响。根据表11-2可知，农民工、城市居民、农民三类群体的10项环保行为存在显著差异；除自费养护树林或绿地和采购日用品时自己带购物篮（袋）之外，城市居民的其他8项环保行为参与频率最高，农民工次之，农民最低，这一结果支持环保行为差异论，初步表明农民工城市融入对促进环境保护具有正向效应，但目前农民工城市融入处于"半融入"状态，总体环保行为参与频率与城市居民还有较大的差距。从农民工参与的环保行为来看，私域环保行为（1~5项）参与频率显著高于公域环保行为（6~10项），私域环保行为参与频率接近或超过50%，而公域环保行为参与频率均未超过20%。

表11-2 三类不同群体环保行为参与差异比较

单位：%

环保行为	农民工 （N=1969）	城市居民 （N=4825）	农民 （N=3347）	X^2检验
1. 垃圾分类投放	45.2	58.7	26.8	p=0.000
2. 与自己的亲戚朋友讨论环保问题	47.5	63.5	31.7	p=0.000
3. 采购日用品时自己带购物篮（袋）	69.7	50.6	67.5	p=0.000
4. 对塑料包装袋进行重复利用	81.3	87.6	73.7	p=0.000
5. 主动关注媒体报道的环境问题和信息	48.7	64.6	31.6	p=0.000
6. 为环境保护捐款	16.0	27.0	6.7	p=0.000

续表

环保行为	农民工 (N=1969)	城市居民 (N=4825)	农民 (N=3347)	X^2检验
7. 积极参加政府和单位组织的环境宣传教育活动	18.3	34.4	10.9	p=0.000
8. 积极参加民间环保团体举办的环保活动	14.8	24.9	7.6	p=0.000
9. 自费养护树林或绿地	16.1	13.8	16.4	p=0.000
10. 积极参加要求解决环境问题的投诉和上诉	9.76	13.2	4.3	p=0.000

注：表格中显示的为偶尔和经常的累加比例。

（二）城市融入对农民工环保行为的直接影响

为进一步厘清城市融入对农民工环保行为的影响，以环保行为综合得分为因变量，建立多元线性回归模型（见表11-3）。

表11-3　城市融入对农民工环保行为影响的回归模型

变量	模型1 环保行为	模型2 环保知识	模型3 环保行为	模型4 媒介接触	模型5 环保行为	模型6 环境认知	模型7 环保行为
经济融入							
收入对数	0.180* (0.105)	0.138* (0.083)	0.152 (0.103)	0.576*** (0.113)	0.043 (0.102)	0.426** (0.166)	0.164 (0.102)
签订合同 （否=0）	0.572*** (0.181)	0.322** (0.144)	0.512*** (0.179)	0.693*** (0.196)	0.402** (0.176)	-0.049 (0.260)	0.572*** (0.192)
社会融入							
邻居交往频率	0.107* (0.062)	-0.021 (0.049)	0.112* (0.061)	0.093 (0.067)	0.083 (0.060)	-0.256*** (0.094)	0.117* (0.061)
朋友交往频率	0.218** (0.091)	0.266*** (0.072)	0.164* (0.090)	0.637*** (0.098)	0.071 (0.089)	0.229* (0.135)	0.214** (0.092)
心理融入							
认同城里人 （否=0）	1.199*** (0.273)	0.440** (0.217)	1.112*** (0.269)	0.549* (0.295)	1.064*** (0.264)	0.648* (0.392)	1.158*** (0.325)
中介变量							

续表

变量	模型1 环保行为	模型2 环保知识	模型3 环保行为	模型4 媒介接触	模型5 环保行为	模型6 环境认知	模型7 环保行为
环保知识			0.201*** (0.030)				
媒介接触					0.237*** (0.022)		
环境认知							0.041** (0.018)
控制变量	yes	yes	yes	yes	yes	yes	yes
常数	10.13*** (1.167)	2.28** (0.928)	9.69*** (1.154)	4.89*** (1.261)	8.942*** (1.136)	8.817*** (1.765)	9.764*** (1.158)
F	20.52***	33.91***	23.27***	84.85***	34.13***	3.11***	18.52***
N	1681	1690	1679	1685	1674	1678	1678
R^2	0.099	0.154	0.122	0.313	0.159	0.017	0.101

注：括号内的数字为标准误，*、**、*** 分别表示 10%、5%、1%的显著水平。

模型 1 结果显示城市融入对农民工环保行为具有直接影响力。经济融入方面，收入对数每增加 1 个标准差单位，环保行为得分增加 0.180 分；签订劳动合同的农民工环保行为得分比未签订劳动合同者高出 0.572 分。从社会融入来看，邻居交往频率和朋友交往频率每提升 1 个等级，环保行为得分分别提升 0.107 分和 0.218 分。认同自己是城里人的农民工，其环保行为得分比不认同者高 1.199 分；城市身份认同将增强农民工定居城市的意愿，关注和保护其所居留的城市生活环境是合乎自身利益的理性社会行为，如通过积极参与垃圾分类、社区邻避环境运动等，创造和谐社区环境。上述研究结果基本支持假设 1。

（三）城市融入对农民工环保行为的间接影响

1. 环保知识机制

加入环保知识中介变量后，模型 3 的环保知识系数为 0.201，且影响显著，表明环保知识能够显著促进农民工的环保行为。经济融入对环保知识具有显著影响，收入对数较高、签订劳动合同的农民工环保知识得分显著较高；加入环保知识变量之后，收入对数的影响变得不显著了，系数由原来的 0.180 下降到 0.152，这表明收入对环保行为的影响存在环保知识完全中介效应。签订劳动合同对环保行为的影响仍然显著，但系数由 0.572 下降到 0.512，这表明签订劳动合同对环保行为的影响，存在环保知识的部分中介效应。总体表明，经济融入会增加农民工的环保知识而间接促进其环保行为。邻居交往频率对环保知识影响不显著，但加入环保知识后，邻居交往频率对环保行为影响显著，Sobel 检验表明中介效应不存在（z = −0.43，p = 0.668）。朋友交往频率每提升 1 个等级，环保知识得分增加 0.266 分，加入环保知识变量后，朋友交往频率系数由 0.218 下降到 0.164，表明朋友交往频率对环保行为的影响存在部分环保知识中介效应，即农民工与城市居民交往越多，获取环保知识越多，从而其总体环保行为参与频率越高。心理融入程度越高，环保知识水平越高，认同自己是城里人的农民工环保知识得分显著高 0.440 分。加入环保知识中介变量后，身份认同变量依然显著，且系数变小，表明身份认同对环保行为的影响存在部分中介效应。上述研究结果基本支持假设 2。

2. 媒介接触机制

加入媒介接触中介变量后，模型 5 的媒介接触影响显著，系数为 0.237，表明农民工的媒介接触每提升 1 分，总体环保行为得分提升 0.237 分。收入水平越高、签订合同的农民工媒介接触频率越高；加入媒介接触后，收入对总体环保行为的效应不显著，签订合同系数显著，且由 0.572 下降到 0.402，表明收入、签订合同对农民工环保行为的影响分别存在媒介接触的完全中介效应和部分中介效应；即随着经济融入程度提升，农民工的媒介接触频率大幅提升，进而实施更多环保行为。邻居交往频率对媒介接触不具有显著影响，但直接影响模型中邻居交往频率系数显著，中介模型媒介接触系数显著，Sobel 检验表明中介效应不存在（z = 1.37，p = 0.166）。朋友交往频率每提升 1 个等级，媒介接触提升 0.637 分，加入媒介接触后，朋友交往频率系数由显著变为不显著，表明朋友交往频率对环保行为的影响存在媒介接触的完全中介效应，即农民工与城市居民的交往，能够提升环保媒介信息接触频率，进而间接促进其环保行为。认同城市身份的农民工，媒介接触频率较高，相应地促进其环保行为。总体结果基本支持假设3。

3. 环境认知机制

加入环境认知中介变量后，模型7的环境认知系数显著，环境认知水平越高，越能驱动农民工实施环保行为。农民工的收入水平越高，其环境认知水平越高，加入环境认知中介变量后，收入对数系数不再显著，表明收入水平通过环境认知影响环保行为的中介效应完全成立。但签订合同对环境认知不具有显著影响，Sobel检验表明中介效应不存在（$z=-0.187$，$p=0.8494$）。邻居交往频率虽对环境认知有显著影响，但呈现负向影响，且加入环境认知后系数由0.107变为0.117，表明邻居交往频率通过环境认知影响环保行为的中介效应不成立。朋友交往频率每提升1个等级，环境认知得分提升0.229分，模型7结果显示朋友交往频率系数依然显著，且系数变小，表明存在环境认知的部分中介效应，即农民工与城市朋友交往越多，对环境问题的关注越多，对环境污染越发关心，驱动农民工实施更多环保行为。心理融入对环境认知具有显著影响，认同自己是城里人的农民工环境认知得分高0.648分；身份认同系数由原来的1.199下降到1.158，表明身份认同对环保行为的影响存在环境认知的部分中介效应。综合结果基本支持假设4。

四 结论与讨论

以往研究较多关注城市融入进程及影响因素，忽略了城市融入的后果研究；少数关注城市融入环境后果的研究，大多认为大量农民工融入城市将会给生活环境带来巨大隐忧（李佐军、盛三化，2012），少有从迁移者角度考察城市融入通过对个体环保行为方式的改变来促进城镇环境保护可能性的研究。本章基于CGSS2013数据分析得到如下结论。

第一，在环保行为参与现状上，农民工的私域环保行为显著多于公域环保行为，公域环保行为有待进一步加强。农民工的环保行为参与频率总体高于留守农民，但是显著低于本地城市居民，初步支持城市融入对环保行为具有积极的正向效应的假设。当然，随着农民工群体内部日益分化，不同的城市融入状况会对农民工环保行为产生迥异的影响（见图11-1）。

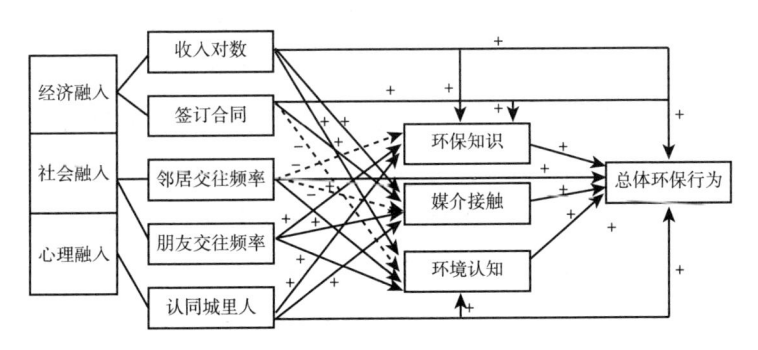

图 11-1 城市融入对农民工环保行为的影响路径

注：实线表示通过显著性检验，虚线表示未通过显著性检验。

第二，农民工的环保行为参与频率随着城市融入进程的深入不断提升。无论是经济融入、社会融入还是心理融入，均显著改善农民工的环保行为。伴随着签订劳动合同和收入水平的不断提升，农民工总体环保行为参与频率也不断提高。与邻居、朋友的社交互动越多，农民工环保行为参与频率越高。农民工通过社会互动，能够扩大城市社会网络，接触更多环境新闻事件，掌握环境保护技能，强化环境保护价值观；社会网络还提升了个体被动员参与环保行为的概率，尤其在社会责任感较强的企业和组织中，社会网络有助于激发农民工的环保参与动机（卢少云，2017）。农民工心理融入水平越高，对城市的认同感越强，越积极实施环保行为。在农民工形成"城里人"身份的认同过程中，必须努力向城市生活方式靠拢，消磨"本地市民"与"新市民"的行为方式差异（包含绿色环保行为），才可能形成本地人的身份认同。城市身份认同将增强城市居留意愿，关注和保护未来城市生活环境是合乎自身利益的理性社会行为，如通过积极参与垃圾分类、社区邻避环境运动等，创造和谐社区环境。另外，农民工对城市越具有情感和认同，越可能通过保护环境回馈城市（祁秋寅等，2009）。

第三，城市融入对农民工环保行为的影响是通过环保知识、媒介接触、环境认知机制实现的。农民工从农村迁移到城市，不只是单纯地从农业向工业、服务业转移，更意味着环保意识（环保知识和环境认知）、媒介接触等方面的转变，这些改变将在很大程度上改善农民工的环保行为。随着收入水平和职业稳定性的提升，农民工个体将有更多的闲暇时间进行职业"充电"和社会交往，提升媒介接触率，有助于获取更多环保知识和环境问题信息，强化环境风险感知。农民工与本地城市居民交往，能够获取更多环保知识；习得媒介化生存方式，提升对微博、微信等新媒体的接受度，掌握更多环境资讯，更加关注和重视环境，形成正确的环境风险认知。农民工心理上越是认同城市，在形成身份认同的过程中，越需要在媒介接触、环保知识、环境认知等方面努力缩小差距，如此才能进一步认可自身的"城市人"身份，故融入型身份认同的农民工比边缘型、排斥型身份认同的农民工拥有更多环保知识，媒介接触频率更高，环境保护意识更强烈。

在日常生活中，知识指导实践，即农民工在实施具体环保行为前，需要对环保知识有一定的了解和把握，尤其是城市融入过程中，需要习得更多与日常生活联系紧密的具体知识，促使农民工产生更多绿色环境保护行为，这符合环境素养和负责任的环保行为模式假说（Hines et al.，1987）。大众传媒具有高度的组织性，尤其是传统的电视、报纸、杂志等媒介，经过把关人层层过滤后，将环保信息传递给农民工，对农民工参与环保行为起到教育和引导作用（卢春天、权小娟，2015）。同时，大众传媒还通过"议程设置"对某个特定环境议题着重宣传，以形成特定环境公共舆论（Brown & Deegan，1998），激发公众对环境问题的关注和讨论，进而产生更多积极环保行为。与农村相比，城市的环境风险暴露程度更高，环境风险直接危害人们的身心健康；当农民工反思自身所处的环境后，会强化环境风险认知，进一步反思自身的环境观念和行为，驱动更多环保行为，这符合环境污染驱动假说。

本章发现中国的农民工迁移与环保行为的关系支持西方的环保行为差异论，否定趋同论（Squalli，2009），其深层次原因在于，农民工总体呈现

"半融入"和"不融入"状态（李强，2011）；城乡二元户籍制度构成农民工融入城市的体制障碍，迫使农民工更多地在次级劳动力市场从事收入低、稳定性差的工作，收入、社保、休息时间等劳动权益难以与市民保持平等，经济融入程度低。较低的收入和较长的劳动时间压缩农民工的交往机会，使其社会交往呈现"内卷化"和"孤岛化"，与城市居民缺乏交流互动，形成区隔型融入。面对经济和社会的双重排斥，农民工对城市的归属感和认同感低，难以建立"城市人"身份认同。由于这种区隔型融入状态，城市居民与农民工之间存在环保知识、媒介接触、环境认知鸿沟，造成农民工重视经济生存轻视环境生态，进而导致环保行为实践的差异。与此同时，我国农民工的融入因素对环保行为的影响也具有不同于西方社会的特点，具体表现为农民工的本地邻居交往对环保行为的影响不具有间接效应（Pfeffer & Stycos，2002），这可能主要缘于居住隔离效应，即农民工在城市的居住空间往往与城市居民隔离，多数集中于城中村、城郊村及工作场所等，交往对象主要是环境知识、信息、认知等同质化程度高的老乡或工友，难以强化环保意识，进而改变自身的环保行为。

上述结论蕴含如下政策启示：促进农民工的环保行为，不仅需要加强环保知识的宣传教育，减少媒介信息鸿沟，增强居民的环境风险认知，而且更重要的是推动农民工全面融入城市。首先，加强职业技能培训、劳动报酬、合同签订、劳动休息等制度供给和针对性服务，提高农民工在城市的就业质量，缩小与城市居民的差距，促进农民工经济融入纵向延伸，提高物质生活水平，促使后物质主义价值观的生成，提高环境保护的自觉性。其次，以开放和包容的姿态推进城市社区建设，将农民工纳入城市社区体系，引导农民工参与本地居民成立的各类社会团体组织，拓展农民工异质性的社会交往网络，促进环境知识和信息等方面的人际传播，促进农民工的自我反思，实践更多绿色环保行为方式。最后，大众传媒在进行重大环境问题议程设置的同时，需要营造包容和谐氛围，帮助城市居民对农民工的贡献形成正确认知，减少身份歧视，增强农民工的城市认同感和归属感，进而实施更多环保行为回馈城市。

参考文献

〔美〕埃里克·尤斯拉纳：《信任的道德基础》，张敦敏译，中国社会科学出版社，2006。

〔法〕埃米尔·迪尔凯姆：《自杀论》，冯韵文译，商务印书馆，1996。

班永飞、李辉、殷红敏：《少数民族农民工融城意愿及影响因素分析——基于868名农民工的调研数据》，《湖南农业大学学报》（社会科学版）2013年第2期。

边燕杰：《城市居民社会资本的来源及作用：网络观点与调查发现》，《中国社会科学》2004年第3期。

边燕杰、刘勇利：《社会分层、住房产权与居住质量——对中国"五普"数据的分析》，《社会学研究》2005年第3期。

蔡禾、曹志刚：《农民工的城市认同及其影响因素——来自珠三角的实证分析》，《中山大学学报》（社会科学版）2009年第1期。

蔡禾、王进：《"农民工"永久迁移意愿研究》，《社会学研究》2007年第6期。

曹现强、李烁：《获得感的时代内涵与国外经验借鉴》，《人民论坛·学术前沿》2017年第2期。

陈伯庚、陈承明：《新型城镇化与城乡一体化疑难问题探析》，《社会科学》2013年第9期。

陈晨：《新生代农民工主体性建构：语言认同的视角》，《中国农业大学学报》（社会科学版）2012年第3期。

陈福平：《跨越参与鸿沟：数字不平等下的在线政治参与》，《公共行政评论》2013年第4期。

陈福平：《强市场中的"弱参与"：一个公民社会的考察路径》，《社会学研究》2009年第3期。

陈蓉：《"举家迁徙"背景下流动人口家庭模式问题之探讨》，《改革与开放》2012年第23期。

陈旭峰、田志锋、钱民辉：《社会融入状况对农民工组织化的影响研究》，《中国人民大学学报》2011年第1期。

陈延秋、金晓彤：《新生代农民工市民化意愿影响因素的实证研究——基于人力资本、社会资本和心理资本的考察》，《西北人口》2014年第4期。

陈媛媛：《工作转换对农民工收入的影响——基于珠三角两代农民工的调查》，《南方经济》2013年第3期。

陈云松、范晓光：《阶层自我定位、收入不平等和主观流动感知（2003—2013）》，《中国社会科学》2016年第12期。

陈昭玖、胡雯：《人力资本、地缘特征与农民工市民化意愿——基于结构方程模型的实证分析》，《农业技术经济》2016年第1期。

成艾华、田嘉莉：《农民市民化意愿影响因素的实证分析》，《中南民族大学学报》（人文社会科学版）2014年第1期。

程菲、李树茁、悦中山：《文化适应对新老农民工心理健康的影响》，《城市问题》2015年第6期。

董金秋、刘爽：《进城农民工：社会支持与城市融合》，《华南农业大学学报》（社会科学版）2014年第2期。

董昕：《住房支付能力与农业转移人口的持久性迁移意愿》，《中国人口科学》2015年第6期。

杜双燕：《基于农民选择意愿下的贵州人口城镇化研究》，《贵州社会科学》2013年第9期。

樊中元：《农民工语言认同的实证研究》，《社会科学家》2011年第

10 期。

范叶超、洪大用：《差别暴露、差别职业和差别体验 中国城乡居民环境关心差异的实证分析》，《社会》2015 年第 3 期。

风笑天：《社会调查中的"中间答案"：设置与否的差别研究》，《广西民族大学学报》（哲学社会科学版）2013 年第 1 期。

冯帅帅、罗教讲：《中国居民获得感影响因素研究——基于经济激励、国家供给与个体特质的视角》，《贵州师范大学学报》（社会科学版）2018 年第 3 期。

〔美〕弗兰西斯·福山：《信任——社会道德与繁荣的创造》，李宛蓉译，远山出版社，1998。

甘行琼、李玉姣：《城市基本公共服务对新生代农民工定居意愿的影响——基于广义分层线性模型的实证研究》，《贵州社会科学》2019 年第 4 期。

高向东、陶树果：《上海市少数民族流动人口定居性研究》，《云南民族大学学报》（哲学社会科学版）2015 年第 5 期。

高学德：《社会流动与人际信任关系研究》，南京大学博士学位论文，2014。

龚紫钰：《就业质量、社会公平感与农民工的市民化意愿》，《福建论坛》（人文社会科学版）2017 年第 11 期。

古丽妮尕尔·居来提、董晔：《乌鲁木齐市少数民族流动人口居留意愿与影响因素的实证分析》，《中国人口·资源与环境》2015 年第 10 期。

郭江影、周密、张广胜等：《信息人力资本对农民工城市融合的影响：机理与实证——以辽宁省农民工为例》，《南方人口》2016 年第 2 期。

郭未、鲁佳莹：《乡关何处：新型城镇化背景下的农民工入户意愿及选择》，《人口与发展》2018 年第 3 期。

郭炜：《少数民族农民城镇移居意愿分析》，《民族论坛》2016 年第 5 期。

郭星华、才凤伟：《新生代农民工的社会交往与精神健康——基于北京和珠三角地区调查数据的实证分析》,《甘肃社会科学》2012年第4期。

郭秀云:《大城市外来流动人口管理模式探析——以上海为例》,《人口学刊》2009年第5期。

郭昫澄、郭永玉:《社会情境中的控制感》,《心理科学进展》2012年第11期。

国家统计局:《2019年农民工监测调查报告》,http://www.stats.gov.cn/tjsj/zxfb/202004/t20200430_1742724.html,2020年4月30日。

韩清池、谌新民:《劳动关系对农民工入户中小城镇意愿的影响——基于广东省151家企业的调查》,《中国人口科学》2016年第5期。

郝小艳:《农民工社会融合与健康——社会支持网的调节作用》,山西师范大学硕士学位论文,2012。

何丹、陈小兵、邵宁宁:《流动人口家庭迁移及家庭居留的影响因素》,《城市问题》2016年第12期。

何晶:《互联网与新生代农民工市民化——基于广州市的个案分析》,《广东社会科学》2014年第5期。

何晶、晏齐宏:《互联网使用与北京市新生代农民工的社会发展研究》,《新闻与传播研究》2016年第4期。

何兴邦:《社会互动与公众环保行为——基于CGSS(2013)的经验分析》,《软科学》2016年第4期。

何兴邦、周葵:《城镇化对进城农民环保行为影响研究》,《中国人口·资源与环境》2016年第8期。

何雄、陈攀:《农村女性迁居城镇意愿状态的实证分析——以鄂州、黄石、仙桃三地为例》,《中国人口·资源与环境》2013年第1期。

何雪松、黄富强、曾守锤:《城乡迁移与精神健康:基于上海的实证研究》,《社会学研究》2010年第1期。

胡宏伟、王金鹏、曹杨:《新生代农民工心理问题与求助行为研究》,《西北人口》2011年第5期。

胡军辉:《相对剥夺感对农民工市民化意愿的影响》,《农业经济问题》

2015年第11期。

胡荣：《社会经济地位与网络资源》，《社会学研究》2003年第5期。

胡荣、陈斯诗：《影响农民工精神健康的社会因素分析》，《社会》2012年第6期。

胡荣、胡康：《城市居民的社会交往与社会资本建构》，《社会科学研究》2007年第4期。

胡荣、胡康、温莹莹：《社会资本、政府绩效与城市居民对政府的信任》，《社会学研究》2011年第1期。

胡荣、李静雅：《城市居民信任的基本构成及影响因素》，《社会》2006年第6期。

胡荣、阳杨：《社会转型与网络资源》，《厦门大学学报》（哲学社会科学版）2011年第6期。

胡荣华、葛明贵：《对408名城市农民工心理健康状况的调查》，《中国卫生事业管理》2008年第3期。

黄嘉文：《教育程度、收入水平与中国城市居民幸福感——一项基于CGSS2005的实证分析》，《社会》2013年第5期。

黄嘉文：《农民工入户意愿及其影响因素研究——基于2009年广东省农民工调查数据分析》，《人口与经济》2012年第2期。

黄健、邓燕华：《高等教育与社会信任：基于中英调查数据的研究》，《中国社会科学》2012年第11期。

黄乾：《农民工定居城市意愿的影响因素——基于五城市调查的实证分析》，《山西财经大学学报》2008年第4期。

黄艳敏、张文娟、赵娟霞：《实际获得、公平认知与居民获得感》，《现代经济探讨》2017年第11期。

黄振华、万丹：《农民的城镇定居意愿及其特征分析——基于全国30个省267个村4980位农民的调查》，《经济学家》2013年第11期。

〔美〕吉姆·斯达纽斯、〔美〕费利西娅·普拉图：《社会支配论》，刘爽、罗涛译，中国人民大学出版社，2011。

蒋乃华、封进：《农村城市化进程中的农民意愿考察——对江苏的实证分析》，《管理世界》2002 年第 2 期。

蒋芮、肖璐、贾敬远：《家庭视角下农民工城市落户意愿、行为及其转化——基于住房状况的调节作用》，《西北人口》2018 年第 4 期。

金恒江、余来辉、张国良：《媒介使用对个体环保行为的影响——基于中国综合社会调查（CGSS 2013）数据的实证研究》，《新闻大学》2017 年第 2 期。

赖晓飞：《文化资本与农村流动人口的城市融入——基于厦门市 Z 工厂的实证研究》，《南京农业大学学报》（社会科学版）2009 年第 4 期。

李斌、张贵生：《居住空间与公共服务差异化：城市居民公共服务获得感研究》，《理论学刊》2018 年第 1 期。

李飞、钟涨宝：《人力资本、阶层地位、身份认同与农民工永久迁移意愿》，《人口研究》2017 年第 6 期。

李锋：《新时代人民获得感再提升与民生政策调适》，《云南社会科学》2018 年第 4 期。

李国平：《质量优先、规模适度：新型城镇化的内涵》，《探索与争鸣》2013 年第 11 期。

李红娟、杨菊华：《少数民族流动人口融入意愿的族群差异》，《民族论坛》2016 年第 11 期。

李红艳：《手机：信息交流中社会关系的建构——新生代农民工手机行为研究》，《中国青年研究》2011 年第 5 期。

李华燊、付强：《新型农村社区：城镇化道路的新探索》，《中国行政管理》2013 年第 7 期。

李君、李小健：《不同区域环境条件下农户居住偏好的实证分析——基于河南省 346 户的农户调查》，《河南科学》2008 年第 7 期。

李俊清：《少数民族流动人口现状与问题》，《中国科学报》2014 年 3 月 28 日，第 6 版。

李俊霞：《农民工城镇落户意愿调查研究——以四川为例》，《经济问题》2016 年第 7 期。

李楠：《农村外出劳动力留城与返乡意愿影响因素分析》，《中国人口科学》2010 年第 6 期。

李强：《中国城市化进程中的"半融入"与"不融入"》，《河北学刊》2011 年第 5 期。

李强、龙文进：《农民工留城与返乡意愿的影响因素分析》，《中国农村经济》2012 年第 2 期。

李潇晓：《权益受损与农民工幸福感》，《青年研究》2016 年第 2 期。

李艳红：《培育劳工立场的在线"抗争性公共领域"——对一个关注劳工议题之新媒体的个案研究》，《武汉大学学报》（人文科学版）2016 年第 6 期。

李云森：《农转非、农村背景与城镇居民收入差异 基于 CGSS2008 实证研究》，《上海经济研究》2014 年第 9 期。

李中建、袁璐璐：《务工距离对农民工就业质量的影响分析》，《中国农村经济》2017 年第 6 期。

李佐军、盛三化：《城镇化进程中的环境保护：隐忧与应对》，《国家行政学院学报》2012 年第 4 期。

梁土坤：《居住证制度、生命历程与新生代流动人口心理融入——基于 2017 年珠三角地区流动人口监测数据的实证分析》，《公共管理学报》2020 年第 1 期。

廖传景、毛华配、宫本宏：《城市农民工心理健康及群体差异调查研究——以浙江省温州市为例》，《生态经济》2010 年第 5 期。

林李月、朱宇、许丽芳：《流动人口对流入地的环境感知及其对定居意愿的影响——基于福州市的调查》，《人文地理》2016 年第 1 期。

林赛南、梁奇、李志刚、庞瑞秋：《"家庭式迁移"对中小城市流动人口定居意愿的影响——以温州为例》，《地理研究》2019 年第 7 期。

刘传江、程建林：《双重"户籍墙"对农民工市民化的影响》，《经济学家》2009 年第 10 期。

刘东：《结构性制约与精神健康——基于上海外来人口的实证研究》，《华东理工大学学报》（社会科学版）2008年第1期。

刘建娥：《乡—城移民社会融入的实践策略研究——社区融入的视角》，《社会》2010年第1期。

刘靖、毛学峰、熊艳艳：《农民工的权益与幸福感——基于微观数据的实证分析》，《中国农村经济》2013年第8期。

刘丽：《新生代农民工"内卷化"现象及其城市融入问题》，《河北学刊》2012年第4期。

刘林平、胡双喜：《土地、孩子与职业稳定性——外来工入户意愿的影响因素研究》，《南通大学学报》（社会科学版）2014年第2期。

刘林平、郑广怀、孙中伟：《劳动权益与精神健康——基于对长三角和珠三角外来工的问卷调查》，《社会学研究》2011年第4期。

刘茜、杜海峰、靳小怡等：《留下还是离开：政治社会资本对农民工留城意愿的影响研究》，《社会》2013年第4期。

刘涛、陈思创、曹广忠：《流动人口的居留和落户意愿及其影响因素》，《中国人口科学》2019年第3期。

刘小年：《政策执行视角下的农民工落户城镇过程中的问题分析》，《农业经济问题》2015年第1期。

刘于琪、刘晔、李志刚：《中国城市新移民的定居意愿及其影响机制》，《地理科学》2014年第7期。

刘玉兰：《新生代农民工精神健康状况及影响因素研究》，《人口与经济》2011年第5期。

龙国莲、罗忠勇、秦娇：《农民工打工地方言的习得及其影响因素分析——基于珠三角地区农民工的调查》，《云南大学学报》（社会科学版）2015年第4期。

卢春天、权小娟：《媒介使用对政府信任的影响——基于CGSS2010数据的实证研究》，《国际新闻界》2015年第5期。

卢海阳、杨龙、李宝值：《就业质量、社会认知与农民工幸福感》，《中国农村观察》2017年第3期。

卢少云：《公民自愿主义、大众传媒与公共环保行为——基于中国CGSS2013数据的实证分析》，《公共行政评论》2017年第5期。

鲁元平、张克中：《社会流动影响居民幸福感吗——来自中国转型期的经验证据》，《财经科学》2014年第3期。

陆杰华、李月：《居住证制度改革新政：演进、挑战与改革路径》，《国家行政学院学报》2015年第5期。

陆益龙：《快速转型期城市社会易发矛盾纠纷及其化解机制研究》，《人文杂志》2013年第12期。

〔美〕罗伯特·帕特南：《独自打保龄：美国社区的衰落与复兴》，刘波等译，北京大学出版社，2011。

罗恩立：《就业能力对农民工城市居留意愿的影响——以上海市为例》，《城市问题》2012年第7期。

〔德〕马克斯·韦伯：《儒教与道教》，王容芬译，商务印书馆，1995。

马凤鸣、陈玲：《西部城市农民工双重社会适应研究——基于重庆的问卷调查》，《西部人口》2012年第1期。

马继迁、张宏如：《就业质量的代际差异——基于江苏、浙江、广东的农民工调查数据》，《福建论坛》（人文社会科学版）2014年第6期。

马磊、刘欣：《中国城市居民的分配公平感研究》，《社会学研究》2010年第5期。

〔澳〕迈克尔·A. 豪格、〔美〕多米尼克·阿布拉姆斯：《社会认同过程》，高明华译，中国人民大学出版社，2011。

梅建明、袁玉洁：《农民工市民化意愿及其影响因素的实证分析——基于全国31个省、直辖市和自治区的3375份农民工调研数据》，《江西财经大学学报》2016年第1期。

孟天广：《转型期中国公众的分配公平感：结果公平与机会公平》，《社会》2012年第6期。

明娟：《工作转换对农民工就业质量影响的实证分析——基于工作原

因、行业、城市转换维度》,《湖南农业大学学报》(社会科学版) 2018 年第 1 期。

〔德〕尼克拉斯·卢曼:《信任:一个社会复杂性的简化机制》,瞿铁鹏、李强译,上海人民出版社,2005。

聂伟:《公众环境关心的城乡差异与分解》,《中国地质大学学报》(社会科学版) 2014 年第 1 期。

聂伟:《环境认知、环境责任感与城乡居民的低碳减排行为》,《科技管理研究》2016 年第 15 期。

聂伟:《就业质量、生活控制与农民工的获得感》,《中国人口科学》2019 年第 2 期。

聂伟:《社会流动与外群体歧视——基于 CGSS2005 数据的实证研究》,《社会科学辑刊》2017 年第 4 期。

聂伟、风笑天:《就业质量、社会交往与农民工入户意愿——基于珠三角和长三角的农民工调查》,《农业经济问题》2016 年第 6 期。

聂伟、风笑天:《农民工的城市融入与精神健康——基于珠三角外来农民工的实证调查》,《南京农业大学学报》(社会科学版) 2014 年第 5 期。

聂伟、万鸶鸶:《文化适应对少数民族农民工城镇落户意愿的影响——基于全国流动人口动态监测数据的分析》,《湖南农业大学学报》(社会科学版) 2018 年第 1 期。

宁光杰、李瑞:《城乡一体化进程中农民工流动范围与市民化差异》,《中国人口科学》2016 年第 4 期。

牛建林、郑真真、张玲华、曾旭春:《城市外来务工人员的工作和居住环境及其健康效应——以深圳为例》,《人口研究》2011 年第 3 期。

欧阳博强、张广胜:《收入水平与农民工相对剥夺感的代际差异——基于社会公平感视角的检验与解释》,《商业研究》2018 年第 3 期。

潘泽泉、邹大宽:《居住空间分异、职业地位获得与农民工市民化意愿——基于农民工"三融入"调查的数据分析》,《湖南师范大学社会科学学报》2016 年第 6 期。

庞圣民、吕青：《家庭流动与居留意愿：基于江苏省2018年流动人口动态监测调查》，《江苏社会科学》2019年第3期。

彭长生：《城市化进程中农民迁居选择行为研究——基于多元Logistic模型的实证研究》，《农业技术经济》2013年第3期。

彭远春：《城市居民环境认知对环保行为的影响分析》，《中南大学学报》（社会科学版）2015年第3期。

祁秋寅、张捷、杨旸、卢韶婧、张宏磊：《自然遗产地游客环境态度与环境行为倾向研究——以九寨沟为例》，《旅游学刊》2009年第11期。

秦广强：《代际流动与外群体歧视 基于2005年全国综合社会调查数据的实证分析》，《社会》2011年第4期。

秦广强、陈志光：《语言与流动人口的城市融入》，《山东师范大学学报》（人文社会科学版）2012年第6期。

秦立建、王震：《农民工城镇户籍转换意愿的影响因素分析》，《中国人口科学》2014年第5期。

盛智明：《社会流动与政治信任 基于CGSS2006数据的实证研究》，《社会》2013年第4期。

石志雷、彭慧：《工作时间、业余生活与农民工的市民化意愿》，《中南财经政法大学学报》2015年第4期。

石智雷、杨云彦：《家庭禀赋、家庭决策与农村迁移劳动力回流》，《社会学研究》2012年第3期。

宋月萍、陶椰：《融入与接纳：互动视角下的流动人口社会融合实证研究》，《人口研究》2012年第3期。

苏岚岚、彭艳玲、孔荣：《农民创业能力对创业获得感的影响研究——基于创业绩效中介效应与创业动机调节效应的分析》，《农业技术经济》2016年第12期。

孙婕、魏静、梁冬晗：《重点群体落户意愿及影响因素差异化研究》，《调研世界》2019年第2期。

孙文中：《生命历程视角下农民工的创业型社会融入》，《深圳大学学报》（人文社会科学版）2018 年第 6 期。

孙友然、凌亢、张新岭、白先春：《我国农业转移人口市民化研究综述》，《西北农林科技大学学报》（社会科学版）2016 年第 2 期。

孙远太：《城市居民社会地位对其获得感的影响分析——基于 6 省市的调查》，《调研世界》2015 年第 9 期。

孙中伟：《举家迁移、居住选择与农民工社会交往——基于 2013 年七城市问卷调查》，《社会建设》2014 年第 1 期。

孙中伟、贺旭霞：《工会建设与外来工劳动权益保护——兼论一种"稻草人机制"》，《管理世界》2012 年第 12 期。

唐美玲：《青年农民工的就业质量：与城市青年的比较》，《中州学刊》2013 年第 1 期。

唐晓阳、陈雅丽：《大城市流动人口管理服务创新初探——以广州市为例》，《上海行政学院学报》2013 年第 5 期。

唐宗力：《农民工进城务工的新趋势与落户意愿的新变化——来自安徽农村地区的调查》，《中国人口科学》2015 年第 5 期。

田北海、耿宇瀚：《农民工与市民的社会交往及其对农民工心理融入的影响研究》，《学习与实践》2013 年第 7 期。

汪汇、陈钊、陆铭：《户籍、社会分割与信任：来自上海的经验研究》，《世界经济》2009 年第 10 期。

王博宇、谢奉军、黄新建：《新型城镇化评价指标体系构建——以江西为例》，《江西社会科学》2013 年第 8 期。

王春超、张呈磊：《子女随迁与农民工的城市融入感》，《社会学研究》2017 年第 2 期。

王春雷：《国家中心主义视角下的农民工身份城市化》，《深圳大学学报》（人文社会科学版）2015 年第 4 期。

王佃利、刘保军、楼苏萍：《新生代农民工的城市融入——框架建构与调研分析》，《中国行政管理》2011 年第 2 期。

王甫勤：《社会流动与分配公平感研究》，复旦大学博士学位论文，2010。

王桂新、陈冠春、魏星：《城市农民工市民化意愿影响因素考察——以上海市为例》，《人口与发展》2010年第2期。

王桂新、胡健：《城市农民工社会保障与市民化意愿》，《人口学刊》2015年第6期。

王桂新、武俊奎：《城市农民工与本地居民社会距离影响因素分析——以上海为例》，《社会学研究》2011年第2期。

王国辉、潘爱民：《阜新市农村居民城镇定居意愿研究——基于阜新市彰武县的调查分析》，《辽宁工程技术大学学报》（社会科学版）2012年第4期。

王嘉顺：《社会比较、自我期望与主观幸福感：基于CGSS的实证分析》，《华侨大学学报》（哲学社会科学版）2012年第3期。

王俊秀：《不同主观社会阶层的社会心态》，《江苏社会科学》2018年第1期。

王亮、甘满堂：《农民工网络使用影响因素的实证分析——基于福州、泉州与厦门的调研数据》，《发展研究》2018年第6期。

王浦劬、季程远：《新时代国家治理的良政基准与善治标尺——人民获得感的意蕴和量度》，《中国行政管理》2018年第1期。

王绍光、刘欣：《信任的基础：一种理性解释》，《社会学研究》2002年第3期。

王晓峰、温馨：《劳动权益对农民工市民化意愿的影响——基于全国流动人口动态监测8城市融合数据的分析》，《人口学刊》2017年第1期。

王晓莹、刘林平：《黏合性社会资本与新生代农民工的城市归属感》，《云南大学学报》（社会科学版）2020年第3期。

王兴周：《国内投资移民定居意向影响因素研究——基于全国六个城市新移民调查》，《华南师范大学学报》（社会科学版）2011年第6期。

王逊：《难以跨越的"数字鸿沟"——新生代农民工移动互联网使用行为研究》，《前沿》2013年第4期。

王阳：《居住证制度地方实施现状研究——对上海、成都、郑州三市的考察与思考》，《人口研究》2014年第3期。

王毅杰：《流动农民留城定居意愿影响因素分析》，《江苏社会科学》2005年第5期。

王毅杰、王开庆：《流动农民与市民间社会距离研究》，《江苏社会科学》2008年第5期。

王毅杰、武蕊芯：《农民城镇定居意愿的影响因素及地区差异》，《南通大学学报》（社会科学版）2016年第1期。

王友华、吴玉锋、郑美雁：《城镇化背景下的农村居民城镇定居意愿研究——基于成渝统筹城乡综合配套改革试验区的实地调查》，《经济体制改革》2013年第3期。

王玉君：《农民工城市定居意愿研究——基于十二个城市问卷调查的实证分析》，《人口研究》2013年第4期。

王玉君、韩冬临：《经济发展、环境污染与公众环保行为——基于中国CGSS2013数据的多层分析》，《中国人民大学学报》2016年第2期。

王子敏：《互联网、技能偏向与农村流动人口就业》，《人口与经济》2017年第2期。

卫龙宝、储德平、伍骏骞：《农村城镇化进程中经济较发达地区农民的迁移意愿分析——基于浙江省的实证研究》，《农业技术经济》2014年第1期。

魏万青：《从拆分型家庭到完整性家庭：新型城镇化背景下民工入户选择问题研究》，《兰州学刊》2016年第8期。

魏万青：《从职业发展到家庭完整性：基于稳定城市化分析视角的农民工入户意愿研究》，《社会》2015年第5期。

魏下海、陈思宇、黎嘉辉：《方言技能与流动人口的创业选择》，《中国人口科学》2016年第6期。

魏勇、范支柬、孙雷、刘桂建：《中国公众环境意识的现状与影响因素》，《科普研究》2017年第3期。

温忠麟、刘红云、侯杰泰：《调节效应和中介效应分析》，教育科学出版社，2012。

温忠麟、叶宝娟：《中介效应分析：方法和模型发展》，《心理科学进展》2014年第5期。

文宏、刘志鹏：《人民获得感的时序比较——基于中国城乡社会治理数据的实证分析》，《社会科学》2018年第3期。

吴秀敏、林坚、刘万利：《城市化进程中西部地区农户的迁移意愿分析——对成都市农户的实证研究》，《中国农村经济》2005年第4期。

〔美〕西奥多·W. 舒尔茨：《论人力资本投资》，吴珠华等译，北京经济学院出版社，1990。

夏怡然：《农民工定居地选择意愿及其影响因素分析——基于温州的调查》，《中国农村经济》2010年第3期。

肖璐、徐益斌：《城市视角下农民工落户行为的决策要素——基于不同类型城市的比较研究》，《中国软科学》2017年第8期。

谢宝富：《居住证积分制：户籍改革的又一个"补丁"？——上海居住证积分制的特征、问题及对策研究》，《人口研究》2014年第1期。

谢颖：《阶层认同、地位变化和机会公平意识》，《广州大学学报》（社会科学版）2010年第6期。

辛秀芹：《民众获得感"钝化"的成因分析——以马斯洛需求层次理论为视角》，《中共青岛市委党校·青岛行政学院学报》2016年第4期。

熊波、石人炳：《农民工永久性迁移意愿影响因素分析——以理性选择理论为视角》，《人口与发展》2009年第2期。

熊光清：《中国流动人口管理模式：由控制型向服务型转变》，《中共杭州市委党校学报》2010年第5期。

徐延辉、罗艳萍：《城市社会包容及其影响因素研究》，《社会科学辑刊》2014年第2期。

徐延辉、邱啸：《社会经济保障与农民工的身份认同》，《深圳大学学报》（人文社会科学版）2019年第2期。

许靖：《偏见心理学》，北京理工大学出版社，2010。

许涛：《我国公民与外来人口社会距离的实证研究》，《人口学刊》2012年第4期。

晏齐宏：《新生代农民工意见表达意愿研究——以北京市的实证分析为例》，《新闻与写作》2016年第3期。

阳义南：《民生公共服务的国民"获得感"：测量与解析——基于MIMIC模型的经验证据》，《公共行政评论》2018年第5期。

杨金龙、王桂玲：《农民工工作获得感：理论构建与实证检验》，《农业经济问题》2019年第9期。

杨菊华：《流动人口在流入地社会融入的指标体系——基于社会融入理论的进一步研究》，《人口与经济》2010年第2期。

杨巧、李鹏举：《新生代农民工家庭发展能力与城市居留意愿——基于2014年"流动人口动态监测调查"数据的实证研究》，《中国青年研究》2017年第10期。

杨学儒、邹宝玲：《模仿还是创新：互联网时代新生代农民工创业机会识别实证研究》，《学术研究》2018年第5期。

杨云彦、石智雷：《家庭禀赋对农民外出务工行为的影响》，《中国人口科学》2008年第5期。

姚植夫、薛建宏：《新生代农民工市民化意愿影响因素分析》，《人口学刊》2014年第3期。

叶鹏飞：《农民工的城市定居意愿研究 基于七省（区）调查数据的实证分析》，《社会》2011年第2期。

叶鹏飞：《探索农民工城市社会融合之路——基于社会交往"内卷化"的分析》，《城市发展研究》2012年第1期。

喻少如：《社会分层与环境意识》，《理论月刊》2002年第8期。

袁方、史清华：《从返乡到创业——互联网接入对农民工决策影响的实证分析》，《南方经济》2019年第10期。

袁方、史清华、晋洪涛：《居住证制度会改善农民工福利吗？——以上海为例》，《公共管理学报》2016年第1期。

曾凡斌：《不同维度划分下的中间阶层与社会低层的媒介接触和使用比较》，《广州社会主义学院学报》2016年第2期。

曾强、徐慧兰：《失业对精神与躯体健康的影响》，《国外医学·精神病学分册》2000年第1期。

曾维希、李媛、许传新：《城市新移民的心理资本对城市融入的影响研究》，《西南大学学报》（社会科学版）2018年第4期。

翟学伟：《中国人际关系的特质——本土的概念及其模式》，《社会学研究》1993年第4期。

詹劲基、苏展、静进：《流动农民工的心理健康问题的研究现状》，《医学综述》2008年第1期。

张波、周恩毅：《新生代农民工幸福感影响因素与对策研究》，《浙江社会科学》2017年第1期。

张鸿雁：《中国新型城镇化理论与实践创新》，《社会学研究》2013年第3期。

张吉鹏、黄金、王军辉、黄勔：《城市落户门槛与劳动力回流》，《经济研究》2020年第7期。

张剑、周小强、肖诗顺：《从背井离乡到创新创业——兼论互联网使用对创业的作用》，《重庆大学学报》（社会科学版）2021年第3期。

张鹏、郝宇彪、陈卫民：《幸福感、社会融合对户籍迁入城市意愿的影响——基于2011年四省市外来人口微观调查数据的经验分析》，《经济评论》2014年第1期。

张萍、晋英杰：《大众媒介对我国城乡居民环保行为的影响——基于2013年中国综合社会调查数据》，《中国人民大学学报》2016年第4期。

张文宏：《城市居民社会网络资本的阶层差异》，《社会学研究》2005年第4期。

张文武、欧习、徐嘉婕：《城市规模、社会保障与农业转移人口市民化意愿》，《农业经济问题》2018年第9期。

张笑秋：《新生代农民工市民化意愿心理影响因素的理论框架分析》，《西北农林科技大学学报》（社会科学版）2015年第3期。

张翼：《农民工"进城落户"意愿与中国近期城镇化道路的选择》，《中国人口科学》2011年第2期。

张云武：《社会流动与流动者的关系网络》，《社会》2009年第1期。

张在冉、杨俊青：《居住条件、子女就学与农民工城市定居意愿——基于2017年流动人口动态监测数据的实证分析》，《现代财经（天津财经大学学报）》2020年第3期。

章洵、陈宁、石人炳：《就业质量对农民工城市落户意愿影响及其代际差异》，《湖南农业大学学报》（社会科学版）2018年第1期。

赵德余、彭希哲：《居住证对外来流动人口的制度后果及激励效应——制度导入与阶层内的再分化》，《人口研究》2010年第6期。

赵建国、周德水：《教育人力资本、互联网使用与新生代农民工职业选择》，《农业经济问题》2019年第6期。

赵延东：《"非典"期间的社会歧视现象及其成因分析》，《青年研究》2003年第12期。

赵延东：《社会网络与城乡居民的身心健康》，《社会》2008年第5期。

赵颖：《语言能力对劳动者收入贡献的测度分析》，《经济学动态》2016年第1期。

郑爱翔：《新生代农民工职业自我效能对其市民化意愿的影响机制研究——一个有调节的中介效应模型》，《农业技术经济》2018年第8期。

郑广怀：《迈向对员工精神健康的社会学理解》，《社会学研究》2010年第6期。

郑松泰：《信息主导背景下农民工的生存状态和身份认同》，《社会学研究》2010年第2期。

中国互联网络信息中心：《第47次中国互联网络发展状况统计报告》，http：//www.cac.gov.cn/2021－02/03/c_1613923423079314.htm，2021年2月3日。

周葆华、吕舒宁：《上海市新生代农民工新媒体使用与评价的实证研究》，《新闻大学》2011年第2期。

周冲、吴玲：《城乡统筹背景下中国经济欠发达地区新型城镇化路径研究》，《当代世界与社会主义》2014年第1期。

周春芳：《发达地区农村劳动力迁居意愿的影响因素研究——以苏南地区为例》，《调研世界》2012年第8期。

周亚平、陈文江：《城市化水平愈高会愈减少歧视吗？——中国城市居民与外来务工人员之间的社会距离》，《新疆社会科学》2012年第2期。

朱力：《论农民工阶层的城市适应》，《江海学刊》2002年第6期。

邹一南：《购房、城市福利与农民工落户意愿》，《人口与经济》2021年第3期。

邹一南：《户籍改革的路径误区与政策选择》，《经济学家》2018年第9期。

Adjai, C. & Lazaridis, G., "Migration, Xenophobia and New Racism in Post-apartheid South Africa," *International Journal of Social Science Studies*, 2013, 1 (1).

Alarcón, A. & Novak, K., "Latin American Immigrants in Indianapolis: Perceptions of Prejudice and Discrimination," *Latino Studies*, 2010, 8 (1).

Allport, G. W., *The Nature of Prejudice*. Boston: Beacon Press, 1954.

Andersen, R. & Fetner, T., "Economic Inequality and Intolerance: Attitudes toward Homosexuality in 35 Democracies," *American Journal of Political Science*, 2008, 52 (4).

Andersen, R. & Yashi, M., "Public Opinion on Income Inequality in 20 Democracies: The Enduring Impact of Social Class and Economic Inequality," AIAS, GINI Discussion Paper, 2012.

Belizaire, L. S. & Fuertes, J. N., "Attachment, Coping, Acculturative Stress, and Quality of Life among Haitian Immigrants," *Journal of Counseling & Development*, 2011, 89 (1).

Berry, J. W., "Immigration, Acculturation and Adaptation," *Applied Psychology*, 1997, 46 (1).

Bettelheim, B., Janowitz, M., *Dynamics of Prejudice: A Psychological and Sociological Study of Veterans*. New York: Harper, 1950.

Bettelheim, B., Janowitz, M., *Social Change and Prejudice*. New York: Free Press, 1964.

Bjørnskov, C., Dreher, A., Justina, A. V., Fischerg, J. S., Gehring, K., "Inequality and Happiness: When Perceived Social Mobility and Economic Reality Do not Match," *Journal of Economic Behavior & Organization*, 2013, 91 (1).

Blau, P. M., "Social Mobility and Interpersonal Relationships," *American Sociological Review*, 1956, 21 (3).

Blau, P. M., "Structural Effects," *American Sociological Review*, 1960, 25 (2).

Brand-Gruwel, S., Wopereis, I., Vermetten, Y., "Information Problem Solving by Experts and Novices: Analysis of a Complex Cognitive Skill," *Computers in Human Behavior*, 2005, 21 (3).

Branscombe, N. R. & Wann, D. L., "Physiological Arousal and Reactions to Outgroup Members during Competitions that Implicate an Important Social Identity," *Aggressive Behavior*, 1992, 18 (2).

Braverman, J., "The Effect of Mood on Detection of Covariation," *Personality and Social Psychology Bulletin*, 2005, 31 (11).

Brown, N. & Deegan, C., "The Public Disclosure of Environmental Performance Information—A Dual Test of Media Agenda Setting Theory and Legitimacy Theory," *Accounting & Business Research*, 1998, 29 (1).

Burns, P. & Gimpel, J. G., "Economic Insecurity, Prejudicial Stereotypes and Public Opinion on Immigration Policy," *Political Science Quarterly*, 2000, 115 (2).

Calhoun, C. , "Civil Society and the Public Sphere," *Public Culture*, 1993, 5 (2).

Carley, K. ,"A Theory of Group Stability, " *American Sociological Review*, 1991, 56 (3).

Chiswick, B. R. & Miller, P. W. , *The Economics of Language: International Analyses.* London: Routledge, 2007.

Chiswick, B. R. & Miller, P. W. , "International Migration and the Economics of Language," In Chiswick, B. R. & Miller, P. W. (ed.), *Handbook of the Economics of International Migration.* Amsterdam: Elsevier, 2015.

Chiswick, B. R. & Miller, P. W. , "The Complementarity of Language and Other Human Capital: Immigrant Earnings in Canada," *Economics of Education Review*, 2003, 22 (5).

Cohen, S. , "Social Relationships and Health," *American Psychologist*, 2004, 59 (8).

Coleman, J. S. , *The Foundations of Social Theory.* Cambridge, MA: Belknap Press of Harvard University Press, 1990.

Cynthia, L. & Jenni, R. , "Comparison of Chinese-Australian and Anglo-Australian Environmental Attitude and Behavior," *Journal of Social Behavior and Personality*, 2002, 30 (3).

Dalhouse, M. & Frideres, J. S. , "Intergenerational Congruency, the Role of the Family in Political Attitudes of Youth," *Journal of Family Issues*, 1996, 17 (2).

De Graaf, N. D. , Nieuwbeerta, P. & Heath, A. , "Class mobility and Political Preferences: Individual and Contextual Effects," *The American Journal of Sociology*, 1995, 100 (4).

Dollard, J. , Miller, N. E. , Doob, L. W. , Mowrer, O. H. & Sears, R. R. , *Frustration and Aggression.* New Haven, CT: Yale University Press, 1939.

Dovidio, J. F. , Gaertner, S. L. , Isen, A. M. & Lowrance, R. , "Group

Representations and Intergroup Bias: Positive Affect, Similarity and Groupsize," *Personality and Social Psychology Bulletin*, 1995, 21 (8).

Esses, V. M., Dovidio, J. F., Jackson, L. M. & Armstrong, T. L., "The Immigrantion Dilemma: The Role of Perceived Group Competition, Ethnic Prejudice and National Identity," *Journal of Social Issues*, 2001, 57 (3).

Fan, C. C., "The State, The Migrant Labor Regime, and Maiden Workers in China," *Political Geography*, 2004, 23 (3).

Fan, C., Sum, M. & Zheng, S., "Migration and Split Households: A Comparison of Sole, Couple, and Family Migrants in Beijing, China," *Environment and Planning A-Economy and Space*, 2011, 43 (9).

Fasang, A. E., Geerdes, S. & Schöman, K., "Which Type of Job Mobility Makes People Happy? A Comparative Analysis of European Welfare Regimes," *International Sociology*, 2012, 27 (3).

Fitzgerald, J., "Social Engagement and Immigration Attitudes: Panel Survey Evidence from Germany," *International Migration Review*, 2012, 46 (4).

Fothergill, K. E., Ensminger, M. E., Robertson, J., Green, K. M., Thorpe, R. J. & Juon, H. S., "Effects of Social Integration on Health: A Prospective Study of Community Engagement among African American Women," *Social Science & Medicine*, 2011, 72 (2).

Fought, J., "Occupational Mobility and Trust: Reconsidering Mobility Effect," *The Social Science Journal*, 2007, 44 (3).

Frazier, P., Keenan, N., Anders, S., Perera, S., Shallcross, S. & Hintz, S., "Perceived Past, Present, and Future Control and Adjustment to Stressful Life Events," *Journal of Personality and Social Psychology*, 2011, 100 (4).

Freitag, M. & Buhlmann, M., "Crafting Trust: The Role of Political Institutions in a Comparative Perspective," *Comparative Political Studies*, 2009, 42 (12).

Gao, W. & Smyth, R., "Economic Returns to Speaking 'Standard

Mandarin' among Migrants in China's Urban Labor Market," *Economics of Education Review*, 2011, 30（2）.

Giles, H. & Johnson, P., "The Role of Language in Ethnic Group Formation," In Turner, J. C. & Giles, H. (ed.), *Intergroup Behavior*. Oxford: Basil Blackwell, 1981.

Glenn, N. D., *Values, Attitudes and Beliefs*. Cambridge: Harvard University Press, 1980.

Godoy, R., Reyes-García, V., Seyfried, C., Huanca, T., Leonard, W. R., Mcdade, T., Tanner, S. & Vadez, V., "Language Skills and Earnings: Evidence from a Pre-industrial Economy in the Bolivian Amazon," *Economics of Education Review*, 2007, 26 (3).

Goldthorpe, J. H., *Social Mobility and Class Structure in Modern Britain*. Oxford: Clarendon Press, 1980.

Grant, W., "Environmental Policy and Social Exclusion," *Journal of European Public Policy*, 2001, 8 (1).

Greenblum, J., & Pearlin, L., "Vertical Mobility and Prejudice: A Sociopsychological Analysis," In Bendix, R. & Lipset, M. S. (ed.), *Class, Status, and Power: A Reader in Social Stratification*. Glencoe: The Free Press, 1953.

Grob, A., "A Structural Model of Environmental Attitudes and Behaviour," *Journal of Environmental Psychology*, 1995, 15 (3).

Guo, Q. & Sun, W., "Economic Returns to English Proficiency for College Graduates in Mainland China," *China Economic Review*, 2014 (30).

Halapuu, V., Paas, T., Tammaru, T. & Schütz, A., "Is Institutional Trust Related to Pro-immigrant Attitudes? A Pan-European Evidence," *Eurasian Geography and Economics*, 2013, 54 (5-6).

Hargittai, E., "Second-Level Digital Divide: Differences in People's Online Skills," *First Mondy*, 2002, 7 (4).

Hello, E., Scheepers, P. & Sleegers, P., "Why the More Educated are Less Inclined to Keep Ethnic Distance: An Empirical Test of Four Explanations," *Ethnic and Racial Studies*, 2006, 29 (5).

Herreros, F. & Criado, H., "Social Trust, Social Capital and Perceptions of Immigration," *Political Study*, 2009, 57 (2).

Hines, J. M., Hungerford, H. R. & Tomera, A. N., "Analysis and Synthesis of Research on Responsible Environmental Behavior: A Meta-analysis," *The Journal of Environmental Education*, 1987, 18 (2).

Hodge, R. W. & Treinman, D. J., "Occupational Mobility and Attitudes toward Negroes," *American Sociological Review*, 1966, 31 (1).

Hoffman, C. & Hurst, N., "Gender Stereotypes: Perception or Rationalization?" *Journal of Personality and Social Psychology*, 1990, 58 (2).

Hooghe, M., "Value Congruence and Convergence within Voluntary Associations: Ethnocentrism in Belgian Organizations," *Political Behavior*, 2003, 25 (2).

Hu, X., Wang, G. T. & Zou Y. M., "Political Economy of the Floating Chinese Population," *Journal of Contemporary Asia*, 2002, 32 (3).

Hunter, L. M., "A Comparison of the Environmental Attitudes, Concern, and Behaviors of Native-Born and Foreign-Born U. S. Resident," *Population and Environment*, 2000, 21 (6).

Husfeldt, V., "Extreme Negative Attitudes towards Immigrants: An Analysis of Factors in Five Countries," *Prospects*, 2006, 36 (3).

ILO, *Decent Work: Report of the Director-General*. International Labour Conference, 87th Session Geneva, 1999.

Infurna, F. J. & Gerstorf, D., "Perceived Control Relates to Better Functional Health and Lower Cardio-metabolic Risk: The Mediating Role of Physical Activity," *Health Psychology*, 2014, 33 (1).

Inglehart, R., "Public Support for Environmental Protection: Objective

Problems and Subjective Values in 43 Societies," *Political Science and Politics*, 1995, 28（1）.

Inglehart, R., *Modernization and Postmodernization: Cultural, Economic, and Political Change in 43 Societies*. Princeton: Princeton University Press, 1997.

Kayitesi, M. L. & Mwaba, K., "South African University Students' Life Satisfaction Perception of African Immigrants," *Social Behavior and Personality*, 2014, 42（7）.

Kelley, J., "Social Mobility and Politics in The Anglo-American Democracies," In Turner, F. C. (ed.), *Social Mobility and Political Attitudes Comparative Perspectives*. New Brunswick NJ: Transaction Pubilshers, 1992.

Kerr, G. N., Hughey, K. F. D. & Cullen, R., "Ethnic and Immigrant Differences in Environmental Values and Behaviors," *Society & Natural Resources*, 2016, 29（11）.

Kirchner, A., Freitag, M. & Rapp, C., "Crafting Tolerance: the Role of Political Institutions in a Comparative Perspective," *European Political Science Review*, 2011, 3（2）.

Korinek, K., Entwisle, B. & Jampaklay, A., "Through Thick and Thin: Layers of Social Ties and Urban Settlement among Thai Migrants," *American Sociological Review*, 2005, 70（5）.

Kramsch, C. J., *Language and Culture*. Oxford: Oxford University Press, 1998.

Kuklinski, J. H., Rigle, E., Ottati, V., Schwarz, N. & Wyer, R. S., "The Cognitive and Affective Bases of Political Tolerance Judgments," *American Journal of Political Science*, 1991, 35（1）.

Kunovich, R. M., "Social Structural Sources of Anti-immigrant Prejudice in Europe," *International Journal of Sociology*, 2002, 32（1）.

Li, Y. J., Savage, M., Warde, A., "Social Mobility and Social Capital in Contemporary Britain," *The British Journal of Sociology*, 2008, 59（3）.

Lipset, S., Bendix, R., *Social Mobility in Industrial Society*. Berkeley: University of California Press, 1959.

Lipset, S., *Political Man: The Social Bases of Politics* (Expanded ed). London: Heinemann, 1981.

Liu, Y. & Segev, S., "Cultural Orientations and Environmental Sustainability in Households: A Comparative Analysis of Hispanics and Non-Hispanic Whites in the United States," *International Journal of Consumer Studies*, 2017, 41 (6).

Lopreato, J., "Upward Social Mobility and Political Orientation," *American Sociological Review*, 1967, 32 (4).

Mendenhall, M. & Oddou, G., "The Dimensions of Expatriate Acculturation: A Review," *Academy of Management Review*, 1985, 10 (1).

Miller, N., "Personalization and the Promise of Contact Theory," *Journal of Social Issues*, 2002, 58 (2).

Mincer, J., "Investment in Human Capital and Personal Income Distribution," *The Journal of Political Economy*, 1958, 66 (4).

Morenoff, J. D., Sampson, R. J. & Raudenbush, S. W., "Neighborhood Inequality Collective Efficay and Spatial Dynamics of Urban Violence," *Criminology*, 2001, 39 (3).

Mutz, D., "Cross-cutting Social Networks. Testing Democratic Theory in Practice," *American Political Science Review*, 2002, 96 (1).

Olzak, S., *The Dynamic of Ethnic Competition and Conflict*. Stanford, CA: Stanford University Press, 1992.

Palomar, L. J., "Class Indetification and Psychological Variables Related to Well-being and Social Mobility," *Applied Research in Quality of Life*, 2007, 2 (3).

Paraskevopoulos, S. & Korfiatis, K., "Social Exclusion as a Constraint for the Development of Environmentally Friendly Attitudes," *Society & Natural Resources*, 2003, 16 (9).

Paxton, P. ,"Association Memberships and Generalized Trust: A Multilevel Model across 31 Countries," *Social Forces*, 2007, 86 (1).

Pettigrew, T. F. & Meertens, R. W. , "Subtle and Blatant Prejudice in Western Europe," *European Journal of Social Psychology*, 1995, 25 (1).

Pettigrew, T. F. & Tropp, L. R. , "A Meta-analytic Test of Intergroup Contact Theory," *Journal of Personality and Social Psychology*, 2006, 90 (5).

Pfeffer, M. J. & Stycos, J. M. , "Immigrant Environmental Behaviors in New York City," *Social Science Quarterly*, 2002, 83 (1).

Phaf, R. H. & Mark, R. , "Affective Modulation of Recognition Bias," *Emotion*, 2005, 5 (3).

Pickering, P. M. , "Generating Social Capital for Bridging Ethnic Divisions in the Balkans: Case Studies of Two Bosnaic Cities," *Ethnic and Racial Studies*, 2006, 29 (1).

Pothitou, M. , Hanna, R. F. & Chalvatzis, K. J. , "Environmental Knowledge, Pro-environmental Behaviour and Energy Savings in Households: An Empirical Study," *Applied Energy*, 2016 (184).

Preacher, K. J. & Hayes, A. F. , "Asymptotic and Resampling Strategies for Assessing and Comparing Indirect Effects in Multiple Mediator Models," *Behavior Research Methods*, 2008, 40 (3).

Putnam, R. D. , *Bowling Alone: The Collapse and Revival of American Community*. New York: Simon & Schuster, 2000.

Putnam, R. D. ,"The Prosperous Community: Social Capital and the Public Life," *The American Prospect*, 1993, 13 (4).

Queller, S. , Mackie, D. M. & Stroessner, S. J. , "Ameliorating Some Negative Effects of Positive Mood: Encouraging Happy People to Perceive Intragroup Variability," *Journal of Experimental Social Psychology*, 1996, 32 (4).

Quillian, L. , "Group Threat and Regional Change in Attitudes Toward African-Americans," *American Journal of Sociology*, 1996, 102 (3).

Quillian, L., "Prejudice as a Response to Perceived Group Threat: Population Compositionand Anti-immigrant and Racial Prejudice in Europe," *American Sociological Review*, 1995, 60 (4).

Reagans, R. & McEvily, B., "Network Structure and Knowledge Transfer: The Effects of Cohesion and Range," *Administrative Science Quarterly*, 2003, 48 (2).

Romero, C. B. A., Laroche, M., Aurup, G. M., & Ferraz, S. B., "Ethnicity and Acculturation of Environmental Attitudes and Behaviors: A Cross-cultural Study with Brazilians in Canada," *Journal of Business Research*, 2018 (82).

Roodman, D., "Fitting Fully Observed Recursive Mixed-Process Models with Cmp," *The Stata Journal*, 2011, 11 (2).

Rose, R., "How much Does Social Capital Add to Individual Health," *Social Science and Medicine*, 2000, 51 (9).

Rothstein, B., Stolle, D., "The State and Social Capital: An Institutional Theory of Generalized Trust," *Comparative Politics*, 2008, 40 (4).

Rotter, J. B., "Generalized Expectancies for Internal Versus External Control of Reinforcement," *Psychological Monographs: General and Applied*, 1966, 80 (1).

Runciman, W. G. & Bagley, C. R., "Status Consistency, Relative Deprivation and Attitudes to Immigrants," *The Journal of the British Sociological Association*, 1969, 3 (3).

Schroder, F. K., "Workplace Issues and Placement: What is High Quality Employment?" *Work*, 2007, 29 (4).

Schwartz, J. E., *Crosscutting Social Circles: Testing a Macro-structural Theory of Intergroup Relations*. Orlando, Fla.: Academic Press, 1984.

Schwarz, N., Bless, H. & Bohner, G., "Mood and Persuasion: Affective States Influence the Processing of Persuasive Communications," In Zanna, M. P.

(ed.), *Advances in Experimental Social Psychology*. San Diego, CA: Academic Press, 1991.

Seeman, M., Rohan, D., Argeriou, M.,"Social Mobility and Prejudice: A Swedish Replication," *Social Problems*, 1966, 14 (2).

Seeman, M.,"Some Real and Imaginary Consequences of Social Mobility: A French-American Comparison," *American Journal of Sociology*, 1977, 82 (4).

Sides, J. & Citrin, J., "European Opinion about Immigration: the Role of Identities, Interests and Information," *British Journal of Political Science*, 2007, 37 (3).

Silberstein, F. B. & Seeman, M., "Social Mobility and Prejudice," *American Journal of Sociology*, 1959, 65 (3).

Silver, B. B.,"Social Mobility and Intergroup Antagonism: A Simulation," *Journal of Conflict Resolution*, 1973, 17 (4).

Sjaastad, L. A., "The Costs and Returns of Human Migration," *Journal of Political Economy*, 1962, 70 (5).

Sorokin, P. A., *Social Mobility*. New York: Haper, 1927.

Sorokin, P. A., *Social and Cultural Mobility*. New York: Free Press, 1959.

Squalli, J., "Immigration and Environmental Emissions: A U.S. County-level Analysis," *Population and Environment*, 2009, 30 (6).

Stark, O. & Yitzhaki, S., "Labour Migration as a Response to Relative Deprivation," *Journal of Population Economics*, 1988, 1 (1).

Stark, O. & Bloom, D., "The New Economics of Labor Migration," *The American Economic Review*, 1985, 75 (2).

Stephan, W. S. & Stephan, C. W., "An Integrated Threat Theory of Prejudice," In Oskmap, S. (ed.), *Reducing Prejudice and Discrimination*, Lawrence Erlbaum Associates. Mahwah, NJ: Lawrence Erlbaum Associates, 2000.

Stouffer, S. C., *Communism Conformity and Civil Liberties*. New York: Doubleday, 1955.

Stroessner, S. J. , Mackie, D. M. & Michalsen, V. ,"Positive Mood and the Perception of Variability within and between Groups," *Group Processes and Intergroup Relations* , 2005, 8 (1).

Sønderskov, K. M. ,"Does Generalized Social Trust Lead to Associational Membership? Unravelling a Bowl of Well-tossed Spaghetti," *European Sociological Review* , 2011, 27 (4).

Taylor, M. & Pettigrew, T. , " Prejudice," In Borgatta, E. F. & Montgomery, R. J. (ed.), *Encyclopedia of Sociology* (2nd ed.). New York: Macmillan Reference, 2000.

Todaro, M. P. , "A Model of Labor Migration and Urban Unemployment in Less Developed Countries," *The American Economic Review*, 1969, 59 (1).

Tolsma, J. , De Graaf, N. D. & Quillian, L. , "Does Intergenerational Social Mobility Affect Antagonistic Attitudes towards Ethnic Minorities?" *The British Journal of Sociology*, 2009, 60 (2).

Tolsma, J. , Lubbers, M. & Coenders, M. , "Ethnic Competition and Opposition to Ethnic Intermarriage in the Netherlands: a Multi-Level Approach," *European Sociological Review* , 2008, 24 (2).

Tumin, M. , "Some Unapplauded Consequences of Social Mobility in a Mass Society," *Social Forces*, 1957, 36 (1).

Turner, F. C. , *Social Mobility and Political Attitudes: Comparative Perspectives*. New Brunswick, NJ: Transaction Publishers, 1992.

Uslaner, E. M. & Conley, R. S. , "Civic Engagement and Particularized Trust: The Ties that Bind People to their Ethnic Communities," *American Politics Research*, 2003, 31 (4).

Vala, J. & Costa-Lopes, R. , "Youth Attitudes toward Difference and Diversity: A Cross-national Analysis," *Análise Social*, 2010, 195 (45).

Vicente-Molina, M. A. , Fernández-Sáinz, A. & Izagirre-Olaizola, J. , "Environmental Knowledge and Other Variables Sffecting Pro-environmental

Behaviour: Comparison of University Students from Emerging and Advanced Countries," *Journal of Cleaner Production*, 2013 (61).

Ward, C. & Rana-Deuba, A., "Acculturation and Adaptation Revisited," *Journal of Cross-Cultural Psychology*, 1999, 30 (4).

Weakliem, D. L., "Does Social Mobility Affect Political Behaviour?" *European Sociological Review*, 1992, 8 (2).

Wegener, B. & Liebig, S., "11 Hierarchical and Social Closure Conceptions of Distributive Social Justice: A Comparison of East and West Germany," In Kluegel, J., Mason, D. & Wegener, B. (ed.), *Social Justice and Political Change: Public Opinion in Capitalist and Post-Communist States*. Berlin, New York: De Gruyter, 1995.

Weller, L. & Tabory, E., "A Research Note on Social Mobility, Attitudes toward New Immigrants and Prejudice among Israeli Soldiers," *Plural Societies*, 1984, 14 (1).

Whitley, B. E. & Kite, M. E., *The Psychology of Prejudice and Discrimination*. Belmont, CA: Thomson/Wadsworth, 2006.

Winkelmann, L. & Rainer, W., "Why are the Unemployed so Unhappy? Evidence from Panel Data," *Economica*, 1998 (65).

Wolch, J. & Zhang, J., "Beach Recreation, Cultural Diversity and Attitudes toward Nature," *Journal of Leisure Research*, 2004, 36 (3).

后　记

　　学术研究源于生活，关于农民工迁移的研究与我的生活体验密切相关。在 20 世纪 80 年代外出打工浪潮下，父母和家中很多亲戚很早就加入流动的劳动力大军，我和很多同辈兄弟姐妹则成为拆分型劳动力再生产的产物——留守儿童，每到暑假我和同辈兄弟姐妹会像"候鸟"一样来到父母的城市，父母和亲戚们一般则是在"农忙"或者过年时回家，像"候鸟"一样在城乡之间"循环迁移"。每当回家时，父母和亲戚们经常会说起他们在城市里的感受，或是在城市里遭受差别化对待，与本地居民保持较远的社会距离；或是城市里打工或经营的经验与挑战，在城市感受到工作和生活压力。随着时间的推移，很多亲戚在城市有了稳定的工作或经营，渐渐开始在城市里扎根定居，将自己未成年的子女带在身边，并在城市里上学；学会当地方言，可以很好地与人交往；在城市里面逐渐开始"触网"，渐渐向城市居民一样安排自身生活；家庭经济条件更好者选择在城市里买房，甚至将户口迁移到城市，逐渐全面而深度地融入城市……

　　父母的亲身经历和亲戚朋友们鲜活的城市融入故事，不断启发我思考农民工群体的城市融入相关研究问题，本地城市居民究竟在何种程度上接纳农民工，本地居民自身的社会流动如何影响他们对农民工的接纳？以及农民工在多大程度上愿意在城市定居或落户，哪些个人、家庭、文化和制度等因素会影响农民工落户？农民工到城市后其融入情况如何，有哪些获得感受，面临着多大心理压力，生活方式在多大程度上向城市居民靠拢，等等。

从博士阶段到现在工作，我围绕上述农民工落脚城市过程中的接纳、迁移和融入相关议题展开了一系列探讨，通过大规模的调查数据呈现农民工融入城市之路的真实面貌，希望更多的人能够了解农民工落脚城市的相关规律，在必要的情况下为农民工提供相应支持，为农民工提供体面的城市生活机会，促进农民工深度融入城市。

本书的部分内容作为论文发表在《中国人口科学》《农业技术经济》《国外社会科学》《社会科学辑刊》《南京农业大学学报》（社会科学版）《南通大学学报》（社会科学版）《湖南农业大学学报》（社会科学版）《东北农业大学学报》（社会科学版）《江汉学术》《南京工业大学学报》（社会科学版）等核心期刊，感谢相关期刊的支持与厚爱。

在书稿撰写过程中，我还得到了诸多师友的关心和帮助。导师风笑天教授是我学习的榜样，风老师以执着的学术精神和高尚的学术品格影响着一大批学生。风老师在书稿撰写过程中对于相关选题和内容的完善提供了不少修改建议，并亲自为本书作序。感谢河北大学贾志科教授、南京农业大学王小璐副教授、南京医科大学邱济芳博士、深圳大学龚紫钰博士、复旦大学万莺莺博士研究生、南宁职业技术大学梁婷婷硕士，他们对本书相关内容的撰写亦有一定贡献。

感谢深圳大学全球特大型城市治理研究院和政府管理学院的平台基地保障，从最初入职的创新型城市建设与治理中心，到后来的城市治理研究院，再到全球特大型城市治理研究院和政府管理学院，中心、研究院和学院一直是一个团结奋进的集体，领导的科研垂范和同事的相互包容与协作，为潜心学问提供良好的科研氛围和强有力的支撑保障。感谢社会科学文献出版社张媛编辑认真细致的编校工作。感谢我的家人对我的工作和研究一直以来的大力支持。

聂 伟

2023年10月于深圳

图书在版编目(CIP)数据

落脚城市：接纳、迁移与融入／聂伟著．--北京：
社会科学文献出版社，2024.11
ISBN 978-7-5228-1720-0

Ⅰ.①落… Ⅱ.①聂… Ⅲ.①城市化-建设-研究-中国 Ⅳ.①F299.21

中国国家版本馆 CIP 数据核字（2023）第 066606 号

落脚城市：接纳、迁移与融入

著　　者／聂　伟

出 版 人／冀祥德
责任编辑／张　媛
责任印制／王京美

出　　版／社会科学文献出版社·皮书分社（010）59367127
　　　　　地址：北京市北三环中路甲29号院华龙大厦　邮编：100029
　　　　　网址：www.ssap.com.cn
发　　行／社会科学文献出版社（010）59367028
印　　装／三河市尚艺印装有限公司

规　　格／开　本：787mm×1092mm　1/16
　　　　　印　张：17.5　字　数：264千字
版　　次／2024年11月第1版　2024年11月第1次印刷
书　　号／ISBN 978-7-5228-1720-0
定　　价／89.00元

读者服务电话：4008918866

版权所有 翻印必究